国际与比较教育前沿丛书

当代拉丁美洲教育研究

黄志成 著

EL ESTUDIO SOBRE
LA EDUCACIÓN CONTEMPORÁNEA
DE AMÉRICA LATINA

华东师范大学出版社
·上海·

图书在版编目(CIP)数据

当代拉丁美洲教育研究/黄志成著.—上海:华东师范大学出版社,2024.—ISBN 978-7-5760-5470-5

Ⅰ.G573

中国国家版本馆 CIP 数据核字第 2024Y6X145 号

国际与比较教育前沿丛书

当代拉丁美洲教育研究

著　　者	黄志成
项目编辑	彭呈军
特约审读	徐思思
责任校对	王　晶
装帧设计	郝　钰

出版发行	华东师范大学出版社
社　　址	上海市中山北路 3663 号　邮编 200062
网　　址	www.ecnupress.com.cn
电　　话	021-60821666　行政传真 021-62572105
客服电话	021-62865537　门市(邮购)电话 021-62869887
地　　址	上海市中山北路 3663 号华东师范大学校内先锋路口
网　　店	http://hdsdcbs.tmall.com
印 刷 者	上海商务联西印刷有限公司
开　　本	787 毫米×1092 毫米　1/16
印　　张	21
字　　数	360 千字
版　　次	2025 年 2 月第 1 版
印　　次	2025 年 2 月第 1 次
书　　号	ISBN 978-7-5760-5470-5
定　　价	86.00 元

出 版 人　王　焰

(如发现本版图书有印订质量问题,请寄回本社客服中心调换或电话 021-62865537 联系)

作者简介

黄志成 华东师范大学教育学部国际与比较教育研究所教授、博士生导师,弗莱雷教育研究中心主任;华东师范大学国际教师教育中心兼职教授;中国拉丁美洲研究学会理事。

曾任华东师范大学教育科学与技术学院副院长、课程与教学系主任、国际与比较教育研究所所长;华东师范大学全纳教育研究中心主任、跨文化教育与交流研究中心主任;中国比较教育学会副会长;《全球教育展望》杂志主编、《西班牙比较教育》杂志编委等职。

主要研究领域为国际与比较教育、国际教育思潮、课程与教学论、教育管理、道德教育、拉丁美洲教育及西班牙教育等。国内最早开展研究并系统介绍和引进了解放教育、全纳教育、跨文化教育等国际教育思潮。

长期从事拉丁美洲教育与西班牙教育研究,曾多次赴拉丁美洲国家和西班牙留学、访学、参加国际会议和开展合作研究,是国内拉丁美洲教育和西班牙教育研究专家,出版和发表了许多有关拉丁美洲教育和西班牙教育的著作和论文。主要著作有《被压迫者的教育学——弗莱雷解放教育理论与实践》《巴西教育》《全纳教育》《现代教育管理论》《西方教育思想的轨迹——国际教育思潮纵览》《国际教育新思想新理念》等。

黄志成邮箱:zchuang@kcx.ecnu.edu.cn

丛书主编前言

一、比较是文明进步的基本形式

在希腊神话中有着这样一个故事,普罗米修斯(Prometheus)是一位泰坦神,他被认为是智慧和文明的守护者,并且对人类怀有深厚同情心。相传,当时神王宙斯统治奥林匹斯山,众神过着神仙般幸福快乐的日子,而人类却生活在黑暗和寒冷之中。普罗米修斯对人类深表同情,因此他决定帮助他们。为此他前往奥林匹斯山,从宙斯那里偷取了火种,并将其带给了人类,给人类带来了文明的火种。普罗米修斯之所以"盗火",是因为他在将神界与人界进行比较后,看到了火对于人类极其重要的意义。火不仅为人类带来了温暖、光明,还使人类能够烹饪食物、驱赶野兽、铸造金属和制造工具,推动着人类文明的进步。这种进步源于神界和人界的比较。

普罗米修斯因为盗火而受到了宙斯的残酷惩罚,因为他有可能让人类过上神仙般的生活。他被囚禁在高加索高山的岩石上,巨鹰每天啄食他新长出来的肝脏。可见,比较是有风险的,即使是神界和人界的比较。

培根在《新大西岛》中畅想了一个无比富裕与先进的理想王国,其居民普遍拥有"慷慨和启蒙、尊严和辉煌、虔诚和公共精神"的品格。一支欧洲船队意外发现了这个理想王国所在的岛屿。船员们询问起岛民其发达的秘密,岛上居民这样回答:"王国在禁止他的人民航行到任何不属于他管辖下的地方去的同时,还发布了这样的命令:每十二年要从本国派出两条船,作几次航行;每条船上要有'所罗门之宫'里三位弟兄组成的一个使节团,他们的任务就是研究要去访问的那些国家里的一切事物和情况,特别是全世界的科学、艺术、创造和发明等等,而且还要带回来书籍、器具和各种模型。……我们所从事的贸易不是为了金银珠宝,也不是为了丝绸香料,更不是为了其他商品之类的东西;我们是为了上帝首先创造出来的东西,那就是光,为了得到世界各个地方所产生的'光'。"①

培根之后的西方开启了现代性的启蒙运动。启蒙运动(en－lighten－ment)把理性称为光,也就是说,所谓启蒙运动就是一种使人独立使用自己的理性的运动,一种光亮化的祛魅运动。那些滞后于现代性的启蒙运动的国家,就需要借鉴别的国家的经验。1817年,法国的朱利安构想了一个以借鉴别国教育发展经验为主要使命的研究领域,即比较教育学。广义上,文明之间的互学互鉴就是比较教育。

即使在一个国家内部,比较也是可能的和必要的。孔子就是这样的比较教育学者。孔子通过追溯和比较殷商与周朝的文化制度,有所损益,有所折中,建构了以"六经"为经典文本的华夏文明,奠定了中国文化的光辉底色,因此,有"天不生仲尼,则万古如长夜"的说法。今天,我们仍然需要有伟大的比较学者,把我们古代、近代和现代的经验加以比较,建构中华民族新的文明方向。

二、比较教育救中国

修身是我国古代教育传统和为学次第的基点和根本。《大学》有"自天子以至于庶人,壹是皆以修身为本"的表述,民谚也有"一屋不扫何以扫天下"的劝告。孔孟所推崇的"修己以安人""修己以安百姓"和"君子之守,修其身而平天下",都表明了修身之道并不停留在孤立的个体层面,还要贯穿于家、国、天下与宇宙万物。修身、齐家、治国、平天下,勾勒出一条贯穿了个体、社会、国家、天下四个维度的清晰路线图,引导着中国古代读书人的生命追求。"平天下"即个体"修身"构成了中国人最为深沉的文化积淀和心理逻辑。

不过,近代以来,这种古老的教育哲学似乎显得力不从心。特别是1840年鸦片战争和1894年甲午战争以来,中国社会陷入深重的危机,面临亡国灭种的危险。

按照儒家的教导,即"古之欲明明德于天下者,先治其国;欲治其国者,先齐其家;欲齐其家者,先修其身",拯救天下的关键在于修身,当然,是新的现代性的修身。

严复先生把这种修身归结为"欲开民智,非讲西学不可";同样,鲁迅先生也指出,

---

① [英]弗·培根《新大西岛》何新 译[M].北京:商务印书馆,1959,18－19.

"中国欲存争于天下,其首在立人,人立而后凡事举"。也就是说,立国首先在于立民,而立民的根本在于培养新的现代国民性。这就需要借用现代启蒙之光来照亮清末闭塞混沌的世界,用比较的力量推动古老帝国走向现代化发展之路,以救中国于危难之中。在严复、鲁迅等启蒙学者之后,中国产生了数量众多的广义上的比较教育学者,他们进一步推动了中国教育现代化。20世纪80年代的"教育要面向现代化,面向世界,面向未来"表述,既是对中国教育的绝对命令,也是为比较教育学奠定绝对的合法性。显然,教育要面向现代化,就需要面向具有现代化教育的世界,这样,我们的教育才有未来。这样,才有将来必胜于过去,青年必胜于老人。

这里的逻辑就是,应对天下危机的根本在于新的修身,而新的修身的根本在于比较教育。进而言之,近代所谓的教育救国,实际上可以理解为比较教育救中国。

当然,这种逻辑是对教育(即修身)和比较教育作用的夸大。中华民族的复兴更需要政治、经济以及社会力量的相应变革和支持。

今天,我们依然把教育强国与中华民族的伟大复兴联系起来。这里同样需要我们所有的教育研究者具有比较视野和世界意识,从世界格局的总体潮流和未来趋势来谋划和促进我们教育的高质量发展,以立德树人、促进个性发展和社会的持续繁荣、惠及人类的总体福祉。

三、持续探讨国际与比较教育前沿

世界变化,教育就要变化,比较教育就要变化。比较研究需要"观乎天文,以察时变;观乎人文,以化成天下"。当然,比较教育有很多其他的任务和使命,但其中一个核心使命就是持续探讨世界教育发展前沿,因为只有了解、走进我们这个世界,我们才能从自己出发拥有这个世界。

我们把这种探索世界教育前沿的抱负,表述为"比较世界,服务中国"。这也是成立于1964年的华东师范大学国际与比较教育研究所的初心。其任务就是探索当时对中国来说处于未知的世界教育,特别是西欧北美教育发展的前沿。这种探究前沿意识及其产出作品在20世纪80至90年代达到了一个高峰。这种前沿成果特别是关于国际教育思潮和课程教学的研究,使得华东师范大学国际与比较教育研究所成为中国教育特别是基础教育发展和改革的策源地和动力源,推动着我国教育发展的不断反思和现代化。

这里的国际教育前沿相当于国际教育发展的最新动态和边界,是教育有所新发展、有所新突破的标志。美国人把"探究前沿"理解为一种"边疆精神"(frontier spirit);若是没有一种边疆精神,那么什么都不会发生,一切都会是老样子,而且还会倒退。

正是出于这种边疆精神,李其龙先生在新编《康德论教育》中,收录了康德论启蒙、论世界公民和永久和平等文章;黄志成先生系统考察了全纳教育和弗莱雷的被压迫者的教育学;赵中建先生率先系统研究了国际创新教育和 STEM 教育;高文先生编著了《学习科学的关键词》。

当然,这些前沿探索并不是在国际教育花园中的随意闲逛,这边摘个叶子,那边摘朵花,而是基于深沉的世界历史发展感的有感而发。或是"借他人酒杯,浇自己块垒",或是预言式的警告,或是未来的展望,但对教育改革都带有基本性助益。

国际与比较教育研究所当然还会秉持这种前沿意识和边疆精神,勇于探索,为中国教育界提供一个又一个前沿作品。

在华东师范大学国际与比较教育研究所"六十耳顺"之际,从 2019 年的"21 世纪能力:中国与世界"丛书到现在的"国际与比较教育前沿丛书",是否意味着华东师范大学比较教育学的再次振兴?这当然取决于国内同行的评价,而我们所能做的就是尽可能好地展示我们的前沿探索。

2023 年 11 月 28 日
华东师范大学教育学部
国际与比较教育研究所

目录

前言 　　　　　　　　　　　　　　　　　　　　　　　　　　　001

系列一　拉丁美洲教育发展与问题　　　　　　　　　　　　001

1. 拉丁美洲教育概述　　　　　　　　　　　　　　　　　　003
2. 拉丁美洲国家的发展与教育发展阶段之特征　　　　　　　015
3. 拉丁美洲国家教育发展中的若干特点——历届拉丁美洲国家教育部长会议分析　　　　　　　　　　　　　　　　　　　025
4. 拉丁美洲国家教育发展中的问题及经验教训　　　　　　　040
5. 促进拉丁美洲国家教育发展的若干因素分析　　　　　　　052
6. 20世纪80年代以来拉丁美洲国家教育发展、问题及对策　059
7. 拉丁美洲教育发展模式探析　　　　　　　　　　　　　　072
8. 拉丁美洲国家教育发展新走向——大力发展科技教育　　079

系列二　拉丁美洲教育思想与理论　　　　　　　　　　　　089

9. 拉丁美洲的教育思潮与"依附论"　　　　　　　　　　　091
10. 拉丁美洲学者对"教育学"与"教育科学"的不同观点　　097
11. 拉丁美洲的课程论　　　　　　　　　　　　　　　　　103
12. 拉丁美洲的民众主义教育　　　　　　　　　　　　　　110

13. 拉丁美洲教育家弗莱雷的解放教育	120
14. 拉丁美洲解放教育的三大特性	156
15. 拉丁美洲教育家弗莱雷的"对话式教学"述评	161
16. 拉丁美洲教育家弗莱雷解放教育课程建构论述评	169
17. 拉丁美洲教育家弗莱雷的教育思想在中国的传播与影响	178

系列三 拉丁美洲高等教育　　187

18. 拉丁美洲高等教育大众化探析	189
19. 拉丁美洲国家高校招生考试制度	196
20. 拉丁美洲高等教育一体化建设：目标、路径及困境	204
21. 拉丁美洲高校教师培训研究	217
22. 拉丁美洲私立高校的发展与特点	225
23. 拉丁美洲国家的成人教育	258
24. 拉丁美洲国家的比较教育课程	280
25. 拉丁美洲国家的教育管理专业课程	301
26. 中国和拉美教育交流与合作60年：进展、问题及策略	306

前言

在全球化发展的背景下,中国亟须进一步与世界各国加强相互了解、交流和合作。然而,对遥远的拉丁美洲国家,我们还比较陌生。随着"一带一路"的发展,中国与拉丁美洲国家的交往日益频繁,越来越多的人需要了解拉丁美洲国家的政治、经济、文化和教育等方面的现实状况。与对拉丁美洲国家政治、经济、文化的研究相比,中国对拉丁美洲国家的教育研究还相对较少,有关拉丁美洲国家的教育的著作也极其匮乏。

《当代拉丁美洲教育研究》一书的出版,为增强中国对拉丁美洲国家的教育的进一步了解,也为相关人员开展拉丁美洲国家的教育研究提供了一种参考框架。

更为重要的是,该书的出版具有较强的现实借鉴意义。也可以进一步证明,同属发展中国家的拉丁美洲国家,在其发展过程中,也有许多的教育思想、教育理论和实践经验可供我们学习和借鉴,如保罗·弗莱雷的被压迫者的教育学和解放教育理论与实践、拉丁美洲民众主义教育思想、拉丁美洲的教育依附论、拉丁美洲国家开展的教育现代化进程(可以比对中国的教育现代化进程)。

该书的出版价值还在于,表明了中国比较教育的研究已加强了对拉丁美洲国家的教育研究的关注,并开拓了发展中国家教育的新的研究领域。

因此,该书的读者对象较为广泛,不仅适用于各级各类教育管理人员、教育研究人员,也适用于各级各类的学校教师以及高校学生,当然,还适用于对拉丁美洲国家的教育感兴趣的广大人士。

拉丁美洲是指美国以南的美洲地区,在地理上可分为四个组成部分:北美洲的墨西哥、中美洲、南美洲和加勒比地区(即西印度群岛)。联合国将这一地区正式称为"拉丁美洲及加勒比地区"。本书所指的拉丁美洲,特指拉丁美洲讲西班牙语和葡萄牙语的国家，不包括加勒比地区讲英语的国家。

拉丁美洲大部分国家曾经是西班牙的殖民地（巴西为葡萄牙的殖民地），被殖民了300多年。拉丁美洲有17个国家的官方语言为西班牙语，这17个国家无疑在文化、教育、宗教、习俗方面具有共性。随着拉丁美洲国家在19世纪初期纷纷独立，朝着各自的发展道路前进，拉丁美洲国家在发展中也产生了很大的差异。但是，拉丁美洲国家发展的共性是大于其异性的。也许未来的拉丁美洲国家会走向一种联盟。

本书原本设计为三大部分：第一编为拉丁美洲教育总论，主要是综述拉丁美洲教育整体发展的阶段、过程、特点、成就、问题和趋势；第二编为拉丁美洲教育国别分论，主要分述拉丁美洲的一些国家，如墨西哥、巴西、智利、秘鲁等国家的最新教育发展状况；第三编为西班牙教育，因拉丁美洲国家的教育与西班牙有很大的关系。后因该书篇幅太大，只能先将第一部分出版，如果有幸，再出版国别分论部分。

在本书付梓之际，首先我要感谢跟随我一起开展拉丁美洲教育与西班牙教育研究的我的硕士生和博士生，他们的研究成果的一部分也收录在书中，如"拉丁美洲私立高校的发展与特点"的作者姚小蒙硕士（同济大学外国语学院）。

还要感谢特殊的"编外学生"，也是共同研究拉丁美洲与西班牙教育的同行、新锐和合作者，更是未来拉丁美洲教育研究的后继者和领军人物——北京师范大学国际与比较教育研究院的胡昳昀博士，她为本书提供了其系列研究拉丁美洲教育和西班牙教育的文章：《拉美高等教育一体化建设：目标、路径及困境》《中国和拉美教育交流与合作60年：进展、问题及策略》。

他们的研究成果也进一步证明，虽然中国从事拉丁美洲教育研究的人员不多，但是从没有断过，并且后继有人，令人欣慰。

我还要感谢的是为该书的出版而给予我许多帮助的人：

美国加利福尼亚大学洛杉矶分校的博士生严丽（因共同研究弗莱雷而相识，她的导师卡洛斯·托莱斯也是我的老朋友），她帮助我搜集了大量的原始资料；

上海市教育科学研究院的杨治平博士帮助收集了部分资料；

上海出版印刷高等专科学校的王丹老师，在资料整理上提供了专业技术帮助；

华东师范大学国际与比较教育研究所的同事沈章明副教授在繁忙的工作中也挤出时间帮助我整理资料；

华东师范大学国际与比较教育研究所所长彭正梅教授积极帮助联系出版事宜;华东师范大学出版社彭呈军等人的大力支持和认真审校。

最后,还要感谢我的许多学生、同事、朋友、同学、家人,他们日常的关心、友爱、鼓励、支持就是我最大的前进动力。

系列一

拉丁美洲教育发展与问题

1

拉丁美洲教育概述

一、拉丁美洲概况

拉丁美洲是指美国以南的美洲地区,在地理上可分为四个组成部分:北美洲的墨西哥、中美洲、南美洲和加勒比地区(即西印度群岛)。联合国将这一地区正式称为"拉丁美洲及加勒比地区"。

拉丁美洲总面积有2070万平方千米,相当于两个欧洲。拉丁美洲的地形多样,有世界上最长的山脉——安第斯山脉;有世界上最大的平原——亚马孙平原;还有世界上流域最广、流量最大的河流——亚马孙河。拉丁美洲的气候复杂,既有世界上最干燥的地方,也有世界上最潮湿的地区,但多数地区属热带和亚热带气候。

拉丁美洲有丰富的矿物资源。现代工业中最重要的矿物原料,几乎都具备,且储量丰富。智利的铜、硝石;墨西哥的硫黄、银;巴西的铌、钽;玻利维亚的锡、锑;秘鲁的铋、钒;委内瑞拉的石油等储量均居世界前列。此外,拉丁美洲还有丰富的森林资源和水产资源。拉丁美洲的农牧业也较发达,如巴西、哥伦比亚的咖啡、可可;中美洲的香蕉、蔗糖以及玉米等产量之高,闻名于世。阿根廷、乌拉圭等国已成为世界上牛羊肉主要产地。

拉丁美洲现有33个独立的国家。拉丁美洲的人口总数已超过6.5亿。其中巴西人口达2.1亿,墨西哥人口达1.3亿。拉丁美洲居民人种主要可分为四部分：混血种人，约占总人口的40%；白种人，即欧洲移民后裔，约占总人口的39%；印第安人，约占总人口的12%；黑种人，约占总人口的7%。此外，还有其他国家的一些移民。

拉丁美洲并不是一个地理概念。拉丁美洲这一名称是和这一地区的历史、语言、文化分不开的。这个地区在历史上曾遭受过拉丁语系的西班牙、葡萄牙和法国的殖民统治。在拉丁美洲国家中（除了加勒比地区一些岛国和南美北部两个小国），巴西讲葡萄牙语，海地讲法语，其他国家均讲西班牙语，都属拉丁语系的语言。在思想观念、文化艺术、风俗习惯、生活方式等方面，深受西班牙、葡萄牙、法国的影响。居民绝大多数信奉天主教。

拉丁美洲原著民是土著印第安人。印第安人以其辛勤的劳动和聪明的才智，在美洲大陆上已建立起自己独特的文化，如"玛雅文化""阿兹特克文化""印加文化"，这三大文化也成为拉丁美洲文明的发源地。拉丁美洲的印第安人培植了人类主要的三大粮食之一——玉米；他们擅长建筑和艺术，建造的金字塔可以与埃及金字塔媲美；他们的雕刻、壁画、制陶、编织相当出色；他们在天文、医学、文字、数学等方面也有很高的造诣，达到了古代美洲印第安人经济文化发展的高峰。

1492年哥伦布发现新大陆后，西班牙和葡萄牙的殖民者征服了拉丁美洲。拉丁美洲遭受了长达300年的殖民统治。殖民者强迫印第安人接受宗主国的社会制度、宗教、文化及语言。宗主国的教会更是成为殖民统治的重要精神支柱。拉丁美洲的文化教育事业全部处在教会的控制之下，各类学校均由教会主办。1523年，圣方济会的教士在墨西哥开办了第一所学校，主要传授西班牙文和基督教义。早期在圣多明各（1538年）、利马（1551年）、墨西哥（1553年）建立的大学，也受到教会的严格监督，教师都是天主教教士。总之，在整个殖民地时期，学校主要培养少数特权阶层和神职人员，广大的印第安人几乎没有上学受教育的机会。

二、拉丁美洲教育发展

19世纪初，拉丁美洲掀起了轰轰烈烈的独立运动，拉丁美洲各国相继摆脱了西班牙、葡萄牙和法国的殖民统治，获得了独立。独立后的拉丁美洲各国，在经济、政治、文化等方面有了一定的发展。在教育方面的重大改革主要有两个方面。

一是建立国家教育制度,取消教会对学校的垄断。拉丁美洲各国在独立后,为了加强国家对教育的领导,在宪法中明确规定了国家有对公民实施教育的义务,取消教会对学校的垄断权。如智利在宪法中规定国家对教育的权力高于教会;阿根廷决定取消学校的宗教教义教育等。许多国家还相继成立了各级教育行政机构,建立国家教育体系。到 20 世纪 30 年代,拉丁美洲主要的一些国家基本上都建有主管教育的部门并建立起了国家的教育制度。

二是建立免费义务教育制度,普及初等教育。墨西哥、委内瑞拉、阿根廷、秘鲁、智利等国先后颁布了实施免费义务教育的法令,为广大民众的子女提供了就学的机会。

第二次世界大战后,尤其是 60 至 70 年代,拉丁美洲在第三世界国家中已成为经济实力较强、科学文化和物质生活水平较高的地区。拉丁美洲各国在教育事业上也有较大发展。在这个时期,拉丁美洲各国在以下两方面的发展较为突出。

一是重视发展职业技术教育。随着拉丁美洲各国工业化的进程,社会需要更多有文化、有技能的人才。许多国家都在正规教育系统中建立完整的职业技术教育体系。如阿根廷建立了各级衔接的职业技术教育网,中等职业技术学校的学生人数已超过普通中学的学生人数。

二是大力发展高等教育。高等教育在拉丁美洲国家中的正规教育里可算是发展得最快的。1960 年在拉丁美洲高等学校注册的人数约为 50 万人,1975 年达 340 万人。阿根廷、巴西、智利、墨西哥高等学校 1960 年的入学率分别为 13.2%、4.7%、7.2%和 4.7%;1975 年分别增长到 29.8%、23.3%、20.7%和 13.6%。此外,拉丁美洲各国还发展了大批与本国、本地区社会经济发展密切相关的地方性高等院校。如智利大学以前在全国各地设有众多分校,后来这些分校均改为地方性大学,为地区的发展作出了较大贡献。

三、拉丁美洲国家的教育管理

拉丁美洲国家的教育管理趋向分散管理、地方分权,尽管各国的教育管理体制不同,但这一朝向是十分明显的。

以前,拉丁美洲各国的教育管理主要集中在教育部,基本上可以划分为中央集权或中央集权程度较深的教育行政管理。随着拉丁美洲各国教育的大规模发展以及拉丁美洲民主化思潮的影响,在20世纪70年代,拉丁美洲各国的教育管理纷纷采用地方分权或分散管理的形式。秘鲁1972年的教育基本法撤销了传统的教育行政管理模式,将中央的权力下放,建立了分散的行政管理模式。智利教育行政从中央集权过渡到地方分权,分两步进行:第一步实行地区化,第二步实行地方化。到1980年底,智利中小学教育管理权下放到市政府一级,已在全国普及。

拉丁美洲国家的教育管理一般分为三级:中央一级的教育部,省(州、地区)一级的教育厅,市一级的教育局或委员会。教育部的职责主要是确定教育目的、目标、方针政策;规定各级各类教育的规章制度;制定全国教育发展规划;审批教学计划和课程设置;等等。教育厅根据教育部的规定,制定适合本地区的教育发展计划和其他一些规章制度,监督各教育局的工作;等等。教育局主要负责管理本市的中小学教育。

拉丁美洲各国的大学基本上都实行自治(包括公立大学)。根据大学自治法的一些规定,大学有学校行政管理权,可以任命学校的各级行政领导和聘用教职工;大学有财政自主权,可以决定其预算,支配拥有的资金;大学也有教学和科研自主权,可以确定教学形式、教材、研究课题等。大学自治是在大学内的自由,不允许大学进行违法活动。

四、拉丁美洲国家学校教育体系

拉丁美洲国家的正规教育可分为三级:初等教育或基础教育(包括幼儿或学前教育)、中等教育、高等教育。

(一) 初等教育

1. 学前教育

拉丁美洲国家的学前教育直到20世纪60年代仍没有受到应有的重视。虽然阿根廷、智利等少数几个国家很早就建立了学前教育的机构,但大多数拉丁美洲国家的学前教育并不普及。

从20世纪60年代末至70年代初,拉丁美洲各国开始重视学前教育的发展。许多国家以颁布法令的形式,从法律上保证适龄儿童能接受学前教育。如哥伦比亚于1974年颁布法令,建立学前教育中心;巴西于1975年规定对4—6岁的儿童实施学前教育。有一些国家采取多种措施,促进学前教育的发展。如委内瑞拉除在全国范围内实施统一的学前教育计划外,从1973年起,有关学前教育的电视节目开始辅助幼儿课堂教育,同时也为在家的儿童传授基本的学前学习技能。

现在,拉丁美洲各国已将学前教育列为正规教育的组成部分。有些国家发展到将学前教育列入义务教育阶段,如墨西哥规定一年、阿根廷规定两年学前教育为义务教育。

尽管拉丁美洲各国的学前教育有了一定的发展,但仍未满足需求,远未达到普及的程度。学前教育人数在各国各级教育中占同龄人总人数的比率仍较低,墨西哥1975年还不到4%,与小学的比率80%相差极大;阿根廷1979年的比率为7.3%。

目前,拉丁美洲国家在发展学前教育的过程中,采取了一些新的策略:一是重视发展贫困地区的学前教育,如墨西哥政府的政策规定,优先照顾农村及城郊地区建立幼儿园;智利的社会经济发展计划提出,要最大限度地使最贫困居民的子女接受学前教育。二是鼓励私人开办幼儿教育机构,如智利、巴西、哥伦比亚等国在私立幼儿教育机构的人数占学前教育机构总人数的50%—70%。

2. 初等教育

20世纪60年代末以来,拉丁美洲各国都十分重视初等教育的发展。许多国家都将普及初等教育作为国民教育的优先发展目标。智利1979年的教育计划提出国家应重点且首先抓基础教育,力求达到所有人都能完成基础教育。墨西哥也制定了小学教育计划,并派专人进行协调和监督。哥伦比亚则将发展农村初等教育作为重点,建立教育中心体制,并规定新教师必须在农村中心小学服务两年。

在拉丁美洲各国政府的重视与努力下,初等教育有了极大的发展。到70年代末,拉美各国初等学校数、教师人数和学生人数成倍增长。墨西哥在1960至1978年间,小学从3.2万所增加到6.1万所;教师从11.3万人增长到32.3万人;小学生从551.3万人增长到1332.2万人。秘鲁在1961至1981年间,小学从14860所增加到29721所。哥伦比亚在1961至1980年间,小学生从179.2万人增长到410.2万人。

更为重要的是拉丁美洲各国初等学校的学生入学率有了大幅度的提高。入学率达到70%以上的,1960年仅有8个国家,而到1980年有19个国家,其中有9个国家入学率达到90%以上。从表1中可以看到1960至1980年拉丁美洲各国初等学校学生入学率增长的情况。

表1 拉丁美洲各国初等学校学生入学率

国别	学龄期（年）	1960年（%）	1965年（%）	1970年（%）	1975年（%）	1980年（%）
阿根廷	5—12	91.2	93.6	98.5	100.0	100.0
古巴	6—12	77.7	86.0	93.7	100.0	100.0
智利	6—14	76.4	84.6	93.0	100.0	100.0
巴巴多斯	5—11	93.5	98.8	95.7	94.3	98.5
哥斯达黎加	6—12	74.4	81.4	89.0	94.5	97.5
巴拿马	6—12	68.3	70.9	77.3	94.4	95.7
圭亚那	6—12	90.5	94.4	88.4	83.8	95.6
牙买加	6—12	74.7	88.9	94.8	90.5	94.8
墨西哥	6—12	58.4	69.2	81.4	80.2	94.2
秘鲁	6—12	56.7	68.7	78.6	80.7	83.7
委内瑞拉	7—16	68.8	65.2	70.3	77.6	83.2
多米尼加	7—13	66.8	59.8	65.7	76.9	82.2
厄瓜多尔	6—12	66.3	73.1	78.0	76.0	80.0
巴拉圭	7—13	69.7	71.6	77.1	74.6	77.6
特立尼达和多巴哥	5—12	66.1	75.5	72.9	73.1	77.5
玻利维亚	6—14	45.1	53.7	60.7	70.3	76.6
巴西	7—15	47.7	54.7	63.1	70.1	76.2
洪都拉斯	6—12	49.5	57.5	67.8	67.0	71.3
哥伦比亚	7—12	47.9	52.4	62.2	64.3	70.0
萨尔瓦多	6—15	48.7	51.1	55.1	63.2	69.2
乌拉圭	6—12	89.9	80.3	78.8	68.3	68.1
尼加拉瓜	7—13	42.9	45.3	54.6	55.7	60.8
危地马拉	7—13	32.0	35.0	41.7	48.0	53.3
海地	7—13	33.6	36.3	36.2	39.0	41.4

除了初等教育入学率的增长外,拉丁美洲国家在初等教育的发展过程中,还逐渐延长了义务教育的年限,并以此来改革教育体制与结构。在20世纪70年代前,拉丁美洲各国基本上实施六年制的小学,属于义务教育阶段。到20世纪70年代后,拉丁美洲有些国家延长了义务教育的年限,也增加了小学的学制。阿根廷从1970年起,将原先小学6年义务教育延长到7年,并将小学入学年龄提前到5岁。智利将原先小学6年义务教育延长到8年,将原来的六三三制改为现在的八二二制。巴西也实施了8年义务教育制。义务教育范围的扩大,给拉丁美洲各国的贫苦居民提供了较多的受教育机会。

(二) 中等教育

拉丁美洲国家的中等教育具有两个基本功能:一是为高等学校输送学生;二是为劳动市场培养中等专业技术人员和熟练工人。拉丁美洲各国在中等学校培养目标中,都明确规定了要使学生掌握进入高等学校或进入劳动市场所需的基础知识和基本技能。

由于拉丁美洲国家众多、发展不一,中等教育的差异也较大。拉丁美洲各国中等教育学制长短有所不同,智利、巴西为4年;秘鲁、委内瑞拉为5年;墨西哥、哥伦比亚为6年;阿根廷为7年。分轨教育时间也不尽相同,有从初中就开始分轨,有从高中开始分轨,也有的从小学就有所侧重。

从拉丁美洲国家中等教育的课程内容来看,主要有两类:普通教育和职业技术教育(包括中等师范教育)。从中等教育的组织管理类别来看,主要有三类:公立中学、私立中学和私立公助学校。

随着20世纪70年代经济发展对教育要求的增加,拉丁美洲国家纷纷调整了中等教育中普通教育与职业技术教育的比重,普遍重视和加强了中等职业技术教育,为的是建立多样化的中等教育结构。

拉丁美洲国家采取的具体措施有:建立更多的中等职业技术学校;扩大职业技术课程的范围,除开设工业、农业、商业、服务业、师范类课程外,还增加建筑、邮电、能源、渔业、畜牧业等课程;提高职业技术教育的地位;学生毕业后也可获得相应的文凭;建立起上下连接的职业技术教育网络,毕业生也可以继续到高等职业技术学校学习深造。

在中等职业技术教育发展中,阿根廷在拉丁美洲国家中尤为突出。阿根廷逐渐在正规教育中建立一个从小学到大学的、上下衔接的正规职业技术教育体系,中等职业技术学校入学人数超过了普通中学的入学人数。

拉丁美洲国家在发展中等教育的过程中,较注重发挥私人办学和公私合办的积极性。拉丁美洲许多国家在法律上规定私人机构可以自由开办学校,国家实行监督。对私人开办的学校,国家给予鼓励,许多国家也采取对私立学校提供补助的政策。这样既可减轻国家一部分财政负担,同时在教学过程中公立、私立学校也可相互促进。

在发展私人办学的过程中,智利、哥伦比亚、委内瑞拉、阿根廷等国走的步子较大。智利1981年私立中学加上私立公助学校的学生人数达公立学校学生人数的三分之一还多。哥伦比亚的私立中学甚至比公立中学还多。1981年哥伦比亚首都波哥大的私立中学注册的学生人数占中学生总人数的65%。

(三) 高等教育

20世纪60年代以来,拉丁美洲国家对高等教育极为重视,进行了一系列的改革,采取了各种措施,使高等教育在拉丁美洲国家的各级教育中发展较快,在拉丁美洲国家社会经济向现代化发展过程中发挥了重要作用。阿根廷高等教育的入学人数在1960至1979年间,从15.9万人增长到47.5万人;高等教育机构从250所增加到1001所;每万人中的大学生人数从1950年的50人增长到1979年的184人。厄瓜多尔在校大学生人数从1971年的4.4万人增加到1980年的22.5万人;每万人中的大学生人数从1970年的64.9增长到1980年的270人。委内瑞拉在1958至1980年间高等学校数增加了约10倍,从6所增加到66所;大学生人数增加了约28倍,从近1万人增加到29.8万人。

除了高校数和大学生人数的大量发展外,拉丁美洲国家还注重扩大高校中的专业课程的范围,逐渐加重理工科专业的比例,以此来培养更多适应各国发展的科技人才。20世纪60年代前,拉丁美洲国家学生选修法律、医学及人文学科居多。20世纪80年代以来,随着社会经济的发展,学习理工科的学生人数有了很大增长,学习经济、统计和管理的人也越来越多。哥伦比亚学法律的学生人数占在校学生总人数的比例在1955年为40%,1968年降为10%;学工程的学生从1950年的20%上升到1968年的30%;20世纪80年代学经济和企业管理的学生已达30%。巴西法律与医学两个专业的毕业生人数占毕业生总人数的比例在 1953 年为 59.7%，1979 年已降到 17.8%；而自然科学、经济学、工程专业的毕业生，从 19.8% 增长到 35.5%。

此外，拉丁美洲国家已具有一批与传统的著名综合性大学同等地位的理工科高等教育机构，如墨西哥的国立工学院、蒙特雷理工学院，巴西的圣保罗大学，智利的国立技术大学，等等。

拉丁美洲国家的高等教育主要有三种职能：一是教学，培养各方面的高级专业人员，以满足科技与文化发展的需求；二是研究，对各知识领域进行深入研究，以促进科技与文化的繁荣；三是传播知识，以发扬各国传统文化及为社会和民众服务。

拉丁美洲国家的高等学校有公立的，也有私立的，以公立为主。公立大学既有国立的、部属的，也有地区的。拉丁美洲国家的高等学校类型有综合性的大学，通常都设有研究生一级的教育，也有专科性学院。

拉丁美洲国家高等教育的一个普遍现象是各国的大学生大多集中在某一两个大城市里，尤其是首都地区，而且学生又往往集中在该城市里的一两所著名大学里。因而，拉丁美洲各国的著名大学都十分庞大。墨西哥国立自治大学设有 14 个学院，开设有 200 多个文理科专业，还有 34 个科研机构和研究中心。1981 年，该大学的学生达 30 万人。阿根廷布宜诺斯艾利斯大学设有 13 个学院，1976 年共有学生 17.5 万人。在厄瓜多尔，仅中央大学和瓜亚基尔大学这两所高等学校的学生人数就占到全国大学生总人数的三分之二。

20 世纪 80 年代以来，拉丁美洲国家着重扩大大学教育网，逐步发展了一些地方性的大学，以满足各地区的需求。智利大学地处首都，以前在全国各地设有众多的分校，现在智利已将分校改为地方性大学。巴西也注意在边远地区或经济不发达的州建立高等学校，以此来促使全国教育的均衡协调发展。目前，巴西每个州都有了高等学校。

五、拉丁美洲教育的基本特点、问题和趋势

20 世纪 60 年代以来，发展民族经济、巩固政治独立、争取民主公正等已成为拉丁美洲国家社会发展的主要潮流。在这一主潮流下，拉丁美洲各国的教育也在向民主化、民族化和现代化的方向发展。拉丁美洲国家在教育发展总的进程中具有某些共同的基本特点，也产生了一些普遍问题，拥有类似的今后的发展趋势。

(一) 拉丁美洲教育的基本特点

1. 扩大教育覆盖面，实现教育民主化

拉丁美洲国家在"人权教育运动"思潮的影响下，强调人具有天生受教育的权利，其权利不能被剥夺，并主张扩大受教育的机会来实现社会平等。因此，拉丁美洲各国视普及初等教育为走向民主化的基础，这体现了教育机会均等的一个方面，并将发展初等教育、延长义务教育年限放在优先发展的项目中，这已成为拉丁美洲各国教育发展中的一种特征。此外，随着教育的发展，越来越多的人要求有接受高等教育的机会。以前，上大学是有钱人的事，在民主化进程中，拉丁美洲各国逐渐改变了这一状况，加速发展了高等教育。为了扩大接受高等教育的机会，拉丁美洲各国增加了国家对大学的补贴，普遍实行了贷款制，帮助了众多贫苦家庭的子女上大学。

2. 重视教育与经济发展协调一致

拉丁美洲国家的教育发展也受到"经济学派"的影响。"经济学派"源自拉丁美洲"发展主义思潮"。这一学派强调教育在社会经济变革中的重大作用，提出开发人力资源与整个社会经济发展协调一致、教育发展与经济发展计划并行不悖的主张。20世纪70年代是拉丁美洲国家经济迅速发展的时期，拉丁美洲各国在教育上也采取了相应的措施，增加了职业技术教育的比重，将单一化的体制改为多样化、职业化的体制，以此来满足社会经济变革的需求。

3. "依附理论"在拉丁美洲教育中的反映

拉丁美洲国家在历史上长期遭受殖民统治，具有强烈的宗教传统，早期在思想、政治、经济、文化方面受欧洲国家的影响极大，现主要受美国的影响。拉丁美洲国家的这些共同特点，使得拉丁美洲国家长期具有一种依附于其他国家的特性。这种依附性，在拉丁美洲国家的教育中也有反映，拉丁美洲国家的教育也是依附结构中的一部分。总的来说，在拉丁美洲国家的教育发展中，依旧保留着依附的影响和惯性，也为拉丁美洲各国的教育带来了一系列普遍问题。

(二) 拉丁美洲教育中的普遍问题

1. 初等教育中学生辍学与留级程度严重

小学辍学率高、留级严重是拉丁美洲国家教育的老问题。1971年在委内瑞拉召开的拉丁美洲国家教育部长会议中指出,辍学和留级的指数所反映出的教育制度的低效率可能成为拉丁美洲教育中最严重的问题。据联合国教科文组织对拉丁美洲18个国家的调查(1972),在初等教育第一年入学中的每千个学生中,能够读到四年级的还不到一半。尽管拉丁美洲各国对教育的投资有所增加,但无疑仍没有找到有效的方法来解决这一问题,因为这个问题与社会、经济、人口、地理等因素有很大的关系。1962年在智利圣地亚哥召开的拉丁美洲各国教育部长会议所规定的1970年要基本普及小学教育的目标未能达到;1979年在墨西哥召开的会议所确定的1990年前普及8至10年制义务教育目标也成为泡影。

2. 高等教育发展过快

在教育民主化思潮的影响下,拉丁美洲国家较注重为想要上大学的青年提供更多机会,高等教育的规模有了很大的发展。然而,仍处于发展中国家的拉丁美洲各国忽视了本地区的发展特性,盲目仿效发达国家,造成了高等教育的效益极低,而且与各国发展的实际需求相差甚远。在拉丁美洲各国大学中,普遍实行学生贷款制,这对发展中国家来说,是个很大的负担。再加上大学的淘汰率很高,许多学生在读了一两年后,或由于经济原因,或由于能力关系而中止了学习,造成了很大的浪费。

3. 教育发展不平衡,地区差别极大

在拉丁美洲国家中,经济发达地区和城市与经济落后地区和山区农村之间在教育发展过程中差距越来越大。许多农村地区,校舍不足、设备简陋、师资缺乏。在巴西的北部、秘鲁的东部、玻利维亚的山区,这种情况更为严重。

(三) 拉丁美洲教育发展趋势

1. 继续向教育民主化方向发展

随着拉丁美洲国家的社会民主化的进程,各国在教育方面相应采取了一系列改革措施,促使教育保持向民主化方向发展。20世纪80年代以来在教育行政管理方面,许多国家实行权力下放、分散管理的政策,中小学由市、地区管理,大学实行自治。此外,拉丁美洲国家仍采取鼓励私人办学和私立公助形式的办学方针,进一步发挥私人和地区的办学积极性。

2. 进一步重视和加强农村地区的教育

在拉丁美洲国家的城市中,基本普及了6年义务教育,接着又朝普及8至10年的义务教育发展。而在拉丁美洲国家的农村地区,尤其是山区,小学生绝大多数只能念到四年级,农村的教育水平也大大低于城市。为此,拉丁美洲各国在20世纪80年代都将重点放在发展农村地区的小学教育上。哥伦比亚、巴西、墨西哥等国都制订了发展农村教育的计划;智利编制了适合山区生活的小学课本,并派人进行巡回指导。

3. 大力发展成人教育

由于以前初等教育产生的问题没有得到解决,成年人的受教育水平普遍较低。随着经济的发展,各行各业对劳动力的要求也越来越高,因此,在20世纪70年代,拉丁美洲许多国家成立了一些专门机构负责实施成人教育计划。20世纪80年代以来,成人教育体系日趋完善,许多国家已将成人教育列为国民教育的重要组成部分。许多国家的成人教育也与正规教育体制一样设有学位,获得文凭者还可进专科学校或大学学习。

成人教育因其与就业关系密切,在拉丁美洲各国越来越受到重视,许多国家正在实施新的成人教育计划,大力发展成人教育。

2

拉丁美洲国家的发展与教育发展阶段之特征

　　拉丁美洲的一位历史学家曾经说过：研究拉美绝非易事，轻描淡写实不可取。将拉丁美洲作为一个整体来研究确实存在一定的难度，这是因为我们通常所说的拉丁美洲，实际上包括了众多大小不一的国家，包含了许多不同的种族和文化，其差异可想而知。南美洲最南端的三个国家阿根廷、乌拉圭、智利的居民，实际上大多数是欧洲白种人；墨西哥及中美洲、南美洲北部的大多数居民则是印欧混血种人；加勒比群岛的居民主要是黑白混血种人和黑种人；沿安第斯山脉的居民则是土著印第安人。拉丁美洲大多数国家受过西班牙和葡萄牙殖民统治，也有少部分国家受过英国、法国、荷兰殖民统治；拉丁美洲大多数国家讲西班牙语，巴西讲葡萄牙语，海地讲法语，加勒比地区很多岛国讲英语。此外，拉丁美洲国家在地理、政治、经济、文化以及其他一些方面也存在很大差异。

　　然而，在拉丁美洲国家存在的这些差异中，仍然凸显出许多共同的特性。古代拉丁美洲地区共同的信仰、习俗，共同的历史遭遇；相邻地域的相互影响；印第安文化与欧洲文化交融而形成的拉丁美洲独特的文化；热情、开朗、乐观、易受影响的民族特性；热爱和平、谋求发展、追求民主、主张平等、要求公正的信念等一直将这一地区的国家紧密联系在一起。因而，拉丁美洲国家具有的这些共同特性，反映了差异中的共性和共性中的差异。

　　基于此，在论述拉丁美洲教育发展和存在的问题时，既可以看到比美国哈佛大学还要早建 100 年的拉丁美洲国家的大学的悠久历史以及拉丁美洲高等教育的迅猛发展,同时又能发现拉丁美洲仍然存在大量文盲;有的国家初等教育的入学率已达 100%,而有的国家学生辍学率和留级率居高不下。从拉丁美洲国家教育上的差异中,仍然可以看到发展是主要的。拉丁美洲国家通过自己的努力,使教育获得了巨大发展,然而由于种种原因,问题仍然不少。是什么因素促进了拉丁美洲教育的发展?是什么因素使教育中的问题长期得不到解决?由此,我们必须注重探究与分析影响拉丁美洲教育的因素来论述拉丁美洲教育的发展与存在的问题。

一、拉丁美洲国家的发展

(一) 拉丁美洲国家的历史文化发展

拉丁美洲现有 33 个国家,其中官方语言为西班牙语的国家有 17 个,英语的国家有 13 个,葡萄牙语、法语和荷兰语的国家各 1 个。拉丁美洲绝大多数国家在历史上曾遭受过属拉丁语系的西班牙、葡萄牙和法国的殖民统治。独立后在其文化艺术、风俗习惯等方面仍具有拉丁语系宗主国的遗风,长期以来便形成了一种人文而非地理的概念——拉丁美洲。20 世纪 60 年代以来,在加勒比地区独立的国家日渐增多,拉丁美洲 33 国中 13 国是绝大多数人讲英语的岛国,尽管岛国较多,但从人口、面积以及影响来说,在拉丁美洲并不占重要的地位。因此,国际上将这一整个大区域正式称为"拉丁美洲和加勒比地区",习惯上仍简称为"拉丁美洲"。

拉丁美洲的自然条件相当优越。拥有丰富的矿物资源,现代工业中最重要的矿物原料,几乎都具备,且储量丰富。拉丁美洲的天然森林面积达 10 亿公顷,约是领土面积的一半,占世界森林覆盖面积的四分之一。拉丁美洲大陆海岸全长 4.5 万千米,秘鲁沿海、巴西沿海和加勒比海有拉丁美洲的三大渔场。拉丁美洲的农牧业也各具特色,如巴西、哥伦比亚的咖啡、可可,中美洲国家的香蕉、蔗糖,以及阿根廷、乌拉圭的牛羊肉和拉丁美洲国家的玉米等均闻名于世。总而言之,拉丁美洲的自然条件,为拉丁美洲的社会经济和文化的发展提供了物质便利,也使其发展染上拉丁美洲的色彩。

拉丁美洲的总人口达 6.5 亿,种族成分较为复杂。拉丁美洲原著民是印第安人,殖民时期欧洲白种人来到该大陆,后来由于大量印第安人被殖民统治者杀害,劳动力不足才从非洲运来了黑种人,再加上之后从其他国家移入的移民,这些人种相互通婚,形成了各种混血种人。拉丁美洲混血种人的比例最高,占总人口的40%;其次是白种人,即欧洲移民后裔,占39%;印第安人占11%;黑种人占7%。此外,还有其他国家的一些移民。

拉丁美洲人大多信仰天主教,天主教对拉丁美洲人的文化及生活具有很大影响。

拉丁美洲的人口自然增长率居世界各洲之首,年平均增长率在2.7%~2.9%(非洲2.5%,亚洲2.3%,欧洲0.7%)。拉丁美洲的人口呈"年轻化"趋势,15岁以下的人口占总人口的42.2%。拉丁美洲人口流动性较大,主要是大量农村人口流向城市以及经济落后的国家或地区人口流向较发达的国家或地区。拉丁美洲绝大多数国家城市人口已达总人口的70%以上,有一些国家已超过80%。

拉丁美洲原始的主人是土著印第安人。印第安人以其辛勤的劳动和聪明的才智,在美洲大陆上建立起自己独特的文化。世界闻名的古代印第安三大文化——玛雅文化、阿兹特克文化、印加文化,成为拉丁美洲文明的发源地。对印第安文化遗址的考古发现,当时已达到了古代美洲印第安人经济文化发展的高峰。这些文化在当今拉丁美洲的生活中仍有反映并产生巨大影响。

在西班牙和葡萄牙殖民时期,拉丁美洲遭受了长达300多年的殖民统治。殖民统治对拉丁美洲人的心理素质和文化的形成产生了巨大影响。殖民统治者强迫印第安人接受宗主国的社会制度、宗教、文化和语言。宗主国的教会更是成为殖民统治的重要精神支柱。当时拉丁美洲的文化教育事业全部由教会控制,虽然很早就建立了学校,但是学校均由教会主办,主要传授西班牙文化和基督教义。早期建立的大学,也受到教会的严格监督,教师都是天主教教士。总之,在整个殖民统治时期,学校主要培养少数特权阶层和神职人员,广大的印第安人几乎没有上学校受教育的机会。

19世纪初,拉丁美洲掀起了轰轰烈烈的独立运动。拉丁美洲各国相继摆脱了西班牙和葡萄牙的殖民统治,纷纷获得独立。独立后的拉丁美洲各国,在经济、政治、文化、教育等方面有了崭新的变化和一定的发展。在教育上的重大变化主要有两方面。

一是确立国家对教育的领导权,取消教会对教育的垄断。拉丁美洲各国在独立后,为了确立国家对教育的领导,在宪法中明确规定了国家有对公民实施教育的义务。如智利在宪法中规定了国家对教育的权力高于教会;阿根廷取消了学校的宗教教义教学等。到了20世纪30年代,拉丁美洲一些主要的国家基本上都建有主管教育的部门,建立起了国家教育体制。

二是颁布义务教育法,普及初等教育。墨西哥、委内瑞拉、阿根廷、秘鲁、智利等国先后颁布了实施免费义务教育的法令,为广大民众的子女提供更多的受教育的机会。

从那时起,在拉丁美洲教育发展过程中,国家一直发挥着巨大的作用。普及义务教育亦成为其长期追求的一个目标。

第二次世界大战后,尤其是20世纪60至70年代,拉丁美洲的经济发展较快,成为发展中国家经济实力、科学文化和物质生活水平较高的地区。在这一时期,拉丁美洲在教育事业上有极大的发展。教育体制日益庞大,入学人数激增,是拉丁美洲历史上教育飞速发展的一个时期。基于拉丁美洲国家历史和文化的背景,拉丁美洲国家的教育发展与拉丁美洲社会、政治、经济的发展有着密切的关系。

(二) 拉丁美洲国家的政治发展

第二次世界大战后,拉丁美洲国家渴望政治民主、争取民族独立、谋求经济发展,成为拉丁美洲社会发展的一个总趋势。

在社会发展过程中,拉丁美洲的一个重要特性是易受外来各种思潮、理论的影响,同时也具有探索拉丁美洲特色的发展道路的明显倾向。19世纪前半期,法国的启蒙思想和英国的功利主义思潮支配了拉丁美洲人对社会经济和政治问题的看法。19世纪后半期,实证主义思潮遍及整个拉丁美洲,明显地在拉丁美洲占据统治地位。20世纪以来,拉丁美洲人一方面不加选择地引进了一些外来思想,另一方面对一些外来思想进行加工修饰并结合进本地思潮,涌现出了形形色色的社会思潮,如无政府主义、社会主义、民族主义、社会民主运动、基督教民主主义、军事社会主义、经济发展主义、依附论等。这些思潮以不同方式、不同程度地影响了拉丁美洲的社会发展,拉丁美洲出现了意识形态"多元化"的格局。在拉丁美洲纷繁复杂的社会政治思潮中,总的来说,民族主义思潮占主流,并有进一步发展的趋势。

在拉丁美洲社会发展中,民主政治已成为当代拉丁美洲的一种巨大潮流。然而,拉丁美洲的民主政治的发展却历经曲折,直到20世纪70年代末期拉丁美洲国家才实现了民主化的进程。尽管拉丁美洲国家在独立后就建立了共和国并制定了宪法,但是与层出不穷的独裁政权、寡头政治相交,长时期来民主政治徒有虚名。第二次世界大战后,拉丁美洲国家交替出现了军人统治和文人执政的现象,军事政变仍不断发生,民主制虽有发展，但还不稳定。20世纪60年代中期是拉丁美洲民族、民主运动高涨的时期，军事独裁政权相继垮台。而到20世纪70年代中期，不少拉丁美洲国家发生了军事政变，建立了大批军人政府，成为拉丁美洲各国军政府统治的高潮。20世纪70年代后半期开始，拉丁美洲又出现了军人"还政于民"的所谓"民主化进程"。20世纪80年代以来，拉丁美洲才进入了一个民主政治相对稳定发展的时期。

拉丁美洲的民主化运动是一个重要的历史进步，对推动拉丁美洲各方面的发展（如教育民主化）都产生了很大影响。

(三) 拉丁美洲国家的经济发展

在10世纪前，拉丁美洲地区经济属于自足水平不一的印第安人原始部落经济。在西班牙、葡萄牙殖民时期，由于宗主国对殖民地的勒索和掠夺，拉丁美洲的经济发展极为迟缓，并形成了完全为宗主国服务的单一产品制经济。因而，拉丁美洲的经济早在殖民统治时期就同欧洲市场相联系并具有片面畸形发展的特点。19世纪初，拉丁美洲国家纷纷摆脱了老殖民帝国西班牙、葡萄牙的殖民统治，获得了国家独立，但在经济发展中，又遭受新的帝国英国和美国的控制和剥削，沦为"附属国"。到了20世纪初，虽然拉丁美洲的经济有了一定的发展，但整个经济仍为传统经济，均以初级产品出口为经济的主导产业，对经济结构变革影响并不大。

由于拉丁美洲传统外向型经济的特点，拉丁美洲很早就成为同国际分工体系联系最为密切的地区之一。1929年的经济大萧条给拉丁美洲地区带来了灾难性的影响，大部分国家贸易量下降，价格暴跌增加了外债负担。但大萧条的危机也导致了拉丁美洲经济发展策略的巨大转变。拉丁美洲各国在后来的发展中开始注重寻求一种独立自主的发展方式。如拉丁美洲国家开展的进口替代活动，试图全部或部分地替代以前从国外进口的商品并扩大国内工业部门的生产和国内市场。虽然拉丁美洲各国经济发展的速度不一，发展时机亦有所不同，但大多数国家可以说是从20世纪50年代开始，进入一个相对独立自主的发展阶段。

拉丁美洲国家在各自的发展过程中，不断调整经济发展策略，注重选择适合本国发展的经济体制，既有加强进口替代，也有选择新自由主义的发展方案。总的来说，拉丁美洲国家的经济政策和策略是对原来被迫的、非自主的、适应别国需求的那种传统开放型经济进行的适当调整：一方面坚持对发展民族经济有利的做法（通过外资、外债、外贸的途径来实现其发展目标),另一方面取消对发展民族经济不利的做法(如收回对自然资源的控制权、对外资规定了既利用又限制的办法等)。因而,第二次世界大战后,拉丁美洲国家的经济实力有了很大提高,发展速度也较快。1950 至 1980 年,拉丁美洲国家国内生产总值年均增长率达 5.3%,超过同时期欧洲共同体的增长速度。1980 年拉丁美洲国家人均产值已达 1928 美元,几乎比 1960 年的增加了一倍。虽然 20 世纪 80 年代遭遇经济危机,但 1987 年人均产值仍达 1700 多美元。

此外,拉丁美洲国家的经济结构也有较大变化。巴西重工业增长迅速,建立了新兴工业部门,形成了一套较完整的工业体系。墨西哥、阿根廷都已建立了轻重工业并举、门类齐全的工业体系。

然而,拉丁美洲经济发展中仍具有许多缺陷,表现出其固有的脆弱性。如拉丁美洲国家的发展偏重工业而忽视了农业,使拉丁美洲地区仍然存在"二元经济结构",即发达的工业和城市与落后的农业和乡村,从而带来了由于国内各地区发展不平衡所引起的许多社会问题(包括教育问题)。此外,拉丁美洲外向型经济发展易受别国经济发展的制约,其他国家的经济发展状况常常会直接影响到拉丁美洲国家的经济发展,从而也影响教育的发展。

二、拉丁美洲教育发展的阶段与特征

从 20 世纪初至 20 世纪 90 年代,拉丁美洲的教育发展大致经历了以下几个阶段:传统教育阶段(20 世纪 60 年代之前);教育大发展、大变革阶段(20 世纪 60 年代至 70 年代);教育受经济危机影响阶段(20 世纪 80 年代);教育调整发展阶段(20 世纪 90 年代)。

(一) 传统教育阶段的若干特征

1. 教育发展与社会经济发展脱节

在这一时期,拉丁美洲的经济较为落后。工业生产基础薄弱,工业结构以手工劳动和小作坊为主,工艺技术水平较低;农业劳动几乎都是以传统的手工耕种方式作业。在这种生产状况下,各国对通过教育体系来传授生产知识和技能的需求并不高,也没有意识到教育与社会经济发展之间的关系。拉丁美洲各国在教育上的发展主要注重教育立法、健全教育制度、实施普及初等义务教育等。

2. 教育目标注重培养少数人

尽管大多数拉丁美洲国家很早就颁布了义务教育法,但在很长一段时间内,从其实际情况来看,义务教育仅仅是整个教育制度的一种装饰品。初等教育质量差,失学人数众多;中等教育偏重文科,不重视职业技术性知识传授;高等教育更是有钱人的天下,广大的低收入家庭的子女很少有机会上大学。整个教育制度基本上是为统治阶级、有产阶级服务的,人口中的很大一部分并没有享受到他们应受的教育。

3. 偏重传统学科

长期以来,拉丁美洲国家在教育上一直偏重人文学科,使得人文学科毕业生过多,而自然科学和工程技术人员既稀缺,又不受重视。拉丁美洲大多数优秀学生都集中在法律和医学这两个学科,因为这两门学科的毕业生将成为律师和医生,不但有较高的社会地位,而且收入颇丰。

4. 缺乏新的教育思想

拉丁美洲国家在教育上受欧洲的影响较深,不管是在教育思想、教学理论,还是在教学方法等方面,均套用欧洲模式,缺乏创新思想。这自然与拉丁美洲国家不加选择地引进外国思想的传统有关,但更重要的是对教育的科学研究不甚重视——教师除教学外,很少搞研究。专门的教育研究机构很少。

(二) 教育大发展、大变革阶段的若干特征

1. 重视数量上的发展满足教育的基本需求

20世纪60年代以来,拉丁美洲一些国家的经济已发展到了一定的规模,社会经济结构也发生了重大的变化,这给教育部门带来了许多压力。一方面,就业市场对劳动力的要求有了变化,迫切需要受过较高教育和具有专门技术的人员。另一方面,在社会民主潮流的影响下,要求提供更多的教育机会的需求不断增长。为了减轻教育需求的压力,在这一阶段,拉丁美洲国家投入了极大的财力,扩充教育制度,各级教育在数量上有了巨大增长。在入学人数、教师人数、学校数、教育经费等方面的增长,超过了以往任何时期。然而,量上的过度发展虽然满足了暂时的一些教育需求,但在质的方面留下了许多问题。

2. 注重教育与经济发展相协调

20世纪60年代初,拉丁美洲国家提出了教育应与社会经济协调发展的思想。

这一思想有力地冲击了过去教育脱离社会的传统思想,对拉丁美洲教育发展产生了重大的影响。以后制定教育发展计划时,拉丁美洲国家十分强调教育发展与经济发展计划并行不悖、同步增长,并将教育计划作为一个重要组成部分纳入全国的发展计划之中。

3. 调整教育结构,建立多样化的教育体系

为适应社会经济的变化,拉丁美洲国家在教育上进行了许多重大改革,调整了过去单一化的教育结构,确立了基本上适应社会发展需求的多样化的教育体系。为了保证更多的人受更多的教育,许多国家延长了义务教育的年限;为了满足就业市场的需求,建立了多种类的职业技术教育体系;为了使更多的人进入高等院校学习,打破了单一结构,建立了多样化的高等教育系统;为了提高职工的文化素养和技能,提出了继续教育和终身教育计划,开辟了多种正规和非正规的教育途径。

4. 重视拉丁美洲国家间以及与国际组织的合作

从 1956 年的利马会议到 1979 年的墨西哥会议,拉丁美洲国家教育部长会议已召开过五次。各次会议都指出了拉丁美洲地区当时共同面临的主要问题,着重讨论如何解决这些问题,并提出今后发展的目标和建议。会议的决议对拉丁美洲各国的教育发展发挥了重要的指导作用和促进作用。同时,会议也表达了拉丁美洲国家在教育发展的道路上共同探讨与合作的愿望。此外,各次会议均得到了联合国教科文组织、美洲国家组织、世界银行等国际组织的支持和帮助,在会议中提出的一些教育计划也得到上述机构的资助。

(三) 教育受经济危机影响阶段的若干特征

1. 实际教育开支大幅度下降

拉丁美洲教育发展受经济危机影响最明显地表现在实际教育开支的大幅度下降。20 世纪 70 年代,拉丁美洲国家教育开支年增长率持续提高,但到了 80 年代却出现了负数。教育支出占国内生产总值的比例有了下降,教育支出占政府总支出的比例也有下降。由于拉丁美洲人口的增长,教育开支的缩减导致了人均教育经费的下降。因此,20 世纪 70 年代出现的教育经费增长的盛行,到 80 年代中期已不复存在。

2. 教育发展受阻,目标难以达到

在 1979 年拉丁美洲国家教育部长墨西哥会议上,拉丁美洲国家提出了三大目标:

一是到 2000 年,向所有的学龄儿童提供至少 8 至 10 年的普通教育;二是教育经费要占国内生产总值的 7% 或 8%;三是扫除文盲。此次会议目标明确,但是期望过大,最后完成目标无望,不了了之。

尽管拉丁美洲国家长期投入巨大力量来发展初等教育,然而在这一阶段中,拉丁美洲国家的初等教育受到的冲击比其他程度的教育都要厉害,使本来就困难重重的普及初等教育难上加难,教育不平等的现象不但没有缩小,反而有了扩大,主要是贫困家庭的儿童留级、辍学比例增高了。这也潜在地影响到之后扫除文盲目标的达成。再者,由于 20 世纪 80 年代教育经费的削减,教育经费在之后的时期中也未能达到预定的目标。

3. 内部效益不高,教育质量下降

由于教育经费的削减,教育机构没有能力开辟新的提高内部效益的途径,因而教育的质量有所下降。教育发展计划、教育研究项目等由于缺少资金,只能半途而废。教师由于工资受到影响,在教育改革、试验、实践中热情不高。因而,学校中留级生比例居高不下,浪费了大量的教育资金。

4. 对教育的社会功能产生疑问

面对经济危机,20 世纪 80 年代以来拉丁美洲国家对教育的社会功能也产生了疑虑。在教育对经济发展的作用方面,从理论上来说,通过延长劳动力受教育的年限,教育可对经济增长起直接作用,但越来越多受过更多教育的人在经济危机中面临的是找不到合适的工作或就业不足。这种现象使教育能对经济发展发挥作用的观点失去了重大意义。在教育对社会民主的作用方面,尽管拉丁美洲各国作了很大努力,但教育发展要影响社会民主和机会均等,在现实面前实难如愿。因而,经济危机不但对教育的发展产生不利影响,而且对教育的信念与功能也产生潜在的影响。

(四) 教育调整发展阶段

1. 调整策略,制定新的教育政策

拉丁美洲国家在遭受经济危机后,在教育发展上也采取了相应的调整策略,新的教育政策更注重短期政策与长期政策相结合,优先帮助受经济危机影响最大的团体。这表明了要将重点优先放在农村和城郊的基础教育和扫盲上;更注重加强教育的内部效益,改革课程,使之适应新的环境;更注重国际合作与援助,争取更多的追加资金来实施优先照顾。

2. 强调一致看法,促进教育发展

在教育发展新阶段开始时,拉丁美洲国家面临两大挑战:一是取得全国对教育的一致看法,这样教育政策和策略才具有合理性和持久性;二是教育要有更大自主权,摆脱孤立状态,使教育制度充满活力。拉丁美洲绝大多数国家很早就将教育的权利写入宪法并赋予国家专门的职责来保证实施这一权利。拉丁美洲国家曾制定了第二个教育发展重点计划,要实施到2000年的目标与优先发展的方面相一致。这里强调的一致,意味着不但对以前达成的一致要保持,而且对教育发展新政策也能产生新的一致,从而开辟教育发展的新阶段。

3. 改变教育管理方式,强调责任制

在教育管理的改革中,拉丁美洲国家十分重视教育制度行政管理的分权化。尽管以前对这种分权化试验过,但结果有很大不同,不能过早下结论。而分权化的管理体制在拉丁美洲各国已较为普遍,也具有很大潜力。分权化的倾向能促进中央和地方行政管理的角色重新进行调整,分摊责任,对教育结果各负其责,进行有效的管理;也能促进全体家长和社区成员更多地参与到教育中来,从而加强学校与社区的联系。

4. 重视科技教育,适应社会经济发展

受到经济危机的影响,拉丁美洲各国一方面调整策略制定新的政策来确保已取得的成果,另一方面在作决策时不仅仅按以前的状况,也考虑如何迎接未来发展。也就是说,不应仅仅联系过去来分析,也需要对现代社会重大技术转变所产生的社会变革遇到的障碍进行分析,这样教育发展才能与社会发展计划相一致。因此,拉丁美洲国家提出在未来的几年中要加强科技教育——向全体人民提供适当的科技教育意义重大,对社会经济发展具有潜在的影响。

3

拉丁美洲国家教育发展中的若干特点
——历届拉丁美洲国家教育部长会议分析

在发展中国家中,拉丁美洲国家已成为较发达的代表。拉丁美洲国家在寻求共同的发展模式以及在探索各自的发展道路过程中,颇具拉丁美洲的特色。

虽然拉丁美洲各国的国情有所不同,在各自的发展中亦有很大差异,但是无论从地域上,还是从拉丁美洲国家的历史、文化、传统上来看,以及近年来的许多迹象显示,拉丁美洲国家过去和现在一直习惯作为一个整体。从拉丁美洲各国长期的共同合作发展中,可以看到拉丁美洲国家作为一个整体在世界体系中产生的影响,尤其是历届拉丁美洲国家教育部长会议以及一些地区性会议更能体现这一特征。

为了更好地了解拉丁美洲国家的教育发展,第一部分概述历届拉丁美洲国家教育部长会议精神并揭示各次会议在拉丁美洲国家教育发展中所起的作用;第二部分分析拉丁美洲国家教育发展过程中的一些特点,以期能为其他一些发展中国家提供参考并进行比较。

一、历届拉丁美洲国家教育部长会议的作用

从利马会议到波哥大会议,拉丁美洲国家共召开了六届拉丁美洲和加勒比地区国家教育部长和经济计划负责人大会(简称"拉丁美洲国家教育部长会议")。各次会议

都是由联合国教科文组织负责召开的。联合国拉丁美洲经济委员会、美洲国家组织等一些国际组织也给予了很大支持。

各次拉丁美洲国家教育部长会议都指出了拉丁美洲国家当时所面临的主要问题，着重探讨如何解决各国共同的问题并提出今后发展的建议。虽然各次会议发表的建议或宣言并没有一定要在行政意义上实施或执行，但是从各国教育发展倾向上看，拉丁美洲国家教育部长会议的影响是巨大的，对拉丁美洲国家教育发展起到了积极的指导性作用。

以下历届拉丁美洲国家教育部长会议关注的要点，可以简要地表明各次大会强调的方面，同时也可由此看出拉丁美洲各国在各时期的发展重点。

（一）利马会议（1956年，秘鲁）

——十分明确要促进初等教育发展。

（二）圣地亚哥会议（1962年，智利）

——着重努力使教育与经济和社会发展联系起来。

（三）布宜诺斯艾利斯会议（1966年，阿根廷）

——极大关注提高教育质量。

（四）加拉加斯会议（1971年，委内瑞拉）

——着重分析中等教育的改革。

（五）墨西哥城会议（1979年，墨西哥）

——发布墨西哥城宣言，促使教育民主化。

（六）波哥大会议（1987年，哥伦比亚）

——努力加强科技教育。

（一）利马会议（1956年，秘鲁）

1956年，在秘鲁首都利马召开了首届拉丁美洲国家教育部长会议，该会议是由联合国教科文组织负责组织召开的。这次会议与同年在利马召开的以拉丁美洲国家免费义务教育为主题的地区性会议，标志着国际性和地区性组织帮助各国制订教育政策并提供资助的大规模系列活动的开端。因而，这些会议对拉丁美洲国家教育发展具有极为重要的意义。

利马会议的主要议题是经过拉丁美洲各国以及国际组织的许多高层次教育官员

和教育专家讨论并确定的,当时最严重的问题被确定为拉丁美洲国家初等教育的问题。会议对拉丁美洲各国在经济发展过程中教育落后的状况十分关注,指出要制定初等教育发展计划,建议初等教育发展计划应与社会经济发展计划相一致。为了落实该建议,会议指出需要建立国家教育计划委员会并强调亟须首先设立国家统计局。会议提出的一个重要建议是免费义务教育至少应持续6年,并且城市和农村的学校提供的教育年限和教育质量应该一样。

利马会议的重要成果是原则上通过了"拉丁美洲初等教育十年发展重点计划"。这个计划在同年新德里召开的联合国教科文组织大会上被采纳了,并被引入联合国教科文组织的计划和预算之内。该计划从1957年中期开始实施,到1966年结束。

重点计划的主要目标是:

1. 促进制定拉丁美洲国家系统的教育计划。

2. 为了在1968年达到学龄人口受到相应的教育这个目标,要继续努力进一步扩展初等教育设施。

3. 要加强审查小学教学大纲和课程,使全体儿童在教育年限和程度上得到均等的教育机会,真正满足各国不同地区人口的特殊需求以及寻求满足社会变革和社会期望对教育需求的新途径。

4. 完善师范教育体制,促进正规的在职教师培训,努力提高教师的经济和社会地位。

5. 通过接受大学教育或相当的培训,为拉丁美洲各国培养高层次的教育领导人和专家,使他们成为拉丁美洲初等教育改革和发展的带头人。

据联合国教科文组织的调查和评估,重点计划取得的主要成果表现在以下几个方面:

1. 重点计划揭示了拉丁美洲初等教育的性质和范围,促进了拉丁美洲国家的教育行动,极大地引起了人们对教育的关注。

2. 从入学人数上看,重点计划极大地促进了拉丁美洲初等教育的发展。入学人数1965年比1957年增长了50%;入学率增加了5.1%,比人口增长率2.8%快得多。

3. 改进了各国师范教育的体制,培养了大量合格教师,不合格教师的人数下降。

4. 培养了大量教育行政管理人员和教育专家,他们在促进教育、提高教育质量方面发挥了很大作用。

5. 差不多所有拉丁美洲国家的教育部、一些大学以及中央经济计划署都设立了教育计划处，成功地提供了精确而全面的教育需求报告并预测了未来所需努力的目标。

6. 在如何制定教育计划方面，重点计划的制定和实施成为典范，也表明了地区一级可以联合行动，以及国际组织的参与和帮助对各国教育发展的意义。

7. 重点计划所产生的影响已超越了仅关注初等教育、师资培养的范围，它已成为拉丁美洲公众关注教育问题和教育与发展的焦点，同时也使拉丁美洲各国更好地了解其他国家教育取得成就的情况。

虽然利马会议确定的目标在之后的几年中没有完全达成，但是利马会议的精神在拉丁美洲国家教育发展过程中具有极为重大的意义，也可以说利马会议是拉丁美洲教育发展的一个里程碑。

（二）圣地亚哥会议（1962年，智利）

1962年，在智利首都圣地亚哥召开了第二届拉丁美洲国家教育部长会议。

有许多人认为，这次会议在理论上和实践上对拉丁美洲教育政策的方针、重点以及行动方式产生了巨大的促进作用。一方面，这次会议是各国教育部长第一次与各国经济计划负责人共同研讨教育的会议。另一方面，当时拉丁美洲国家正处于对政治、社会变革期望较高的时期，人们希望在国家的努力和国际组织的援助下加速经济发展，尽可能地改善人民的生活标准和生活条件。再一方面，在联合国教科文组织、联合国拉丁美洲经济委员会和美洲国家组织共同资助下，与经济和社会发展计划相一致的教育计划比以往具有更大成功的可能。

这次会议阐明了作为一种发展因素和一种投资方式的教育所起的作用；在对专业人员的需求中教育所起的作用；以及作为社会变革的一种机制、社会进步和技术发展的一种手段，教育所承担的任务。

大会提出的重要建议有：

1. 教育发展计划要与整个经济、社会发展计划相联系，在不忽视人的全面发展的情况下，适当优先考虑如何增强人的生产能力来加速经济和社会的发展。

2. 拉丁美洲各国要采取必要步骤，最大限度地将经济资源投入教育，使之与生产力、财力相一致以及与其他社会开支相平衡。1965年，拉丁美洲教育经费占到国内生产总值的 4% 以上。

3. 联合国教科文组织考察在拉丁美洲建立国际教育基金会的可能性,以便为拉丁美洲教育发展提供更多的援助。

大会还提出了教育中各个方面的行动计划:

1. 教育结构与管理方面

大会建议要:

(1) 最有效地利用资源。

(2) 教育结构方面,要适当延长普通教育年限。

(3) 采取适当措施确保教育机会均等。

(4) 教育机构要将教育研究、校舍、教材生产、图书馆等设施统合起来。

(5) 应使教育设施合理化并将技术引入其中。

(6) 要实行分权管理。

(7) 重建学校督导制并确立新的目标。

(8) 要在质与量两方面评价学校效益。

2. 初等教育

大会重申了利马会议的基本原则,尤其是入学机会、升学率、城市与农村教育质量均等以及教师培训和教师地位等方面。

大会首次确定了小学每年最起码的学习时间:每学年不少于 200 天;每学日不少于 5 小时。尽管各国尽了很大努力去达到上述目标,但仍有许多国家由于有限的资源或不适当地使用资源以及教育需求的剧增,使原来的状况更趋恶化。

3. 中等教育

尽管原则上优先发展初等教育,但会议也建议要逐渐扩展各级教育。首先是中等教育,这和尽可能长地提高普通教育年限的原则是一致的。

会议建议中等教育要与各级教育协调,各门学科要有联系,教学大纲要有灵活性,选修课的内容要有利于学生自学,培养学生自我评价的态度以及具有自己的个性。

4. 高等教育

大会主要建议大学要内部合作,加强高等教育中的师范课程。为了有利于有效使用资源和满足经济发展对中等人才的需求以及满足社会和经济变革中所需的对科技人才的需求,应试行新的高等教育形式。

5. 职业技术教育

大会认为,职业教育应作为教育计划中的一部分,纳入国家的经济和社会发展政策中去。大会建议要最佳地使用资源,要了解人力资源和就业的情况以及职业指导的作用,建立正规教育体制外的训练设施并与各种企业和劳工组织挂钩等。

在圣地亚哥召开的第二届拉丁美洲国家教育部长会议,首次集中了教育专家、经济学家和社会学家共同讨论教育发展问题,这为今后的合作打下了基础。这种合作有助于使人们了解到教育制度不应被看作与社会割离的独立体系,而是社会的基础部分,某些方面还反映了社会的特点;同时,教育也是取得社会发展、产生远期变化、促进人们发展的强有力的工具。圣地亚哥会议中提出的教育要与社会经济发展相联系的思想,在拉丁美洲教育发展过程中具有极为重要的意义。

(三) 布宜诺斯艾利斯会议(1966年,阿根廷)

1966年,在阿根廷首都布宜诺斯艾利斯召开了第三届拉丁美洲国家教育部长会议。由于这次大会是在许多不利条件下召开的,因此,这次会议的影响远不及上两届。

在这个时期,拉丁美洲许多国家政局不稳,如会议召开地阿根廷,总统出席了会议的开幕式,但会议还没结束,总统就被赶下了台。此外,拉丁美洲一些国家之间存在的政治紧张也被带进了会议,极大地影响了大会的顺利进行。再加上天灾,倾盆大雨使会场都不能使用。所有这些原因,使参加会议的代表不可能有足够时间和精力来讨论一些重大的论题,如重点计划的完成情况、如何扩展初等教育、下一阶段计划的设计等。

尽管会议期间发生了一些不利事件,但大会还是对一些问题进行了讨论,会议建议各国按以下的方针来确定各自的教育政策:

1. 为了巩固前十年取得的成绩,要努力保持教育发展的高速度,确保各级教育平衡和协调地发展;要消除教育金字塔的不正常情况,尤其是降低辍学率;要培养经济、社会发展所需干部。

2. 要极大地努力提高教育质量,可以通过师范教育、在职教师进修,教学内容与方法的改革、使用现代技术以及进行教育研究等手段来达到。

3. 应试图将大学完全地包括进全国教育计划中。

4. 应培养有益态度促使拉丁美洲各国力求达到文化与经济的一体化。

5. 应继续保持教育经费的适当增长,资金的分配应符合各级各类教育的需求,确保有效使用资金。

会议讨论了有关人力资源的问题,向各国政府和国际组织提出了一些建议,要求加强研究教育、就业、劳动市场、国家发展计划、个人职业选择之间的关系以及产生的一些问题。

此外,会议也重申了前两届会议的基本原则,对教育制度结构提出了一般模式的建议,即国家教育制度应包括学前教育,8至9年的初等教育;应分各种类型的中等教育;高等教育除了传统课程之外,也应包括职业结构所需的新的专业课程、短期课程以及研究生课程。

总之,这次会议讨论了教育的许多方面,较突出的是加强提高教学质量。从拉丁美洲国家教育发展过程来看,这次会议从某种程度上来看并没有产生很大影响。

(四) 加拉加斯会议(1971年,委内瑞拉)

1971年,在委内瑞拉加拉加斯召开了第四届拉丁美洲国家教育部长会议。这次会议的主要议题是教育民主化、中等教育改革、科技教育以及拉丁美洲一体化等。

大会审查了教育民主化的问题,指出教育机会均等不仅仅包括入学机会均等,也应包括成功完成教育的可能性。就此问题,大会提出了大量应该采取的措施,包括为社会文化背景差、处境不利的儿童提供专门的教育援助;设立新的教育标准对学生进行个别化教学,以此来减少辍学率。

在中等教育改革、科技教育方面,会议建议增加教育门类和专业,开设劳动实践课,在农村地区建立中学,等等。会议建议加强对科技教师的培训,花大力气在教材上,以此来促进科技教育的现代化。会议还强调使校外科学活动、科技展览和比赛活动制度化。

在拉丁美洲一体化问题上一致认为,拉丁美洲一体化不能被看作抽象的统一,而应是承认各国文化和状况特殊性上的统一。会议认为,联合国教科文组织应与同一地域中的各国建立的地区性组织进行合作,也应与某些国家团体就感兴趣的计划合作,尽管有的国家不属于同一地域。

这次会议对各国共同努力促进拉丁美洲教育发展以及共同实施和检查各项措施与活动等方面起到了很大的推动作用。

(五) 墨西哥城会议(1979年,墨西哥)

1979年,在墨西哥首都墨西哥城召开了第五届拉丁美洲国家教育部长会议。大会以高度的热忱一致关注拉丁美洲国家极为重要的这一历史时期,大会明确意识到一个新的时期已经到来。因而,在拉丁美洲国家的发展中,各国需要保持团结一致,为拉丁美洲人自己的命运承担责任。

大会代表以高度的责任感讨论了有关在新的发展模式中教育应起的作用。这个新的发展模式即平衡发展,这将有助于把经济活动重新导向拥有更大的社会协同性以及使商品生产和服务成为真正的社会和国家的需求。因而教育的任务之一是要使人得到发展,这要通过以较大的文化自主、较好的社会经济状况、和谐与公正的社会发展以及通过强调拉丁美洲人民应有的和需要的人类尊严的基本价值,来承认其在建设未来市场中的基本潜力。

大会肯定了20世纪60年代拉丁美洲国家在教育发展中作出的巨大努力和在数量上扩展了教育体系以及改进教育内容中所取得的显著成就。然而,大会也认识到,在拉丁美洲教育发展中还存在着严重的问题,如许多国家的很多人仍处于极端贫困状态;在一些国家中,入学率仍然很低;仍有几千万成人是文盲;学校教育的最初几年辍学率极高;教育制度和教学内容常常不适应人们所需;教育与工作之间的关系不协调;教育与经济、社会、文化的发展关系不大;教育组织和管理不完善,从形式和功能来看仍具有较强的集权印记。

综上所述,为了加快发展拉丁美洲国家的教育,大会正式通过了下述的"墨西哥城宣言"。

1. 发达的国家,其人民是见多识广的、有文化的、有效率的、有生产能力的、有责任的并具有团结的精神。

2. 任何国家的发展都不能超越其教育所达到的阶段。

3. 不能仅仅以一个社区能拥有的商品或资源来测量发展,而主要应以人们生产和使用它们的质量来评定。

4. 在各国设计和制定整体发展政策时,应占主导地位的是"生存"而不是"占有"。

5. 教育是解放人的最大潜力来创建更合理且平衡的社会的一种重要工具,只有人们受到了教育,能面对现实和对其命运承担责任,才能真正获得政治和经济的独立。

6. 亟须加强教育行动,这是取得真正发展的一种必要条件;亟须将教育制度引入以提高社会公正为指导的路途,这就要加强觉悟、参与、团结以及组织能力,尤其是处境不利的团体。

7. 建立相适的结构来联系正规与非正规教育,这对拉丁美洲地区的发展将起重大作用。

8. 在由冲突和暴力引起的更加不安的社会中,教育应将道德价值的传播、人类生存的尊严和个人的发展放在头等重要的地位。

9. 教育与文化的关系不断受到大众媒介的影响。在拉丁美洲地区,大众媒介已迅速扩展并正在对社会各部门的日常生活产生巨大影响,这种影响应对教育起积极的作用。

10. 课程改革是否成功,取决于这种改革如何与社会和社会团体的特殊需求、利益和问题相互作用。

11. 拉丁美洲地区发展所作的努力应要以这样的一种整体模式来进行,即教育、科学、技术、文化、通信、扫除语言障碍与工作、社会和政治组织的关系以及经济发展等方面全都向着人类幸福的基本目标发展。

12. 需要加强科学发展,这有助于产生新知识;要通过研究、思考、观察、创造性试验和直观活动来发展科学。

13. 在整个知识领域,尤其是在科技领域以及在经济和社会改革中的不间断的发展下,要求教育制度在终身教育的背景下进行设计和实施;要求在学校和校外教育之间建立起紧密的联系;要求适当利用大众媒介提供的机会。

14. 要训练人们接受他们自己文化的内涵,如果按拉丁美洲地区不同情况所需进行创造、发展和适应相应的技术的话,人们能将科学发展引进其间,这是很重要的。

15. 忆往昔、重现今、展未来,在不损害整个知识体系的情况下,教育必须尽可能客观地促进国家、周边国家和整个地区的实际的知识获得能力。

16. 如果拉丁美洲地区的国家想要实施国家计划并最后达到发展的较高水准,即满足合理的国家需求,特别是在教育、就业和生产劳动领域,则需要建立一种新的国际经济秩序来作为一种基本前提。

17. 国际的、地区间的以及双边的合作应有助于加强关注各国的目标和全体人民的利益,有助于确保向新的国际经济秩序发展,即考虑拉丁美洲人民的需求、特点和愿望,旨在促进拉丁美洲地区的合作,同时加强共同活动有助于建立更大范围的社会公正。

根据上述宣言,大会要求各国应做到以下几个方面:

1. 根据各国的教育政策,作为各国的目标,在1999年之内,向所有的学龄儿童提供至少8至10年的普通教育。

2. 要采取明确的政策,在20世纪末彻底扫除文盲,并扩大成人教育设施。

3. 为了弥补目前教育经费不足以及确保教育对发展作出更大贡献并成为发展的促动力,应不断增加教育预算,直到不少于7%或8%的国民生产总值用于教育目的。

4. 要极其优先地帮助主要生活在农村和郊区的最贫穷的人群,应采取紧急行动为他们提供与其现实生活状况一致的各种机会,旨在克服他们在生活条件上的巨大困难。

5. 进行必要的改革来保证教育能考虑人们的特点、需求、愿望和文化价值,以及促进和更新科学技术并有助于教育制度与劳动世界建立紧密的联系。

6. 利用各种手段,包括学校、通信工具、自然资源等,努力改革课程,使课程更早地与处境不利的儿童的需求相联系。为了达到这一目的,要鼓励人们积极参与。

7. 要采取有效措施来改进教师培训制度,根据教师的资历,优先帮助教师增加和更新知识量并提高他们的教学能力。

8. 要在经济和社会方面支持教师,创建有助于提高教师的社会地位和职业尊严使教师热爱其职业的工作环境。

9. 确保教育计划紧密联系经济、社会和各国的整体计划。

10. 重点关注高等教育数量发展和质量改进的目标与计划的制定,要使大学自治与国家主权协调一致。

11. 确保教育计划能促使各种团体和机构以各种方式对正规教育和非正规教育进行参与和合作。

12. 确保教育组织和管理与新需求相一致,即拉丁美洲大多数国家要求对决策和实施过程实行较大的分权,这是保证各部门强调的行动和方向具有较大的灵活性的一种手段,有助于发挥改革的积极性。

墨西哥城会议对拉丁美洲未来的教育发展充满信心。怀着良好的愿望,大会确立了到20世纪末各国要达到的目标,力图使拉丁美洲的教育发展达到一个新的高度。

大会发表了"墨西哥宣言"并提出了要制定重点计划以解决拉丁美洲的基本教育问题。这次大会在拉丁美洲教育发展中具有深远的影响。

然而,良好的愿望常会被不能预见的、严酷的现实所打破。就在拉丁美洲各国试图沿着他们确立的目标努力时,严重的经济危机十分明显地影响了教育的发展,致使墨西哥城会议试图为拉丁美洲教育发展作贡献的良好愿望未能实现。

(六) 波哥大会议(1987年,哥伦比亚)

1987年,在哥伦比亚首都波哥大召开了第六届拉丁美洲国家教育部长会议。这次会议是在拉丁美洲地区政治民主化不断增强的过程中,同时拉美地区处于经济危机的状况下召开的。

这次会议审查了上次会议以来的教育发展情况,特别是在经济、社会、文化发展过程中,教育发展的倾向和所起的作用。大会强调了教育与科技发展的关系以及高等教育的作用,并提出今后教育发展的若干建议和行动方针。

在教育对国家整体发展所起的作用方面,大会一致认为,作为各国整体发展中的主要部分的教育,承担了培养实施社会发展计划人才的使命。对促进社会改革、培养既享有权利又承担义务的市民,教育是一个重要因素。通过教育,可以建立起民主参与的机制。因此,拉丁美洲实施的教育重点计划也成为社会改革的基本工具,通过扫除文盲、普及义务教育、提高教育质量、达到教育发展目标,可以为建立一个更公正、平等、团结的社会作出贡献。

在教育受经济危机的影响方面,大会认为,经济危机的社会代价是巨大的,在一些国家里,已危及民主体制的稳定、削弱了人们寻求民主发展的信心。会议承认,上次会议以来拉丁美洲教育取得了一些进展,但2000年的目标,看来很难达到。从20世纪80年代拉丁美洲教育持续的状况来看,教育经费占国民生产总值的比率仍未超过4%,这对今后拉丁美洲教育发展十分不利。

在加强科技教育方面,会议代表表现出非常积极的态度,一致认为科技的发展会直接影响到人们的生活质量并涉及人们的未来发展。会议认为,各国的教育制度应面对科技发展的挑战,在各级教育中有效地进行科学教育并与技术领域和劳动世界紧密地联系起来。

在重申了墨西哥宣言中提出的目标后,大会确定了以下一些行动方针:

1. 拉美各国各种公、私立机构要进一步团结一致,与严重的贫困作斗争。在改善处境不利人条件的计划中,加强教育活动与其他部门的联系,要加强各种形式的教育,特别是非正规教育,保证边缘部门介入国家发展之中。

2. 需要重新确定科技教育内容,注意结合并应用于环境保护和生态平衡。要将先进的科技运用于整体发展中的优先方面。

3. 教育制度要充分利用各种社会通信工具,使之能为达到教育重点计划目标作贡献,并使之承担起对人们的行为方式、消费方式以及价值观念产生积极影响的责任。

4. 加强各国、各地区、国际间联合行动;加强教育科学研究。

波哥大会议是在教育发展处于不利环境时召开的。大会既确认了以前提出的要达到的教育目标,又注重现时的客观状况,调整了教育优先发展的某些方面,在注重对贫困群体施以教育的同时,强调加强各级教育中的科技教育并与人们的生活和社会发展相联系。

波哥大会议的另一作用是在人们对教育的作用失去信心时,重申了教育对拉丁美洲民主化过程的意义以及对加强政治稳定、消灭贫困和社会不平等所起的作用,重新激起人们对教育的关注。

二、拉美国家教育发展中的特点

(一) 教育民主化倾向十分明显

由于拉丁美洲国家的历史原因(早期受殖民统治,近现代深受独裁专制政府的统治)以及经济原因(长期依附于工业发达国家,外债累累),拉丁美洲国家十分渴望建立一种民主、平等、团结的社会。为了实现这一美好的理想,拉丁美洲各国十分重视教育。因而,长期以来,在拉丁美洲教育发展策略中处处都体现出民主、平等、团结这样一种精神。

从1956年的利马会议到1987年的波哥大会议,以及从其他一些教育事件中,都可以明显看到拉丁美洲国家教育民主化的倾向。一方面,拉丁美洲各国孜孜不倦长期努力普及义务教育并延长义务教育年限,力图使更多的人更长久地享受均等的教育机会,从根本上保证他们今后能积极参与社会变革的活动并改变自己的工作和生活条件。特别是近年来,要求改善极端贫困人群教育的呼声十分强烈。另一方面,拉丁美洲各国的教育管理,在很大程度上实施了分权化和地区化,进一步在制度上保证民主、公正思想的贯彻。

当然,在教育民主化过程中,也随之产生了一些问题,如教育扩展的数量和应达到的质量问题、教育投入的资金与产生的效益问题等,这些方面已引起了拉丁美洲各国的注意。

(二) 十分注重地区和国际合作

拉丁美洲国家教育发展中另一大特点是寻求地区和国际合作并积极进行配合。这对加强拉丁美洲教育发展和拉丁美洲一体化具有十分重大的意义。

拉丁美洲国家具有团结合作的传统。在拉丁美洲国家召开的多次地区性和国际性会议中充分反映出这一特点。在利马会议和墨西哥会议后,各国分别向联合国教科文组织提出要制订拉丁美洲国家教育发展的重点计划,这些计划为拉丁美洲国家确定了教育发展的共同目标。尤其是第二个重点计划确定后,拉丁美洲国家每两年召开一次会议,共同总结已取得的进展,研讨当前教育面临的问题,提出今后应采取的措施。在共同确定的目标的激励下,拉丁美洲各国均能积极配合,设计并制定了系列行动计划并吸收别国发展的经验来加速自己的发展。

此外,拉丁美洲国家也能积极寻求国际援助来发展本地区的教育。在多次国际会议中,拉丁美洲国家积极行动,扩大影响,争取资助。因而,拉丁美洲国家制定的多项计划,都得到了联合国教科文组织、美洲国家组织、世界银行、联合国拉美经委会等组织的支持和援助。

(三) 各阶段的优先发展十分突出

在拉丁美洲教育发展过程中,无论是拉丁美洲地区性组织,还是拉丁美洲各国政府,在制订教育发展计划和方案时,十分注重确定各阶段优先发展的方向。

在历届拉丁美洲国家教育部长会议上,除了重申教育的远大目标外,均注重分析当时的突出问题,确定教育领域中应该优先发展的方面。这对指导拉丁美洲各国在财力不足的情况下,如何以最大的努力来处理实际状况并应对最需要解决的问题方面具有很大意义。拉丁美洲各国在确定发展策略、制订教育规划时,也往往会突出优先发展的方面。如智利在小学入学率较高的情况下,确定了要优先发展边远山区即印第安人的教育;墨西哥、阿根廷在延长义务教育年限后,将优先发展方面倾向学前教育等;在经济危机时期,拉丁美洲各国确定了要优先照顾解决极端贫困群体的教育问题。

(四) 教育发展不稳定、不平衡

虽然拉丁美洲各国都将教育发展置于各国整体发展计划的重要位置,但是由于拉丁美洲国家的政治、经济、社会等方面的变革影响了教育的稳定发展,教育发展很难达到预定的目标,从而也使教育发展不平衡状况更为严重。正如哥伦比亚教育部长在第六届拉丁美洲教育部长大会上所指出的那样,"拉丁美洲教育的发展不总是处于各国优先发展的重要位置,这是因为许多地方经济问题和社会问题阻碍了要达到的目标"。

80 年代拉丁美洲国家遭受的经济危机给教育发展造成很大的影响,如实际教育经费增长率下降;教育经费占国民生产总值的比例事实上下降了;入学机会减少,教育质量下降;人们对教育的社会功能产生了疑问;等等。这使拉丁美洲各国教育发展不可能达到预定的目标,各国不得不重新调整发展策略。

(五) 愿望与现实差距明显

在教育发展的讨论中,拉丁美洲国家对未来充满激情与希望,在设计与计划未来时,往往从感性出发,希望到某个时期教育达到某种目标。由于忽视拉丁美洲教育发展的制约因素以及深刻的背景,拉丁美洲国家教育发展的美好愿望与严峻的现实之间存在明显的脱节。

早在 1956 年利马会议中,拉丁美洲国家就规定了要在 20 世纪 60 年代末普及初等教育,然而到了 70 年代这一目标仍未达到。而在 1979 年墨西哥会议中,拉丁美洲国家又提出了雄心勃勃的发展目标:到 2000 年,向所有学龄儿童提供至少 8 至 10 年的普通教育;扫除文盲;教育经费要占国民生产总值的 7% 或 8%;等等。但是,实际结果是,这些目标一个也没有达到。因而,拉丁美洲国家教育发展目标使人觉得只是一种鼓动性口号,虽然常常鼓舞人心,但得到的往往是空心果。长此以往,人们对教育发展的信心就会动摇。

■ 参考资料

[1] Major Project in the Field of Education in Latin America and the Caribbean — Progress, Limitations, Obstacles and Challenges, Working document, Fourth Session of the Intergovernmental Regional Committee for the Major Project in the Field of Education in Latin America and the Caribbean, UNESCO, 1991.

[2] Informe Final, Sexta Conferencia Regional de Ministros de Educación y de Ministros Encargados de la Planificación Eronómica de los Estados Miembros de América Latina y el Caribe, UNESCO, 1987.

[3] José Blat Gimeno, Education in Latin America and the Caribbean — Trends and Prospects, 1970–2000, UNESCO, 1983.

4

拉丁美洲国家教育发展中的问题及经验教训

一、拉丁美洲国家教育发展中的问题

尽管拉丁美洲各国在发展教育过程中作出了巨大努力,也取得了举世瞩目的成就,然而这一过程并非是一帆风顺的,常常遇到不可预测的风云变幻,也碰到了许许多多的问题。有些问题经过不懈努力,得到了解决;有些问题先前无法预见,正在研究之中;也有些问题一筹莫展,无法解决,成为一种痼疾。总而言之,拉丁美洲各国的教育问题大小不一,众多复杂。

为了抓住拉丁美洲国家教育发展中的主要问题,我们可以从教育的外部和内部两个方面来进行探讨与分析。

从系统观来看,教育是一个系统,经济是另一个平行系统,社会则是一个更大的系统。处于社会大系统中的教育,与其他系统相互发生了关系和作用。拉丁美洲教育发展过程中可以看到,经济对教育产生了巨大影响。20世纪60至70年代,拉丁美洲国家的经济发展迅速,教育也有了巨大发展;20世纪80年代,拉丁美洲国家遭遇经济危机,教育在各方面的发展踌躇不前。我们在分析外部因素时,主要从经济对教育的影响方面来分析。当然,其他方面的因素也对教育产生影响,如政治、自然条件、官僚机构等,但经济对教育发展具有决定性影响。我们将着重分析拉丁美洲20世纪80年代的经济危机或债务危机对教育产生的影响,以此来说明拉丁美洲教育发展受经济制约的程度,从而揭示拉丁美洲教育问题的一个方面。

(一) 拉丁美洲国家经济危机对教育的影响

1. 20 世纪 80 年代拉丁美洲面临的债务危机

据世界银行报道,20 世纪 80 年代初以来,拉丁美洲是世界上外债最严重的地区。世界上 17 个负债最多的国家中,有 11 个就在拉丁美洲。拉丁美洲的债务危机严重地影响了拉丁美洲地区的经济和社会的发展。因而,20 世纪 80 年代在拉丁美洲被称为"失去的年代"。

与 20 世纪 70 年代相比,20 世纪 80 年代拉丁美洲在沉重的外债负担下,负债额继续增加。继墨西哥 1982 年宣布无力偿还外债,要求延缓还期后,拉丁美洲国家纷纷陷入了债务的泥淖。比较一下 20 世纪 70 年代与 80 年代拉丁美洲国家的债务支付占出口额的百分比和平均年增长率,可以看到拉丁美洲国家 20 世纪 80 年代负债额的大幅度增长情况。

从 1970 年到 1987 年,拉丁美洲 19 国的债务支付占国家出口额的百分比平均年增长率为 4%。除了海地和巴拿马外,所有国家 1987 年的债务支付额的比例都要高于 1970 年。特别是在 1975 年以后,债务支付额的增长更为明显。拉丁美洲 19 国债务支付年增长率(未加权),从 1970 至 1975 年的不到 2%,增长到 1975 至 1980 年的 5% 以上,在 1980 至 1987 年又增长到了 6.5%。

不断增长的债务,使拉丁美洲国家经济发展遭受了巨大挫折,迫使拉丁美洲各国为应对国际收支困难而执行调整计划。拉丁美洲许多国家为了能得到更多的贷款,或自动执行调整计划,或在国际金融机构的压力下被迫执行调整计划。拉丁美洲国家这种经济调整,很明显地意味着要削减政府开支。

在拉丁美洲各国政府面临必须削减其开支的过程中,削减比例最大、受冲击最厉害的往往是被经济规划部门称为社会"软"部门的教育。

拉丁美洲许多研究报告揭示,拉丁美洲的债务危机和调整计划,对教育产生了极为不利的影响。有一项研究论证了这一假设:债务支付量大,会使政府对像教育和卫生这种长期的社会投资的开支减少。这一研究的结论是,教育经费在拉丁美洲政府开支中所占比例的减少,同政府债务支付额的增长有关(萨查卢鲍拉斯和斯提尔,1987)。

另一项研究,在分析了墨西哥债务的社会影响后,认为教育是受影响最严重的领域之一。该研究报告指出,当墨西哥面对债务危机、无力如期偿付外债后,在1982至1983年,教育开支占国内生产总值的比例从5.5%下降到3.9%,占政府总预算的比例也从9.3%下降到7.9%(迪圭兹,1986)。

同样,哥斯达黎加的研究报告也指出,在经济危机期间,辍学率增加了,入学率下降了(维多瓦,1986)。

总而言之,虽然在制订政府预算和经济调整时,政治因素、各组织因素以及其他各种因素或多或少会对教育产生影响,但经济因素对教育的影响是最主要的。

2. 债务危机对教育经费的影响

拉丁美洲国家的债务(通过结构调整计划),虽然对教育不产生直线性影响,但在债务危机的20世纪80年代,它对教育产生了很大的消极影响,成为拉丁美洲国家教育发展中的一大问题。

实际上,由于债务危机而进行的调整计划,对教育的影响主要是指对教育开支的增长率而非对总的教育开支量产生影响。在经济危机的影响下,国民生产总值下降了,即使有的国家教育经费的投入有少量增长(而这种增长实际上赶不上入学人口的增长),学生人均教育经费也会下降。

因而,经济危机对教育的影响的程度,可以从以下几个方面来分析。

(1) 教育开支增长率下降

拉丁美洲国家教育开支的年增长率在1980年前要大大高于1980年之后。从1970年至1979年,拉丁美洲19国的经常性教育开支年均增长率为6.99%,然而在1980年之后,教育开支的增长率成为负数。

这样,由于债务的影响,教育开支的增长速度滞止了。虽然在许多国家里,教育支出没有净削减,但在债务额最高的时期,大部分国家的教育开支无增也无减。

(2) 人均教育费用下降

由于学生人数的增加,教育开支增长率的这种下降,导致了人均教育开支的缩减。

在1970至1980年间,人均教育开支都有不同程度的增长(除巴拉圭外)。然而,1980至1988年间,拉丁美洲19个国家中就有14个国家的人均教育开支下降了(其他几国没有下降是因为正好遇上一些特殊情况,如中美洲国家冲突,使洪都拉斯得到较高的外援等)。

拉丁美洲国家人均教育开支年均增长率在20世纪70年代平均为3.38%,而在

20世纪80年代却是负增长,平均递减2.39%。这大幅度的变化表明,20世纪70年代具有的教育经费的增长势头,到了20世纪80年代已不复存在。同时这也充分说明,在债务时期拉丁美洲国家对教育的资金投入实质上减少了。

(3) 教育支出占国民生产总值的比例下降

拉丁美洲大多数国家在债务危机时期,国民生产总值的增长率不同程度地下降了。同样,教育支出占国民生产总值的比例和年增长率也呈下降势态。拉丁美洲19国中有14国,教育支出占国民生产总值的比例出现下降。1970至1986年间,拉丁美洲国家教育支出占国民生产总值的比例平均为3.3%。20世纪70年代超过或接近4%的国家有10个,而在20世纪80年代,低于3.2%的国家就有11个。从这一趋势来看,距拉丁美洲国家在1979年提出的20世纪末教育经费要占国民生产总值的7%—8%以上的目标相差甚远。

(4) 教育支出占政府总支出比例下降

拉丁美洲国家教育支出占政府总支出比例的年增长率也呈负增长,在19个国家中有14个是呈缩减态势,年均增长率为-2.69%。

由于教育开支的缩减,拉丁美洲国家尽力维持教育系统的必要投入,但对有关教育基本设施条件的建设和发展却无能为力。1980至1986年间,经常性支出用于教学设备的百分比在绝大多数国家有巨大缩减,由1980年的2.71%下降到1986年的1.33%。

3. 债务危机对入学机会的影响

拉丁美洲国家的债务危机造成了教育开支的重大缩减,这对发展中的教育十分不利。拉丁美洲国家长期以来一直在努力提高适龄儿童的入学率,加快普及义务教育的步伐。然而,教育经费不但没有增加,反而减少,这无疑会使更多人失去入学的机会,特别是那些贫困家庭的孩子。

在拉丁美洲债务危机的调整阶段,拉丁美洲国家的初等教育受到的冲击比其他程度的教育如中等、高等教育都要厉害。1986年,17个国家中有10个国家的初等教育支出水平在降低。有资料表明,1980至1986年间,拉丁美洲初等教育支出的年增长率平均为-0.62%。

在初等教育中,经费的削减严重影响了初等教育的入学率。1980至1986年间,拉丁美洲有6个国家的初等教育入学率降低了;有6个国家平均年增长率不到1%,只有8个国家的年平均增长率超过1%。这表明,调整使普及初等教育更为艰难,以及教育中的不平等将会继续存在,因为没有机会入学的孩子主要是贫困家庭的孩子。

4. 债务危机对教育质量的影响

教育开支的削减,一方面没有可能扩大入学机会,另一方面也不可能使教育制度提高其内部效益。由于受资金的限制,在教育改革、教学试验、教育评价以及解决教育中存在的问题等方面,进展不大,甚至出现效益下降的情况。

尽管1975年以来,初等教育的留级生比例有所改善,但在1985年,平均留级率仍超过了11%。这11%的资源或初等教育的费用无疑是浪费了,这些儿童将在下一年重读相同的课程。同时,由于教育经费削减,教师的工资也受到影响,实际上是下降了,这种气氛无益于促进教师开辟提高内部效益的道路,进行教学改革。

(二) 拉丁美洲国家教育制度内部的问题

1. 初等教育学生辍学率高与留级程度严重

小学辍学率高、留级严重是拉丁美洲国家教育的老问题。1971年在委内瑞拉召开的拉丁美洲国家教育部长会议指出,由辍学和留级的指数所反映出的教育制度的低效率,可能成为拉美教育中最严重的问题。据联合国教科文组织对拉丁美洲18个国家的调查(1972年),在初等教育第一年入学的每千个学生中,能够读到四年级的还不到一半。

1975年以来,虽然拉丁美洲国家作了许多努力,但情况并没有根本改变。拉丁美洲国家的留级生占小学总入学人数的比例,在1975年为12.1%,1980年增长到14.4%,1983年达到14.5%,见表1。虽然1970年至1975年留级率有很大降低,但进入20世纪80年代,留级率逐渐回升。

表1 拉丁美洲国家小学留级人数及占学生总数的百分比

1970年		1975年		1980年		1983年	
人数(千)	百分比(%)	人数(千)	百分比(%)	人数(千)	百分比(%)	人数(千)	百分比(%)
5 579	15.2	5 793	12.1	7 983	14.4	8 545	14.5

当然,拉丁美洲各国之间小学留级生比例也相差很大,有的只占5%(如古巴、圭

亚那、牙买加等),有的占20%(如巴西、苏里南等)。拉丁美洲大多数国家留级率都在5%—15%之间,哥伦比亚、危地马拉、洪都拉斯、尼加拉瓜等国却超过了15%。

在第39届国际教育大会上提出的一份研究报告指出,1980年拉丁美洲地区小学留级率最高(14.4%),接下来是非洲(14%)、亚洲(9.1%)和欧洲(2.5%)。由此可见,拉丁美洲实际上已成为世界上小学留级率最高的地区。

拉丁美洲国家的小学辍学率同样也是居高不下。虽然1975年以后有些改变,但学生辍学的问题在20世纪80年代依然很严重。1980年,拉丁美洲大多数国家的学生,读到小学最后　年的还不到70%,四年级之前就退学的学生已达26%。

拉丁美洲小学辍学问题最严重的国家有巴西、厄尔瓦多、危地马拉、海地等国。在这些国家中,小学最后一年前已有52%至71%的学生退了学。有些国家小学一二年级期间的辍学率就很高了,达10%至30%。

尽管拉丁美洲各国对这一严重问题早已倍加关注并作出了巨大努力,但长久以来仍没有找到有效的方法来解决这一问题。因为这是长期的外部因素的影响与教育制度内部效益相结合所产生的恶果。拉丁美洲国家提出在1970年基本普及小学的教育目标没有能够达到,在1979年提出的要在2000年普及8至10年的义务教育目标也化为泡影。

2. 农村地区教育问题突出

一项对拉丁美洲地区教育不平等的研究表明,拉丁美洲农村人口基本上被排除在社会发展之外;农村人口占总人口的35.6%以上(1980年),而农村的教育机会远远少于城市。大多数国家仅为初等教育提供一些机会,但课程和教材仍然不能与城市的比,农村人口进中学或大学更为困难。

在农村学校,通常只设一至三年级,只有一个教师教。在拉丁美洲一些国家,"一个教师的学校"约占农村学校的80%。农村地区的小学入学率很低,大约占适龄儿童总数的50%左右,留级率与辍学情况更为严重。

拉丁美洲农村教育存在的严重问题,一方面是因为长期的社区经济、文化、历史方面的原因,如人口分散、家离学校很远、儿童需要干农活、家庭及社区的经济现状、儿童营养不良、疾病、缺少关心等;另一方面,教育系统内部也有很大一部分的原因。到目前为止,拉丁美洲国家的教育系统仍无法克服教师培训、督导、技术帮助、班级适应等有关的最基本的困难。据联合国教科文组织调查,拉丁美洲农村教育中在教育制度方

面的问题按其严重程度排列如下:

(1) 普遍缺乏教师;

(2) 督导没有提供专业指导;

(3) 没有开设完善的小学课程;

(4) 课时安排或课程内容不适合农村的实际情况;

(5) 农村社区与学校明显分离。

3. 教师质量与师资培训的问题

影响拉丁美洲教育的最重要的因素之一是教师质量与师资培训问题。拉丁美洲至今还未解决大量教师没有受过正规系统师范教育的问题。这种状况的产生,主要是教育体系大扩展的结果,为了满足人们上学的需求,许多不合格人员匆忙上岗,担当教师。

然而,缺少合格教师是一方面,许多合格教师会选择其他工作是另一方面,他们或是受更高工资的吸引,或是受未来其他专业发展的吸引以及受更多的安全保障的吸引,纷纷到教育界外的领域去工作。许多师范毕业生拒绝到农村地区、小城镇,甚至拒绝到大城市的边缘地区去工作。对巴西学校的一项调查表明,在条件较好的学校中有不到50%的教师愿意继续从事教师工作;而在条件较差的学校,愿意从事教师工作的还不到10%。总而言之,教师不安心工作已到了相当严重的程度。

教师的工资待遇在拉丁美洲许多国家并不理想,这也成为招聘教师、教育质量差的一个不利因素。这种因素,再加上教师怀疑改革的成功性而不总是参与改革等因素,教师不愿去实施改革,从而使教师与管理者之间产生裂缝而不利于教育质量的提高。

在师资培训时,拉丁美洲国家通常是按照教育计划进行正规的教学,但往往忽视了对解决教育现实问题能力的培养。如在教师培训中没有培训教师如何对问题学生进行教育,教学实习中也没有充分训练他们去对待这个问题,因此,当他们开始执教时,也就无法在这方面指望太多。另外,在师资培训时,对教师的价值观和态度也缺乏适当的指导,使教师对他们的工作成果以及整个教学水平不能作出正确的评价。许多教师在分析教学质量差时,往往将原因归结为学校以外的因素,这样很可能使问题学生学习更差。许多教师特别重视学生的社会经济背景以及对学生学习的影响,有的教师甚至当着学生的面谈论这些事情而忽视了学生的自尊心。他们并不了解学生,一味强调学生的家庭背景无助于学生的学习。

二、拉丁美洲教育发展中的经验教训

纵观拉丁美洲教育发展的过程以及存在的问题，可以总结出许多教育发展中的经验和教训，这对于同属发展中国家的我国来说亦颇有启发。

1. 制定教育发展规划以及各种教育计划应根据各国社会经济发展状况，从教育现实出发，切忌盲目乐观、好高骛远。

也许与拉丁美洲人乐观的秉性有关，拉丁美洲国家在制定教育发展规划或教育计划的过程中具有一种较为明显的盲目乐观、好高骛远的倾向。从历届拉丁美洲国家教育部长会议确定的目标和实施的结果来看，可以得出的结论之一是，拉丁美洲国家对教育表现出的坚信和乐观并非产生在现实的基础之上，往往对现实教育能力期望过高。

1956年利马会议提出的十年后使学龄儿童全部入学的目标，离现实距离很远，根本无法达到。二十多年以后，1979年墨西哥会议，采纳了同样的目标，雄心勃勃，要在2000年普及8至10年的普通教育和扫除文盲，然而根据拉丁美洲的教育现状（留级率、辍学率居高不下，文盲人数庞大且会产生新的文盲）来分析，这一目标也无法达到。

1962年圣地亚哥会议极大地促进了教育与社会经济发展相协调的新思想和原则的传播，但要达到的期望并没有完全实现。尽管拉丁美洲国家的学校较重视培养学生的工作能力并给他们提供就业机会，但是遭遇的经济危机和就业前职业培训类型、受训人的工作之间不一致，损害了这种努力并导致了许多人失业。这大大削弱了普遍具有的理想——凭借自己的力量，职业训练会增加工作机会，因而也产生了教育本身不能确保就业的看法。如果教育与就业有关系，那么国家必须要全盘考虑，使经济发展、就业和人力培训的目标相一致。在拉丁美洲许多国家中，学校的很多毕业生很难找到工作，处于失业的困境，以及人才外流和就业不足、缺少适合所学专业的工作等状况无疑削弱了圣地亚哥会议提出的另一目标的实现可能，即通过职业教育来加速社会进一步发展。

拉丁美洲教育发展的经验表明，如果教育计划跟随或伴随社会、政治、经济的活动来达到社会变革和发展的话，那么教育计划才能真正有效。拉丁美洲的教育计划、教育体制的改革和扩展明显先于社会经济发展计划,脱离社会现实,因而确立的教育目标不能如期达到也就不足为奇了。

2. 在教育发展中应注重教育政策的连续性和执行政策的持续性。

拉丁美洲国家在较长时期内,政局不稳,政府不断更迭,使教育政策缺乏应有的连续性,这极大地影响到教育的发展。即使在政局长期较为稳定的墨西哥,也存在这一问题。如有研究指出,墨西哥政治制度的特点就是在高级官员们"六年任期"之间和任期内人事不断变动。教育部一大部分高级官员是在"六年任期"的中期被任命的,他们以前没有教育规划和教育管理的经验。每届新政府都想留下自己的印记,于是就进行结构改革,因而难以保持政策的连续性。缺乏有关教育制度的评估资料,就不可能作出正确的判断,就会有重犯过去错误的危险(麦金等人,1983)。

在哥伦比亚和委内瑞拉也有相同的情况。更有甚者,巴西由于平均每年更换一位教育部长而使政策和计划失去连续性(加西亚,1987)。

与此相连,在执行教育政策和计划过程中,拉丁美洲国家也缺乏持续性。在普及初等教育、扫盲、提高教育质量方面,都可以看到这一问题。在 20 世纪 60 年代和 70 年代初期,拉丁美洲著名的"解放教育"运动、"大众教育"运动以及"终身教育"运动,尽管产生了很大影响,但仍缺乏实施的持续性。

所有这些反映了拉丁美洲以往缺少一种将言论与行动、理论与实践、量与质、意识形态与教育专业相联系的意识,而往往注重那种急于求成的短期行为、孤立的行动和权宜措施。这严重地影响到教育政策的连续性。其后果对教育发展来说,代价是很大的,这使本来就稀缺的教育资金浪费在官僚者任意的决策之中。

3. 要花大力气抓好基础教育,这是发展中国家教育优先发展的项目,也是社会经济发展的基础。

基础教育是人的一生教育中最基础的教育,对以后的教育和生活会有极大的影响。同时,基础教育也是社会经济发展的基础,没有受过基础教育的人,即使加入社会经济活动之中,也很难有所作为。拉丁美洲国家对基础教育的重要性早就有所认识,对发展基础教育也作了很大努力。1956 年在利马召开的拉丁美洲国家教育部长会议上,就提出了要重视拉丁美洲国家初等教育的问题,通过了"拉丁美洲初等教育十年发展重点计划"。拉丁美洲许多国家也都将发展初等教育作为优先发展的项目。在发展初等教育过程中,拉丁美洲许多国家为了加强基础教育,延长了义务教育的年限,将小学与初中结合起来,通称为基础教育。在1979年的墨西哥会议上,拉丁美洲国家已提出了到2000年普及8至10年的普通教育的目标。

从拉丁美洲国家强调要注重初等教育的发展的气势来看,应该说是雄壮有力的,采取的一些措施也取得了一定的成果,但是拉丁美洲国家初等教育的发展仍然不能令人满意,没有达到预期的目标。留级率、辍学率居高不下。可以说,拉丁美洲是留级率最高的地区。据估计,到2000年拉丁美洲文盲率可降到11%,但仍有四千万的文盲。

据分析,拉丁美洲国家在初等教育发展中存在的严重问题,固然与许多因素有关,但最重要的是拉丁美洲国家对发展初等教育的长期性、艰巨性和复杂性认识不足,喜赶浪头,热衷于一些华而不实的计划,优先发展初等教育的思想不能贯彻始终。在20世纪60至70年代,拉丁美洲国家大力发展高等教育,忽视了早就提出的加强初等教育的问题。到了20世纪80至90年代,不得不又回过头来重新来抓基础教育。在20世纪80年代,教育受到了经济危机的影响,但在三级教育中,又以初等教育的发展受害为最。拉丁美洲初等教育发展过程中的这种曲折反复,使初等教育产生了低效益,更重要的是使人们失去对发展初等教育的信心和热心。

实际上,许多研究表明,在发展中国家,基础教育可以产生出比其他教育更大的经济效益。因为这些国家的生产一般属劳动密集型,只要人们具有基本的运算能力、书写表达能力和一般技能,就可以在生产和经济交往中立见成效。再者,基础教育的投入也有益于控制人口增长,因为各国发展的通常规律是"高文化低生育,低文化高生育"。基础教育具有经济的属性,教育水平、劳动力素质等属经济发展中的"软件",是社会经济发展的基础因素。如何切实有力地抓好对个人、对社会均有益的初等教育发展工作,是发展中国家应着重考虑的。从拉丁美洲教育发展的经验中可以看到,对初等教育的发展必须要有一个正确的认识以及采取切实可行的措施,才能达到预期的目标。

4. 要大力吸引国际组织的资助来发展教育,尤其是在财力不足的情况下。

发展教育需要一定的财力,这对发展中国家来说尤为迫切。除了想方设法调动本国的资源投入到教育的发展之中,吸引国际组织的资助来加速发展本国的教育,可以说是一种极为有效的途径。在这方面,拉丁美洲国家较明智地利用了这一手段,极大地促进了拉丁美洲的教育发展。

在多次国际会议中,拉丁美洲国家积极行动,扩大影响,争取资助。拉丁美洲国家制定的多项计划,都得到了联合国教科文组织、美洲国家组织、世界银行、联合国拉丁美洲和加勒比经济委员会(简称为"拉加经委会")等组织的支持和援助。例如,拉丁美洲国家制订的教育发展重点计划都受到了联合国教科文组织的关注和支持——组织不但提供了大量资金,而且为了取得预期成果还定期召开会议,检查落实计划实施。

5. 提高教育部在全国发展决策上的能力。

20 世纪 80 年代拉丁美洲经济危机对教育的影响,反映出拉丁美洲国家在教育决策和政策上都有一些偏差。这些偏差的产生,在某种程度上是由于官僚组织作风和参与决策的组织的力量势单力薄,更为主要的是教育部在内阁中的地位与影响。有人把拉丁美洲国家的教育部描述为一个无能力同政府其他机构成功谈判的软弱组织(加西亚,1987)。在经济危机时期,这种状况更为突出。

在经济调整时期成立的预算部门,通常都是管经济的部门,如哥斯达黎加是由住房部长、经济计划部长、中央银行行长等组成。经济调整在规定各部所需限额方面也增加了经济内阁的权力,使得教育部门在组织上或人力上无力在经济内阁中争取预算。如在委内瑞拉,参与制定国家发展计划时,计划部门里最弱的就是教育和人力资源部门,教育在新计划中的作用最难估算。

另外,拉丁美洲一些国家的教育计划和研究机构认为,他们的工作对教育部长的决策实际上没有什么意义。因为许多决策者并非出身于教育,许多国家的教育部长及其顾问,以前也没有在教育部里工作过,在决策和政策分析时往往有很大的偏差。

此外,拉丁美洲国家的教育决策无疑也带有某种政治色彩,从而损害技术分析方面所起的作用。一些国家在政府更换时,许多测试的数据遭到损坏,研究项目也半途夭折;也有些决策者不愿意去看原先的分析结果和政策研究,这就中断了资料的连续性和损坏了资料的全面性,从而造成了片面性决策。

在拉丁美洲的一些国家,尽管教育已作为民主化政治计划中的基本组成部分,及优先发展的部门,但在经济危机的调整过程中,教育受损却是最大的。一些国家国防开支在增长,而教育与卫生却在下降,教育工作者实际工资也明显下降,其幅度往往超过其他部门。许多分析家认为,政治家并非是靠搞教育来赢得选票的。在政府方面,教育对人民来说并没有那么优先,尤其是在经济危机时期,教育肯定要衰退,政府直接关注的是缺少工作和住房等问题。

由此可见,在教育决策和政策制定过程中,发展中国家教育部应对各部门施以自己的影响,防止教育发展决策中出现不应有的偏差。

6. 加速培养和训练高级教育管理人员。

拉丁美洲的教育发展经历表明,没有一支训练有素、技能高超的高级管理人员,对教育的发展是极为不利的。

长期以来,拉丁美洲国家的教育部庞大而复杂,传统的官僚主义作风较为严重,懂行的并具有丰富经验的高级管理人员缺乏。在讨论制订全国发展规划和教育发展规划时,教育专家往往仅停留在"呼吁削减教育开支对国家有害"和"要更好地管理现有资源有助于节约开支"等表面上,他们并不具备与全面规划、财政和金融方面决策者们进行谈判所需的一些专业知识和技能。在国家进行经济调整、政府削减财政的情况下,他们往往采取一些短期的和临时的解决办法,而有损于长期提高效率和公正性。

在培养管理人员过程中,拉丁美洲国家往往较注重培养理论和规划方面的行政管理人员,他们虽然有一些制订规划的技能,但缺乏实施评价的能力。如在经济危机中,有些国家为了使更多的贫困者入学,制定了为学校提供午餐的计划,但这种计划的成败还取决于能否有效地实施,而有效地实施需要很有能力的管理人员。因此,培养高级管理人员的重点应是培养注重实施而不是制订计划的行政管理人员,这就要求教育管理人员关注教育的任务、对象、决策、实施程序等方面的知识与技能。

此外,也很需要教育系统的各级管理人员有能力并愿意使用现代化的信息系统。拉丁美洲国家的一些教育部门现在还不太熟悉教育信息系统在管理上的应用,因此教育管理人员和高级决策者只能依靠过时的统计资料而作出有偏差的决策。

5

促进拉丁美洲国家教育发展的若干因素分析

一、拉丁美洲国家民主化进程对教育的促进

拉丁美洲许多国家在19世纪初期独立后就建立了共和国并制定了宪法,但是这种民主共和制与当时的大庄园、考迪罗主义是不能相容的,因而其民主徒有虚名。长期以来,拉丁美洲军人政府与文人政府不断更迭,军事政变屡见不鲜。因此,反对独裁,实行民主,一直是拉丁美洲人民的普遍愿望。

"二战"后,拉丁美洲人民争取民主、寻求发展已成为拉丁美洲近期历史上的一个最大特点。从第二次世界大战后到20世纪60年代中期,拉丁美洲国家经历了民族民主运动高涨时期,军事独裁政权相继垮台,原有军人执政14个国家,到60年代初只剩下4个。但是,从20世纪60年代中期到70年代中期,又出现了大批军人政府。虽然这些军人政府靠军事政变上台,但已不同于过去那种代表封建寡头和外国资本利益的独裁政府,他们注重发展民族经济,励精图治,取得了较大的经济发展,如20世纪70年代的巴西和80年代的智利。然而,不管军人政府在国家经济发展中的作为如何,他们对民主的侵犯与忽视人民的民主权利的行为激起了社会各阶层的不满。从20世纪70年代后半期开始,拉丁美洲国家又出现了大批军人政府将政权"交还"给民选的政府。至20世纪80年代末,拉丁美洲国家基本上都已恢复了民选政府。这一进展,标志着军人独裁统治在拉丁美洲已不得人心,民主化进程已成为拉丁美洲发展的主流。

在这种社会民主潮流的冲击下,拉丁美洲各国在发展教育的过程中重新对教育制度与民主之间的关系加以审视,出现了教育民主化的发展过程,促进了教育的大发展。

第一,拉丁美洲国家主张教育制度实行完全开放。这种主张受了"人权教育运动"的影响,强调人具有天生的受教育的权利,不能被剥夺,认为民主的教育制度应该是可以保证属于不同集团的阶级的民众——不论他们的出生——都可以进入和继续留在教育机构中。通过扩大受教育的机会达到社会平等。因此,拉丁美洲各国视普及初等教育为走向民主化的基础,是体现教育机会均等的一个方面。将发展初等教育、延长义务教育年限放在优先发展的项目中,已成为拉丁美洲各国教育发展中的一种特征。此外,随着普及义务教育的扩大,越来越多的人要求有受高等教育的机会。以前,上大学是少部分家庭经济优越的人才能享有的,在民主化进程中,拉丁美洲各国逐渐改变了这一状况,加速发展了高等教育。为了扩大受高等教育的机会,拉丁美洲各国增加了国家对大学的补贴,普遍实行了贷款制,帮助了众多贫苦家庭的子女,使他们有机会接受高等教育。因而,在 20 世纪 70 年代,高等学校注册的学生人数增长迅猛。

第二,拉丁美洲国家认识到教育质量与巩固民主的意义。在教育民主化的口号下,拉丁美洲各国花了很大力气扩大了教育服务,教育的覆盖面日益增大。然而扩大了受教育的机会并非等于每个上学的学生都能受到同等程度的教育。由于受到各种因素的影响,许多学生没有很好地完成学校的学习任务,教育的效益较低,直接影响到了教育民主化的进程。因此,拉丁美洲许多国家认为,不受任何歧视地获得受教育的机会并能保留在教育系统内,只是教育制度的一种"外部民主化",这是发展教育民主的一个必要条件,但不是充分条件,应辅之以教育制度的"内部民主化"来提高教育质量,尤其是当今面临科技迅速发展和经济全球化所造成的生产和分配的挑战时。机会和风险并存,教育必须确保受教育者普遍享有当今世界不同领域中可以利用的知识和培养出有创造才能的人,这些人既能够开发这类知识,又能够应用这些知识来满足国家发展的需要。因此为了巩固民主,必须提高教育制度质量。长期以来,在拉丁美洲的教育传统中,都没有将民主与教育质量联系起来,因此,提高教育质量的呼声并没有像扩大教育机会那样高。只是在近期,经过缓慢的过程,教育质量与社会民主等相连的思想才被拉丁美洲国家各集团和部门所接受。

第三,拉丁美洲国家也认识到民主参与的重要性。在民主化进程中,拉丁美洲国家已认识到,要在教育上取得实质性进展,在教育问题上必须与民众达成广泛的共识。

于是，拉丁美洲国家进行了一系列吸引学生、家长、教师，甚至整个社区参与某个层次的教育决策的试验。这些试验涉及中央一级的教育部和省市一级的教育局以及各学校的管理机构。这些试验大致可分为两类：一类是召集人们参加为制订全国的教育指导方针而举行的全国性的活动，如巴西的"民主日"和阿根廷的教育大会。另一类是建立由选出的家长、教师和学生代表组成的校务委员会，来参与学校的管理。尽管在参与教育决策的过程中也出现了一些困难和受到了挫折，但是参与教育管理的试验已在拉丁美洲国家展开，并且在立法中作出有关支持这类参与的规定也日益增多。拉丁美洲国家在民主参与教育决策与管理方面的各种试验，既促进了教育在数量上的大发展，也加强了人们对需要提高教育质量的重视。在民主参与高涨的情况下，拉丁美洲一些国家也逐渐下放或分散教育管理的权限。这并非放弃国家对教育的责任，而是免去一些僵化的、缺乏效率的管理方式，例如盲目地对专用于各校的预算作出决定或控制等。这种分散管理，可以更好地发挥各级教育管理机构的积极性，从而促进各级教育的发展。当然，国家也建立了一些组织机构来确保教育的民主化进程和提高教育质量。拉丁美洲国家已建立了一些全国性的组织机构，一是教育信息咨询机构，另一是教育评价机构。这些机构并非使用掌握的信息，用评价来惩罚那些因为帮助处境不利的群体而成绩较低的学校和教师，而是调动各种资源来支持这些学校和教师。

总而言之，拉丁美洲国家的教育发展受到了拉丁美洲民主化进程的很大影响，同时，教育的发展反过来也会促进和巩固拉丁美洲社会的民主化进程。在拉丁美洲国家教育民主化的发展过程中，一个明显趋势是将增加教育机会的战略、使教育界更多参与决策的努力以及提高教学质量的主动行动相结合的战策结合起来。

二、拉丁美洲国家经济发展对教育的促进

20世纪50年代，世界范围内开始的科技革命也影响到拉丁美洲。科技革命导致社会的某些变动，如大企业劳动力的集中、劳动力技术水平的不断提高、技术设备不断地更新而需要的大量的技术人员，这些变动对教育的发展起到促进推动作用。

人们在对待教育与经济发展的观点上有了大的变化。1962年在圣地亚哥召开的拉丁美洲国家教育部长会议上，教育专家、经济学家和社会学家共同讨论了教育发展的问题，阐明了作为一种发展因素和一种投资方式，教育所起的作用；对专业人员和技

术人员的需求,教育所起的作用;以及作为社会变革的一种机制、社会进步和技术发展的一种手段,教育所承担的任务。这种教育要与社会经济发展相联系的思想,在拉丁美洲教育大发展的阶段具有极为重要的意义。拉丁美洲各国在制定教育发展计划时,更注重与整个经济、社会发展计划相联系,在不忽视人的全面教育的情况下,适当优先考虑如何增强人的生产能力来加速经济和社会的发展。拉丁美洲各国采取了很多措施,最大限度地将资金投入教育,使之与生产力和经济发展相一致。同时,拉丁美洲各国也寻求国际组织的资助,来促进拉丁美洲教育计划的实施。拉丁美洲国家的这一教育与经济发展相联系的思想,为教育的发展打下了思想基础并极大地促进了教育与经济发展的协调一致。

拉丁美洲是个开放的大陆,拉丁美洲的经济具有外向型的特征。在发展外向型的经济时,为了使产品在国际市场上具有竞争力,拉丁美洲有的国家吸收直接投资引进了大量先进的技术;有的国家借外债,兴建了一批大型基础设施和工程;有的国家注重外贸,将出口单一产品逐步过渡到出口产品多样化和外贸对象多样化;还有的国家建立了开放程度更大、对外资更优惠的综合开发区、自由贸易区、出口加工区等。拉丁美洲国家发展的这种外向型经济,亟须大量受过较多教育、有一定技术水平、懂外贸、懂管理的人员,促使了教育向多元化方向发展,开设了许多实用型的课程,大力培养经济发展中所需的实用人员。

拉丁美洲的外向型经济带动了经济结构的变化,增强了经济实力。拉丁美洲的许多国家已建立了轻重工业并举、门类众多的多样化工业体系。拉丁美洲地区工业总产值已超过农业产值的一倍以上,现代化水平有明显提高。在经济结构的变动中,新兴的工业对劳动力的要求越来越高,例如造船、汽车制造、飞机制造、石油化工、电子工业和军工生产等对技术人员的要求不断提高。这些面向现代化的工业,对教育也提出了更高的要求,促进了拉丁美洲国家专业技术教育的极大发展。

在经济发展对教育提出更高要求的情况下,很重要的一个方面在于基础教育的普及性。如没有坚固的基础教育,对于社会未来的经济发展来说,肯定是一个制约因素。只有大量的人具有足够的教育(包括基础技术教育),在成为劳动力时,才会具有一定的适应能力,或具有继续学习的能力。因而,拉丁美洲国家面对经济发展的需求,也十分重视打好人才基础,强调开发初等和中等教育的重要性。这也大大促进了这一阶段教育的大发展和大变革。

三、拉美人口增长引起的教育需求的扩大

虽然拉丁美洲人口增长率呈下降趋势,但由于死亡率下降和高出生率,拉丁美洲的人口仍然在持续增长,累计增长率达 2.7%。拉丁美洲人口增长情况从下面的数字中一目了然。

从 1960 年的 2.12 亿,到 1970 年的 2.79 亿
从 1975 年的 3.20 亿,到 1985 年的 4.00 亿
2000 年已达 6.12 亿

当然,拉丁美洲各国人口增长情况也有很多差别。如阿根廷、智利、乌拉圭、古巴等国,增长率均在 2% 以下,其他一些国家在 2%—3% 之间。

从人口年龄结构来看,拉丁美洲国家以儿童和青少年占多数,可以说是青年人的天下。据统计,0 至 24 岁的年龄组人口占总人口的 62%;5 至 14 岁基础教育阶段的人口占总人口的 24%,1960 年为 5 400 万,1975 年为 7 300 万,1985 年达 9 600 万,2000 年达 1.18 亿。

拉丁美洲人口分布情况与以前相比变化不大,绝大多数人口集中在城市地区,主要是大城市。城市人口的聚集,加剧了住房拥挤、环境污染、劳动力市场畸形、教育设施不完备、移民文化不适应等问题。为了解决教育问题,拉丁美洲国家不得不极其努力地扩大并资助其教育,促进城市教育的大发展。各级教育入学人数的巨大增长,在数量上已取得了很大成就,尽管在质量上还没有达标。拉丁美洲有 4 个国家(阿根廷、智利、乌拉圭、委内瑞拉)生活在城市地区的人口达 70% 以上,有 9 个国家(巴西、巴巴多斯、哥伦比亚、古巴、牙买加、墨西哥、尼加拉瓜、巴拿马、秘鲁)在 45%—70% 之间,其他国家城市人口占总人口的三分之一多。

人口的情况对教育来说具有重要的意义,尤其是青少年年龄组的数量规模,是拉丁美洲国家教育发展中必须加以考虑的一个方面。青少年的人口增加,使教育的需求扩大,这对各级教育在质和量上都产生了压力,导致了产生新的教育目标和多样化的教育结构,也促使教育进行了重大变革。从学校数量的增加、入学人数的增加可以看

到，由于人口的增多，拉丁美洲国家教育需求的扩大促进了教育的发展。

此外，人口集中在城市，增加了城市地区社会物质基础结构的压力，引起了城市与农村社会各阶层的不断变化。城市生活不断影响移居者的精神和思想，使他们拥有新的思维方式，也使城市对农村更具吸引力。农村人口持续分散导致教育的费用增加，也使城市教育人口陡增。

四、国际合作对拉丁美洲国家教育发展的作用

拉丁美洲国家教育发展的一大特点是积极寻求地区和国际的合作和资助，并积极进行配合。这对拉丁美洲教育发展起到了极大的推进作用。

从1956年的利马会议到1987年的波哥大会议，拉丁美洲地区共召开了六届拉丁美洲国家教育部长会议。各次会议都是由联合国教科文组织负责召开的。联合国经委会、美洲国家组织等一些组织也给予了很多资助。

各次拉丁美洲国家教育部长会议都会分析拉丁美洲教育的现状，指出拉丁美洲地区当时面临的主要问题，着重探讨如何解决各国共同的问题并指出今后发展方向的建议。虽然各次会议发表的建议或宣言并没有在行政意义上一定要实施或执行，但是从各国教育发展倾向上看，拉丁美洲国家教育部长会议的影响是巨大的，对拉丁美洲国家教育发展起到了指导性的作用。

历届拉美国家教育部长会议关注的要点，可以表明各次大会对其强调的方面所要发挥的作用，同时也可以看出对拉丁美洲各国在各时期的发展重点的促进，如：

利马会议（1959年）——十分明确要促进初等教育的发展

圣地亚哥会议（1962年）——着重努力使教育与经济和社会发展联系起来

布宜诺斯艾利斯会议（1966年）——极大关注提高教育质量

委内瑞拉会议（1971年）——着重分析中等教育的改革

墨西哥城会议（1979年）——发布墨西哥城宣言，促进教育民主化

波哥大会议（1987年）——努力加强科技教育

拉丁美洲国家具有团结合作的传统。在拉丁美洲国家召开的多次地区性和国际

性会议中充分反映出这一点。利马会议和墨西哥会议后,拉丁美洲各国代表分别向联合国教科文组织提出了要制订拉丁美洲国家教育发展的重点计划,这些计划都为拉丁美洲国家确定了教育发展的共同目标。尤其是第二个重点计划确定后,拉丁美洲国家每两年召开一次会议,共同总结已取得的进展,研讨当前教育面临的问题,提出今后应采取的措施。在共同确定的目标的激励下,拉丁美洲各国均能够积极配合,设计并制定了系列行动计划并吸引别国教育的经验来加速自己的发展。

此外,拉丁美洲国家也能积极寻求国际援助来发展本地区的教育。在多次会议中,拉丁美洲国家积极行动,扩大影响,争取资助。因而,拉丁美洲国家制定的多项计划,都得到联合国教科文组织、美洲国家组织、世界银行、联合国拉丁美洲和加勒比经济委员会等组织的支持和援助,从而推进了拉丁美洲和加勒比各国的教育发展。

6

20世纪80年代以来拉丁美洲国家教育发展、问题及对策

自1979年在墨西哥召开的第五届拉丁美洲国家教育部长会议以来,拉丁美洲国家的教育发展出现了两大特征:一是尽管各国的经济、社会、文化、政治、技术及教育状况有所差异,但各国的教育部门都努力实施第五届会议提出的建议,力图确保教育制度的民主化;二是墨西哥会议后,拉丁美洲整个地区发生的经济危机极大地影响了教育发展政策,给教育制度带来了不利的后果。围绕拉丁美洲国家教育发展中的这两大特征,着重论述拉丁美洲国家教育发展的状况以及在拉丁美洲经济困境中,教育所面临的问题和拉丁美洲国家考虑采取的对策。

一、拉丁美洲国家教育发展状况

1. 学龄人口

青少年年龄组的人口数量规模是拉丁美洲国家教育发展中必须加以考虑的一个方面。从人口的年龄来看,拉丁美洲国家可以说是青年人的天下。据1985年的统计资料表明,拉丁美洲国家5至14岁(学龄阶段)青少年儿童人口占拉丁美洲总人口的约四分之一(24%)。当然,各国具体情况也不一样,有些国家在27%以上,有些国家在14%至20%之间。据联合国统计资料,1985年至2000年拉丁美洲大多数国家总人

口的年龄平均增长率要比学龄人口的增长率高。相对人口对教育体系造成的压力可能会减弱,但从绝对人数来看,学龄儿童的人数将持续增长。拉丁美洲国家学龄人口占比将从1985年的24%下降到2000年的21%,然而,5至14岁的人数会从9 600万增加到1.18亿。

2. 文盲

拉丁美洲的文盲率在20世纪80年代有所下降。据统计资料,1970年拉丁美洲的文盲率为27.3%,1985年下降到17.3%。在这15年中,文盲率下降了10%。在同一时期内,能阅读的成人数成倍增加,从1.19亿增加到2.09亿。然而,文盲仍有4 400万左右。

在墨西哥城宣言中确定的2000年拉丁美洲扫盲目标是要将文盲减少到600万。也就是说,到2000年要扫除3 800万文盲(其中10.4%是成人)。为了达到上述目标,从1985年到2000年这15年间,每年应有250万人应该学会读和写。看来这一任务也是十分艰巨的。

拉丁美洲各国文盲人口占总人口的比例也不尽相同。文盲率较低的国家有阿根廷、智利、乌拉圭、古巴等;文盲率较高的国家有玻利维亚、萨尔瓦多、洪都拉斯、危地马拉。海地有四分之一的成人是文盲。巴西和墨西哥是拉丁美洲人口最多的两个国家,其文盲率也较高。1985年,仅这两国的文盲人口就占拉丁美洲文盲人口总数的50%以上,巴西占43.8%,墨西哥占10.1%。

3. 入学人数

拉丁美洲国家各级学校入学人数的增长率逐渐趋于下降。从表1中可以看到拉丁美洲在三个不同时期中入学人数平均年增长率的变化情况。

表1 拉丁美洲入学人数平均年增长率(%)

各级教育	1970—1975年	1975—1980年	1980—1985年
小学	3.6	2.9	1.9
中学	10.6	6.9	5.2
大学	17.3	5.9	4.7
合计	5.2	3.8	2.8

这种增长率趋于下降的原因,部分是由于拉丁美洲大多数国家已取得了很高的入学率,尤其是小学。但是,绝对入学人数却有了很大的增长。在1970年至1985年间,小学入学人数增加了1500万,中学增加了1000万,大学增加了200万。表2表明了这种绝对入学人数的增长极大地改变了以前的教育金字塔的状况。

表2 拉丁美洲每100个小学生升入中学和大学的人数

	1970年	1975年	1980年	1984年
小学	100	100	100	100
中学	16	22	27	30
大学	4	7	8	9

据预测,拉丁美洲国家的入学人数在1985至2000年期间仍有增长。1985年拉丁美洲初等教育方面有学龄儿童6600万,其中850万没有入学,这表明未入学的学龄儿童的比例达13%。到2000年,未入学的儿童人数会降到670万,占学龄人数的8%。到2000年,拉丁美洲国家各级学校学生人数将会超过1.4亿,其中小学生占66%,中学生占25.5%,大学生占8.5%。

4. 初等教育的留级率

拉丁美洲国家初等教育留级率相当高。1975年以来,虽然作了许多努力,但情况并没有根本改变。拉丁美洲国家的留级生占小学总入学人数的比例,在1975年为12.1%,1980年增长到14.4%,1983年达14.5%。从表3来看,虽然1970年至1975年留级率有很大下降,但进入20世纪80年代,留级率逐渐回升。

表3 拉丁美洲留级人数和所占百分比

1970年		1975年		1980年		1983年	
人数(千)	百分比(%)	人数(千)	百分比(%)	人数(千)	百分比(%)	人数(千)	百分比(%)
5579	15.2	5793	12.1	7986	14.4	8545	14.5

当然,拉丁美洲各国留级生比例也相差很大,有的只占5%(如古巴、圭亚那、牙买

加等),有的占20%(如巴西、苏里南等)。拉丁美洲大多数国家留级率在5%—15%之间,而哥伦比亚、危地马拉、洪都拉斯、尼加拉瓜却超过15%。

在第39届国际教育大会上提交的一份研究报告指出,1980年拉丁美洲地区小学留级率最高(14.4%),接下来是非洲(14%)、亚洲(9.1%)、欧洲(2.5%)。

拉丁美洲国家的辍学率也很高。虽然1975年以后有些改变,但学校学生辍学的问题在20世纪80年代依然很严重。1980年,拉丁美洲大多数国家的学生读到小学最后一年的人数占总入学人数的比例还不到70%,四年级之前就退学的学生已达26%。辍学问题在巴西、萨尔瓦多、危地马拉、海地等国更为严重。在这些国家中,小学最后一年前已有52%至71%的学生退了学。有些国家小学一二年级期间的辍学率也很高,占10%至30%。

5. 中等教育

总的来看,中学生入学人数在20世纪80年代持续增长,但中学生人数增长最快的还是在1975年至1980年间。在中等教育中,女学生所占比例也很高,大多数国家女学生人数占总入学人数的50%以上,这比女学生占学龄人口的比例还要高。

拉丁美洲国家的中学分为三类:普通教育、师范教育和技术教育。大多数国家普通教育的人数占第一位。技术教育人数占第一位的只有阿根廷和萨尔瓦多,大多数学生学习商业和工业技术专业,其他专业如农业、家政、保健只有很少的人学习。

小学升入中学的比例与小学的保持率和选拔程度有很大关系。虽然各国的情况有所不同,但大致可以划分为以下几类:

(1) 升学率和保持率均在80%以上的国家(如智利、古巴、圭亚那、牙买加、巴拿马)。这些国家每5个进入小学的学生中有3至4人进入了中学。

(2) 升学率和保持率均在50%—80%之间的国家(如墨西哥、厄瓜多尔、秘鲁、委内瑞拉等)。在这些国家中,进入小学的学生有一半或正好一半多一点,能够升入中学。

(3) 保持率低而升学率高的国家(如巴西、危地马拉、海地)。在这些国家中,小学已进行了筛选,所有小学毕业的人都能够升入中学。

拉丁美洲国家中学的留级率各国有差异,有的国家中学留级率达20%,有的国家则低于3%。

6. 高等教育

拉丁美洲国家的高等教育发展较快。从表4中可以看出拉丁美洲高等学校入学人数不管是 20 世纪 70 年代还是 20 世纪 80 年代均持续增长。

表 4　拉丁美洲国家高校入学人数

年份	大学生数
1970	1,640,000
1975	3,647,000
1980	4,854,000
1984	5,927,000

从表 4 中可以看到，在 1970 年至 1975 年期间，平均每年增加 40 万大学生，增长率为 17.3%。这种激增在以后几年中趋于缓和。在 1975 年至 1980 年间，平均每年仅增加 24 万大学生，增长率为 5.9%。而在 20 世纪 80 年代，增长率仅为 4.1%。

女大学生的入学比例也逐渐增加。1975 年女大学生的比例为 42%，1984 年增长到 45%。有些国家女大学生的人数已超过了男生。

大学生人数占总人口的比例也可反映出拉丁美洲国家高等教育的发展。表 5 反映了拉丁美洲许多国家大学生人数的增长。

表 5　拉丁美洲国家每 10 万人口中大学生人数

每 10 万人口中大学生的人数	国家数	
	1975 年	1983—1984 年
500 以下	7	2
500 至 999	8	6
1000 至 1499	5	7
1500 至 1999	3	2
2000 以上	2	8
总计	25	25

从表 5 中可以看到，到 1984 年，有 8 个国家每 10 万人口中大学生超过 2000，而在

1975年,只有2个国家。同样,每10万人口中500个大学生以下的只有2个国家,而1975年有7个国家。

据统计资料,拉丁美洲国家每10万人口中大学生的人数从1975年的1150人,增长到1984年的1510人。

在高等学校中,大学生选读的学科也发生较大变化。1975年前后,拉丁美洲国家的大学生在工程技术专业注册的人数迅速增长,尤其是和其他地区的发展中国家相比。在20世纪80年代,这种增长势头仍未减弱。在社会科学领域的专业注册的人数也相当多,这是20世纪70年代高等教育大发展的结果以及社会科学所具有的重要性决定的。然而,在医学专业注册的学生人数,在20世纪80年代有较明显的下降。

7. 教育经费

拉丁美洲国家的教育经费,20世纪80年代初期与20世纪70年代中期相比有较大的增长。1975年,拉丁美洲国家用于教育的公共开支约为1.4296亿美元,1983年已增长到2.6513亿美元(时价)。1975年的教育经费占国民生产总值的3.6%,1983年增长到4%。

然而,拉丁美洲国家教育经费占国民生产总值的比例与世界上其他地区相比,仍然是较低的(见表6)。

表6 各地区教育经费占国民生产总值的比例(%)

	1975年	1980年	1983年
世界	5.6	5.6	5.7
发达国家	6.1	6.1	6.1
发展中国家	3.6	3.7	4.0
非洲	4.8	4.8	5.3
亚洲及太平洋地区	3.2	3.3	3.6
拉美及加勒比地区	3.6	4.0	4.0

在1975年至1983年期间,拉丁美洲许多国家的教育经费有所增长,但在1975年教育经费就很低的一些国家,其增长率也极为有限,有的只占国民生产总值的2%,另

一些国家甚至还不到2%。

一般来说,学前和初等教育分配的经费占教育经费总数的最大部分,中等教育较少些,高等教育从来没有超过25%。然而,拉丁美洲许多国家的一个特点是私人机构为中高等教育提供了大量的资金。

二、经济危机对教育的影响

1. 拉丁美洲国家的经济危机及对社会的影响

拉丁美洲国家遭受的经济危机是在墨西哥会议(1979年)召开一年后开始加剧的。据拉美经济委员会(ECLAC)的研究报告,拉丁美洲国家面临的经济危机是20世纪30年代大萧条以来最严重、范围最广的。研究报告指出,拉丁美洲地区经济活动于1981年急剧下降,实际人均收入下降到1977年的水平;失业和就业不足有所增长;储蓄和投资比率下跌;消费指数和实际工资明显下降。此外,权威观察家一致认为,拉丁美洲国家的经济危机并非暂时的现象,其所产生的影响至少要延续10至15年。

据拉美经济委员会分析,拉丁美洲的经济危机并非纯粹是当时经济事件的结果,而主要是由于外债的数量和国际经济结构的变化内外两种因素造成的。

在外因方面,由于国际贸易衰退与恶化,拉丁美洲国家大多数基本产品的国际市场价格下跌;同时,国际信贷在世界金融市场上出现罕见的高利率,也使拉丁美洲国家的经济雪上加霜。在内因方面,拉丁美洲国家的外债多而不合理。这种债台高筑的状况主要是由1974年以来的快速国际流动性以及所谓的20世纪70年代国际金融政策的松弛(尤其是私人银行系统实施的)造成的。除外债方面原因外,拉丁美洲各国国内社会经济政策没有成功地为生产开辟资源途径以及生产结构不合理,使拉丁美洲经济处于内外交困的境地。

拉丁美洲国家的经济危机产生的社会经济后果是十分明显的。在诸如失业人数剧增、就业明显不足、城市扩大、实际工资下降以及由于这些原因产生的贫穷人数的增加等方面都可以反映这一危机产生的后果。据研究资料,1979年拉丁美洲地区的失业率大致为7%,之后几年上升到10%。由于危机,劳动市场的人口比率也下降了。有一部分劳动力,尤其是青年人和妇女,由于缺少就业机会而不再寻找工作。据一些国家的调查,失去工作的人数比新进入劳动市场的人数要多得多,而且失业者往往是一家之主。对就业不足的调查表明,经济活动的减少已导致了工作日的减少,相应也导致了工资下降。因此,在危机过程中,实际收入总体呈持续下降趋势。

这种状况不仅扩大了拉丁美洲地区历来的收入不均,也导致了新的不平衡,极大地影响到了以前达到相当满意的消费水平的人们。此外,危机也导致了社会消费的明显减少。虽然各国情况不同,但配置于社会部门的资源总的来说是下降了。在这种背景下,提供的社会服务,包括教育,虽然仍在持续,但要满足维持这些设置所需的资源量却逐渐在下降。因此,经济危机对教育的影响也是显而易见的。

2. 拉丁美洲国家经济危机对教育的影响

拉丁美洲国家的经济危机对教育的影响,可以从以下几个方面来分析。

(1) 实际教育经费增长减退

随着拉丁美洲人口的增长,实际教育经费下降导致了人均教育开支的缩减(见表7)。

表7 1975—1985 年拉丁美洲国家人均教育开支

(1985 年美元价)

国家	人均教育开支(美元)			年增长率(%)		
	1975 年	1980 年	1985 年	1975—1980 年	1980—1985 年	1975—1985 年
阿根廷	63.37	93.60	39.2	8.11	−15.94	−4.67
玻利维亚	24.07	28.75	1.88	3.62	−42.03	−22.50
巴西	42.69	59.10	58.92	6.72	−0.06	3.27
智利	43.98	65.28	51.98	8.22	−4.45	1.69
哥伦比亚	22.01	22.33	/	0.29	/	/
哥斯达黎加	65.85	123.88	65.13	13.47	−12.07	−0.11
多米尼加	15.24	17.10	12.06	2.34	−6.75	−2.31
厄瓜多尔	35.59	71.38	44.30	14.93	−9.10	2.21
萨尔瓦多	34.28	36.31	22.87	1.16	−8.83	−3.97
危地马拉	19.24	27.12	21.19	7.11	−4.82	0.97

续　表

国家	人均教育开支(美元)			年增长率(%)		
	1975年	1980年	1985年	1975—1980年	1980—1985年	1975—1985年
海地	3.62	6.19	4.48	11.31	−6.28	2.14
洪都拉斯	26.83	27.34	33.14	0.37	3.93	2.13
墨西哥	70.60	67.76	56.77	−0.82	−3.48	−2.16
尼加拉瓜	37.97	32.56	48.95	−3.03	8.49	2.57
巴拿马	103.35	101.69	108.72	−0.32	1.35	0.51
巴拉圭	9.98	14.11	12.70	7.17	−2.08	2.44
秘鲁	35.16	31.54	23.32	−2.15	−5.86	−4.02
乌拉圭		46.01	42.27	/	−1.68	/
委内瑞拉	206.25	193.73	185.66	−1.24	−0.85	−1.05
平均增长				4.29	−6.14	−1.34

资料来源：*Comparative Education Review*, May 1991, p.32

从表7来看,1975年至1980年间,有5个国家的人均教育开支下降；而到了1980年至1985年间,有16个国家的人均教育开支下降。总的来看,拉丁美洲国家人均教育开支,1975年至1980年间年增长率为4.29%,而1980年至1985年间,年均下降6.14%。由此可见,20世纪70年代教育经费的增长状况,到20世纪80年代中期已不复存在。

(2) 教育费用占国民生产总值的比例事实上已下降

拉丁美洲国家教育经费占国民生产总值的比例比世界平均比例还要低(见表8)。

尽管非洲国家人均收入相当低,但教育经费占国民生产总值的比例在1983年为5.3%,比拉丁美洲还要高。

虽然表8中1975至1983年的教育经费比例有所增长,然而这里面仍然隐藏着教育经费绝对数的减少,尤其是过去教育经费比例一直很低的国家,实际上这些国家几乎没有增长。

表8　拉丁美洲教育经费与世界平均教育经费比较

年份	教育经费占国民生产总值的比例(%)	
	拉美国家	世界平均
1970	3.4	5.2
1975	3.6	5.6
1980	4.0	5.6
1983	4.0	5.7

(3) 入学机会减少，教育质量下降

一项研究表明，在1980年至1985年间，拉丁美洲有6个国家初等教育的入学率下降了，有6个国家入学率平均年增长率不到1%，只有8个国家增长率超过1%。这表明经济危机使本来就较困难的普及初等教育难上加难，原先教育不平等的状况没有得到解决，这主要表现在辍学学生大多来自贫穷家庭。

此外，由于教育经费的削减，教育机构没有能力开辟新的能提高内部效益的途径。因而，教育质量有所下降。尽管1975年以来，初等教育留级学生的比例有所改善，但是1985年平均留级率仍超过11%。

(4) 对教育的社会功能产生疑问

面对经济危机，20世纪80年代以来拉丁美洲国家对教育的社会功能也产生了疑虑。首先，在教育对经济发展的作用方面，从理论上来说，通过延长劳动力教育年限，教育对经济增长起到直接的作用。然而，越来越多受过更多教育的人在危机中面临的是找不到合适工作或就业不足。这种现象使教育能对经济发展发挥作用的观点失去了重大意义。其次，在教育对社会民主的作用方面，尽管拉丁美洲各国作了很大努力，然而教育发展要影响社会民主和机会均等，在现实面前实难实现。

造成拉丁美洲这种状况的原因较为复杂，因而对教育在发展过程中的作用持有不同态度也是不可避免的。然而，最近几年，也出现了一种对教育在发展中所起作用的新观点。这种观点认为，教育对发展过程的作用不是一个孤立的部分，不能从形成社会结构的其他因素中分开来单独进行分析。也就是说，未来教育的作用将与教育的特殊产品紧密相连，以民主方式使全体人民受到高质量的教育。

三、拉丁美洲国家采取的对策

1987年3至4月间,在哥伦比亚首都波哥大召开了第六届拉丁美洲国家教育部长会议。会议主要讨论了在当时的经济状况下的拉丁美洲地区的教育,以及教育与社会经济发展尤其是科技发展的需求关系,最后指出拉丁美洲地区未来教育的重点并提出了若干建议。

在会议期间,拉丁美洲各国的代表首先谈到的是各国政府为发展教育所作的努力。有些国家的努力集中在较大地提高教育质量、扩大教育机会、加强各级教育的合作。有些国家重新确定教育政策,采取各种措施使教育内容和方法现代化。有些国家着重职前和在职师资培训。有些国家通过强化扫盲活动取得巨大成果,使历来被排除在国家事务之外的大众能参与到社会生活之中。有些国家作了很大努力来扩展学前教育的覆盖面。然而,拉丁美洲大多数国家取得的主要成绩在提供免费基础教育方面,当然有时代价也是较高的。

会议着重讨论了20世纪80年代的经济危机及其对教育的影响以及如何采取相应的对策问题。会议代表认为,经济危机对教育的影响非常严重,在当代历史上也许是从未有过的——危机不但对教育的发展产生不利影响,而且也对已经取得的成果有潜在影响。也就是说,在为全体人民提供基础教育方面,在创造知识和技术应用、开展科技活动方面,不是加速发展,而是可能会出现倒退的情况。因此,拉丁美洲各国不仅要制订新的策略来确保已经取得的成果,而且要选择各自的未来,迎接21世纪的挑战。会议考虑了这一方面,不仅仅按以前状况来作出决策,也考虑了20世纪80年代末到20世纪末的之后几年中确定教育政策、策略、发展计划的主要方针以及各级各类教育的改革。因此,在教育面临困境时,不应仅仅联系过去来分析,也需要对积极参与到现代社会重大技术转变所产生的社会变革中遇到的障碍进行分析。这样,不仅可以克服暂时的困难,也可与发展计划、长期愿景相一致。

因此,在这次会议中,拉丁美洲各国代表较为关注的一个方面是教育如何适应社会经济的发展尤其是科技发展的需求,并提出在未来的几年中要加强科技教育。

拉丁美洲未来必须加强包括教育在内的起主要作用的某些基本方面的发展和恢复经济政策决策中的独立性,因而要求扩大国内市场、收入分配民主、社会团结、讲效益、技术创造和竞争等,所有这些都取决于一系列复杂的因素。很明显,技术创造和竞争与教育有很大关系。向全体人民提供基础科学技术的教育与科技专门领域的发展之间也有很大联系。

在知识生产方面,拉丁美洲历来有一种依附性,在这种依附的发展模式中,内部的技术创造必须限制在较小的适应性操作上,而大规模的发展必须要以系统实施适当政策来促进内部的智力创造。在这方面,未来的策略要适应和结合大多数国际上发明的先进技术,如农业、基础设施、食品、制衣、建筑业等领域的,这对拉丁美洲各国有很大好处。然而这方面的基本职责,教育制度还未承担起来。但是,教育在促进社会内部技术革新和提供全国或国际上所取得进展的信息方面起到了重要作用。因此,对开展科技教育,拉丁美洲正规与非正规教育制度承担了重大的责任。大会认为,加强与科技发展的联系,这对社会经济发展具有潜在的影响,因此,向全体人民提供适当的基础科技教育和训练,其意义十分重大。发展科技教育不仅仅是要培养多少科技人员、高级专家,在这方面也很难准确地预测满足劳动市场和改革所需的技术人员和专家的数量、类型和专业化程度,而是要促进各级各类教育中对基础科学技术知识的传授。在这方面许多措施都可采取,如使劳动力熟悉科技成果,不断提供有关就业趋势的信息,举办短期职业训练,在学校大力普及科技知识,等等。

为了适应未来发展的需求,在第六届拉丁美洲国家教育部长会议中,特别强调了要采取以下的一些策略和行动:

1. 通过中小学、大学以及校外教育来加强青少年和成人的科技教育。要了解和检查中等教育的重点、作用、结构和结果,使中等教育与新一代青少年的特点、需求、兴趣相适应,同时也使中等教育与高等教育质量、工作要求、专业生活的需求相适应。

2. 科技教育的内容与结果要与拉丁美洲国家的社会经济发展的现实和需求紧密相连。科技教育计划也要与拉丁美洲教育发展重点项目相一致。

3. 重新调整国家、地区、地方的教育经费,改革行政管理体制。

4. 协调高等教育民主化和按劳动市场的实际情况与需求来提高高等教育质量之间的问题。

5. 加强各级各类学校教师的培养,改进教学方法。

■ 参考资料

[1] Education and the Demands of Socio-Economic Development, Particularly Scientific and Technological Development, in the Context of the Current Economic Situation of the Region, Sixth Regional Conference of Ministers of Education and Those Responsible for Economic Planning of Member States in Latin America and the Caribbean, ED—871 MINEDLAC/3, PARIS, 1987.

[2] Fernando Reimers. The Impact of Economic Stabilization and Adjustment on Education in Latin America, *Comparative Education Review*, May 1991.

[3] Informe Final de Sexta Conferencia Regional dé Mimistros de Educacion y de Ministros Encargados de la Planificación Económica de los Estados Miembros de la América Latina y el Caribe, UNESCO, 1987.

7

拉丁美洲教育发展模式探析

拉丁美洲是一个具有鲜明发展特色的地区。拉美教育在发展过程中,也体现出了其发展的特色。回顾20世纪60年代以来拉美教育改革与发展的历程,我们可以看到拉美教育改革和发展出现了若干趋势,形成了许多特色,其中值得我们思考和认真总结的主要有以下几种教育发展模式:基于发展经济观的教育发展模式、基于社会平等观的教育发展模式和基于国际思潮的教育发展模式。

一、基于发展经济观的教育发展模式

20世纪六七十年代是拉美经济迅速发展的时期。在拉美发展主义思潮的影响下,许多国家热衷于经济发展,纷纷提出教育要为经济发展目标服务,要求学校培养更多的高级人才和大量的熟练劳动力。为此,从20世纪60年代起,以经济发展为中心的教育改革不断升温,逐渐形成了基于发展经济观的教育发展模式。发展经济观认为,教育在社会经济发展中具有重大的作用,因此要在人力资源上加大开发力度,人力资源的发展要与整个社会经济发展相协调,教育发展也应与经济发展计划相一致。

基于发展经济观的教育发展模式最主要的特征是十分重视教育的经济功能,将教育视为经济发展的一个重要的因素,教育被认为是一种生产力,是一种能够导致经济增长和变革的巨大力量。同时,教育也被认为具有投资性。例如,1962年在智利圣地亚哥召开的拉美教育部长和财政部长联席会议上确认了教育对经济发展的作用,决定建立拉美地区教育合作机构,实施教育同社会经济计划同步增长、教育与社会经济协调发展的方针。1966年在阿根廷布宜诺斯艾利斯会议上又重申了上述原则和目标,再次强调教育是经济发展中的一种投资形式。①

在发展经济观的促动下,拉美国家开展了大规模的教育改革运动,采取的重大措施主要是:(1)教育数量上的极大发展。据联合国教科文组织的统计,1960年至1975年拉美初等教育注册人数从2760万增加到5720万,中等教育注册人数从320万增加到1220万,大学注册人数从60万增加到350万。(2)提高教育经费占GDP的比重。拉美国家教育经费占GDP比重从1960年的2.8%增加到1976年的3.4%,1979年增加到4%以上。(3)加大对高等教育的投入,优先发展高等教育。(4)进行学制改革,延长义务教育年限。巴西延长至8年,阿根廷延长至10年,秘鲁延长至11年。(5)大力发展职业技术教育,实施普通教育与职业教育相结合的办学策略,如巴西和阿根廷等国。(6)改革课程设置,使课程内容与经济发展相适应。(7)发展成人教育和非正规教育。(8)实施分权式的教育管理体制。②

与此同时,具有拉美特色的"依附理论"在教育中也有所反映。拉美在历史上长期遭受殖民统治,在思想、政治、经济、文化方面早期受欧洲国家的影响,后来又受到美国的影响,使得拉美国家长期以来具有一种依附于其他国家的特性。拉美的教育也是依附结构中的一部分。总的来说,这种依附性在拉美教育发展中具有一定的影响并形成一种惯性,给拉美教育发展带来了一系列的问题。③

二、基于社会平等观的教育发展模式

虽然拉美的历史上常常出现独裁统治或军人专制,但是拉美国家渴望自由、争取民主平等的信念是十分强烈的,尤其是20世纪80年代以来,这种信念在拉美教育发

---

① 黄志成. 拉丁美洲国家教育发展的若干特点——历届拉美国家教育部长会议分析[J]. 外国教育资料,1994(4).
② 黄志成. 发展中国家教育改革与发展的四大模式[J]. 全球教育展望,2002(8).
③ F. H. Cardoso and E. Faletto. Dependency and Development in Latin America, Berkeley and Los Angeles: University of California Press, 1979, p.89.

展中有着极其明显的体现。

20世纪六七十年代，虽然拉美国家基于发展经济观的教育发展模式对教育发展起到了巨大的作用，但是不可否认，这一模式只强调教育对经济发展的作用，而忽视了教育对社会其他方面的功能。使本来的社会不平等进一步加大，从而也影响到教育，扩大了教育的不平等，集中表现为各地区和各级教育的投资不均、教育差别巨大、教育效益下降、文盲绝对数上升，中小学留级辍学率居高不下，从而产生了教育危机。20世纪80年代以来，面对教育困境，拉美国家重新调整了教育发展的思路，开始制定新的教育改革和发展策略，并逐渐形成了一种以强调社会平等、大众参与为目标的教育发展模式。

这种基于社会平等观的教育发展模式认为，在当今社会发展中，尤其是作为发展中国家的拉美，存在的一个很大问题就是社会中的不平等现象很严重。这种社会的不平等的后果之一就是产生了教育上的不平等，例如在受教育权利、机会、条件、过程、结果等方面存在许多不平等的现象。基于社会平等观的教育发展模式主张，教育是社会中的一个重要的组成部分，通过教育可以达到社会发展的若干目标，如果教育发展忽视了社会发展目标，那么教育发展就会偏离方向，也会使教育不平等状况更加严重。

为此，拉美许多国家在20世纪八九十年代教育发展过程中以注重教育平等为指导，采取了以下一些措施。

第一，用法律手段来确保教育的公共性、平等性和福利性。拉美许多国家的法律规定教育是人人都享有的权利，国家实施免费义务教育。墨西哥规定公立教育免费，并对边远山区的学校实施完全的福利性教育。巴西规定联邦每年不少于18%的税收及州和市不少于25%的税收要用于教育的维护和发展。[1]

第二，重新确定教育的优先发展战略。拉美国家以前的发展战略重点放在发展中高等教育上，使本来就困难重重的普及义务教育任务雪上加霜，从而进一步加深了教育不平等。从20世纪80年代起，墨西哥、巴西、智利等国在国家教育发展规划中均将发展基础教育列为优先发展项目，并具体落实到各地方政府。[2]

---

[1] Mario Contreras. La Educación en el Brazil, Ediciones el Caballito, Consejo Nacional de Fomento Educative, Secretaría de Educación Pública, México, 1985.

[2] Federative Republic of Brazil, Ministry of Education and Sports, The Development of Education, National Report 1990 - 1992, 43th Session of the International Conference on Education, Geneva, September 1992.

第三,通过教育来树立社会平等公正的价值观。为了实现社会平等和公正,拉美国家注重通过教育途径来实施。例如智利、墨西哥在 20 世纪 90 年代的面向现代化的教育改革,就十分注重在新教育模式中强调民主和平等意识的教育。①

三、基于国际思潮的教育发展模式

由联合国教科文组织等国际组织倡导的教育思想,在拉美教育发展过程中发挥了巨大的作用,也逐渐形成了一种以追随国际思潮来进行教育改革与发展的模式。在近几十年来的教育改革与发展中,拉美国家积极响应国际组织倡导的先进教育思想,努力实施在国际公约中做出的承诺,促进了各自国家的教育发展。

国际思潮对拉美教育发展的影响主要表现在 20 世纪 60 年代提出的终身教育、20 世纪 90 年代提出的全民教育、21 世纪初发展起来的全纳教育以及国际理解教育和跨文化教育。

第一,终身教育与拉美教育发展。终身教育倡导人的教育应该是从出生到死亡这一生的过程中都要进行的教育。人的一生就是学习的一生。社会应当在每个人需要的时候以最好的方式来提供这种教育,以满足人们的发展需求。拉美国家在 20 世纪 80 年代基本上接受了终身教育的思想,并将终身教育的思想写入国家法律之中作为国家教育制度发展的一种重要的指导思想,同时也建立了正规教育和非正规教育相联系、学校教育和社会教育相结合的,包括了从幼儿教育到高等教育的一种终身教育体系。②

第二,全民教育与拉美教育发展。全民教育是联合国教科文组织等国际组织在 20 世纪 90 年代初提出的。全民教育提出教育是为所有人的教育,要满足所有人的基本学习需求,并提出要在 20 世纪末普及义务教育。但是,到了 20 世纪末这一目标并没有达到,世界上还有 7 700 万适龄儿童失学和 7.7 亿成人文盲。③ 后又提出要在

---

① Carmen Cervera etc. Trayectoría y Prospectiva de la Modernización Educativa, IIDEAC, México, 1996, p.62.
② 黄志成.西方教育思想发展轨迹——国际教育思潮纵览[M].上海:华东师范大学出版社,2008 年,第 513 页.
③ UNESCO. The Open File on Inclusive Education, UNESCO, Paris, 2001.

2015年实现这一目标。拉美有两个人口大国以及许多贫穷落后的国家，普及义务教育任务还很重。从拉美和加勒比地区整体来看，小学五年级的续读率也仅达到83%。① 但是，拉美国家还在为实现全民教育的目标进行不懈的努力，几乎所有拉美国家都对实现此目标作出了承诺，巴西和墨西哥也出席了"九个人口大国全民教育首脑会议"，巴西制定了"全民教育10年规划"。总之，全民教育思想已成为拉美各国教育发展过程中的重要指导思想。

第三，全纳教育与拉美教育发展。全纳教育是联合国教科文组织在20世纪90年代中期提出并在21世纪大力推广的一种国际教育理念。全纳教育打破了传统的特殊学校与普通学校相隔离的状况，提出教育即人权，反对歧视和排斥，普通学校不但要接纳所有儿童（包括残疾儿童），而且要提供高质量的教育以满足他们的不同需求。为此，联合国教科文组织2007年9月在阿根廷布宜诺斯艾利斯召开了拉美地区全纳教育研讨会，拉美11个国家的教育部官员、教育专家出席了会议，研讨全纳教育的发展问题。在2008年11月联合国教科文组织召开的以"全纳教育：未来之路"为主题的第四十八届国际教育大会上，拉美国家的教育部长纷纷作出了大力推行全纳教育的承诺。②

四、拉美教育发展模式的若干启示

一是基于发展经济观和基于社会平等观的教育发展模式的博弈。

拉美基于发展经济观的教育发展模式以注重教育的经济性一面，强调大力发展高等教育和职业技术教育来满足经济发展的需要。从国家整体发展来看，教育发展要关注并服务经济发展，经济发展了，教育才会得到更多的资金来发展教育。教育发展了，为社会培养了大批人才，从而也促进了经济的发展。人力资本论更是主张对人力资本的投资，认为教育的发展能够成为导致经济发展的力量。但是，教育与经济的关系并非那么简单。仅仅关注教育的经济性肯定会失之偏颇。例如，这种模式重视教育的短期直接的经济效益，忽视了教育的长期间接的经济和社会效益；教育投资不均衡，偏重

---

① 黄志成. 国际教育新思想新理念[M]. 上海：上海教育出版社，2009年，第72页。
② UNESCO. Documentation on 48th International Conference of Education, UNESCO, Paris, 2009.

高等教育而以损害初等教育为代价,以致影响到以后的教育发展;公共教育资金更多的是使用于中上层已经受惠的利益集团,而贫穷阶层并没有在这种发展中受益;教育发展并没有与经济发展需求相适应,大学毕业生找工作难,人才外流严重;数量上的发展并没有带来质量上的提高;等等。

教育除了具有经济性的一面还有其他的社会功能。拉美基于社会平等观的教育发展模式注重教育的民主平等性,关注社会弱势群体的教育,坚持教育的运作机制是机会平等,原则是人道福利,保障国家教育的公共性和福利性。作为公共事业的教育,应该倡导社会平等和教育平等,逐渐消解文化资本现象(即社会中上层从教育中受益更多),促进社会平等的达成,使教育作为一项公共福利事业以调整国民收入再分配以及作为一种途径来解决社会问题,从而建立稳定的社会环境。拉美历史上出现过多次的社会动荡、混乱,如果教育公平问题处理得好些,就可以缓和社会矛盾,成为国家稳定发展的一个重要因素。因此,在教育发展过程中必须实施教育平等的原则。

拉美基于发展经济观的教育发展模式和基于社会平等观的教育发展模式,实际上是两种模式之间的博弈。问题是我们在思考教育发展的过程中,应该考虑到教育的多种功能,在教育的效益和教育的平等这两个维度上寻找到一种动态的平衡。

二是基于国际思潮和基于本土化的教育发展模式的博弈。

拉美基于国际思潮的教育发展模式以注重追随全球化的教育思潮来促进本国的教育发展,强调教育的国际合作与共同行动。当然,在全球化的过程中,适应国际教育思潮的发展,改革本国教育发展的实践,无疑是十分重要的。但是,拉美国家具有其不同的特点,必须在教育发展过程中加以认真考虑。

在拉美教育发展的历史上,出现过多次模仿和移植外来模式不适应拉美教育发展的事例,因为参考模仿和简单移植生长在别国文化基础上制定的教育制度、教育原则和教育内容,往往会磨灭本民族的创造性,使具有本土化的特色逐渐消失。

拉美的民众主义教育思想颇具拉美特色。早在1856年阿根廷就实施过民众教育制度。在20世纪二三十年代,秘鲁、巴西、墨西哥和玻利维亚等国也开展过民众教育。在20世纪六七十年代,拉美民众教育最具代表性的是巴西教育家保罗·弗莱雷,他主张真正的民众教育是以解放为目的的教育,只有让民众知道通过教育来获得解放从而改变社会,因此教育是一种觉悟和解放的过程。弗莱雷的教育思想不仅成为拉美的旗帜,也影响到世界其他国家的教育发展。①

然而,在近期拉美教育发展过程中很少出现具有拉美特色的教育思想。面对追随国际思潮来发展教育的模式,拉美各国也在寻求如何建立具有本土化的教育发展模式,使教育发展更具各国的特点。

三是寻求一种科学、平衡、可持续的发展是各国教育发展应注重考虑的。

拉美教育发展模式也许还有其他几种类型(基于政治的、基于文化的等),还有待进一步研究。

---

① 黄志成. 被压迫者的教育学——保罗·弗莱雷的解放教育理论与实践[M]. 北京:人民教育出版社,2003年,第20页。

8

拉丁美洲国家教育发展新走向
——大力发展科技教育

拉丁美洲国家在各自的发展过程中已深刻认识到科学技术是社会经济发展的巨大动力。如何提高全民的科技水平以满足发展的需求以及克服长期以来拉丁美洲具有的知识生产依附的特性,这是拉丁美洲国家面临的一个重大问题。

20世纪80年代初,拉丁美洲各国已开始注意到这一问题,并一致认为应从教育领域着手来解决这一问题。在1979年召开的第五届拉丁美洲国家教育部长会议上,与会代表在审查80年代拉丁美洲教育政策优先发展的领域时,着重强调要提高各种形式、各种程度的科学技术的水平。会议认为,拉丁美洲地区的自主发展主要取决于人们对科学技术的训练程度,必须通过教育来开展这种训练。会议指出,大力开展科技教育,应成为拉丁美洲地区教育政策和教育改革的基本方面之一。各国应努力确保课程内容现代化,自然科学的教学应与社会科学的教学相联系并加强各学科之间的协调,理论知识应更有效地与应用技术相联系,教育应倾向于了解和解决拉丁美洲国家面临的经济和社会问题。会议强调,要达到这些目标,应加强对教师的在职教育与培训;引进激励机制来保留教育体系中受过训练的教师;编制实用的教科书和使用恰当的方法,在教科书的使用方面,拉丁美洲各国可以相互合作以减少费用。

这次会议后,从20世纪80年代初到80年代中期,拉丁美洲许多国家以不同的方式投入了大量人力物力来加强小学、中学、大学各级教育中的科技教育,同时还采取了一系列措施来改进教学方法、加强教师培训和解决设备和教材的短缺问题，努力使科技教育更紧密地联系拉丁美洲的实际情况并满足拉丁美洲社会经济发展的需求。

如果说第五届拉丁美洲国家教育部长会议已注意到科技教育的重要性，在各级教育中促进了科技教育的开展，那么第六届拉丁美洲国家教育部长会议则总结了几年来的实践经验，进一步从理论高度探讨教育与科技发展以及社会经济发展之间的关系。

在1987年召开的第六届拉丁美洲国家教育部长会议上，"教育与社会经济发展尤其是科技发展需求的关系"成为此次大会的中心议题。大会首先呼吁拉丁美洲各国要更进一步系统地努力加强和更新科技教育，并提出新的建议，继续鼓励和指导开展科技教育。大会着重探讨了拉丁美洲未来科技发展中教育所起的作用，与会代表一致认为，科技教育应贯穿于整个教育过程以及各国社会文化和社会经济的发展之中。这一思想与拉丁美洲各国对科技教育的新观点有很大联系：

1. 科技教育作为儿童、青年和成人的整个普通教育中的一部分；
2. 科技教育作为职业教育的基础与一个组成部分；
3. 科技教育作为发现、指导和培养科研、技术吸收、改革所需人才的一种途径。

以前，拉丁美洲国家许多人将大力开展科技教育片面理解为仅仅是为了培养大量的科技人员和高级专家以满足科技发展的需求。现在，拉丁美洲各国对科技教育的新认识，使人们进一步明确了培养科技人才与促进各级各类教育中的科技教育是同步和一致的。全体人民必须要接受基础的科技教育，正规与非正规教育制度承担了重大责任。因而，教育制度在科技发展中的作用及其功能，在各国的发展政策中可以更明确地加以确定。

第六届拉丁美洲国家教育部长会议提出了一些新的思想和建议，确立了科技教育应作为各级各类教育的基础部分以及作为个人的全部教育和工作准备的基本组成部分。这次会议不仅总结了以前开展的科技教育状况，还为未来的科技教育指明了方向。这次会议后，拉丁美洲各国继续实施通过中小学、大学以及校外教育来加强对青少年和成人的科技教育；努力使科技教育的内容和成果与拉丁美洲国家社会经济发展的现实和需求紧密相连；彻底改进教学方法和加强教师培训；切实解决由于缺乏教学与实验设备而产生的问题。

当然，拉丁美洲各国在开展科技教育的过程中，既取得了较大成果，也遇到了不少问题，各级教育进行的科技教育也各有差异，因而分别论述之，更有助于把握拉丁美洲国家开展科技教育的总貌。

一、初等教育中的科技教育

将科学的观点传授给早期儿童并向他们介绍科学方法,这是拉丁美洲国家初等教育和基础教育现代化以及教育政策改革的主要需求之一。尽管在将科学知识引进初等教育方面还存在一些争议,但至少在以下几个方面意见是一致的:

1. 基础的科学教育是当今公民文化中的重要成分,是实现社会参与的关键因素。
2. 科学教育可以促进智力发展,加强基本思维过程和提高解决问题的能力。
3. 向早期儿童介绍科学,有助于他们以后科技能力的发展。

拉丁美洲国家虽然对科技教育在初等教育阶段的重要性有较一致的看法,然而实际上,拉丁美洲初等教育仍存在着较大的问题。

首先,是学校与学校之间的差异问题。拉丁美洲国家普遍存在的一种状况,即各学校的环境与教学质量差异很大。城市的学校,其教学条件比农村学校优越得多。在市中心读书的、家境较好的学生(父母受过较高教育并拥有较好的经济基础)比在农村和城市中较差地区的学校读书的学生,无论是在科学学科方面的学习,还是在其他学科方面的学习上,成绩都会更好些。更何况,许多农村小学中辍学现象非常严重,许多学生在小学四年级前就离开了学校。这些学生连义务教育规定的年限、基本的读写算能力的要求也没有达到,更谈不上对他们进行基本的科学知识教育了。

其次,是学校教学质量问题。在许多学校中,教科学的教师水平和教学质量仍有待提高。与教其他学科的教师相比,教科学的教师在其专业知识与教学法方面仍有差距。教科学的教师往往强调的是死记硬背,让学生记住教科书上的内容,这与科技教育旨在促进学生智力开发、培养智能的思想南辕北辙了。

针对这些情况,拉丁美洲各国也制定了培养教科学学科教师的政策和计划,并开设了教师在职培训的强化班;同时,也建立了能够指导教师的督导小组,为教师提供辅导材料和演示新的教学方法,使教师牢记科技教学的主要作用,尤其是在小学,正应当发展某些能力和科学方法所需的思维活动方式,例如:观察、分类、比较、测量、交流、提问和验证假设等。

此外,拉丁美洲各国也较注重教学方法与教学内容紧密结合,加强教材中地方色彩的成分,使自然的和人为的环境构成最好的、最真的实验室来指导儿童如何生活在此环境中。因而,学校必须接纳社区,儿童应离开教室去接触周围的环境,可以通过被称为"共同课程"的活动来进行。

当然,即使有了受过较好训练的教师,但缺乏设备、工具、教材也会阻碍科技教育的开展。拉丁美洲各国除了增加投入资金增添所需设备外,还进行了许多制作教学工具的试验,尤其是教科学和实验所用的材料。许多学校因地制宜,不使用高级、昂贵的教学工具和材料,而是利用地方或本国可用的原材料,甚至有的利用一些废料来进行制作。

二、中等教育中的科技教育

在近几十年里,拉丁美洲各国的中等教育有了相当大的发展。中等教育已不再只限于少数人,而是向所有人开放了。然而,许多研究表明,这个量上的扩展并没有伴随着应有的质上的变化,传统教学模式仍在中等教育中占据优势。

在委内瑞拉召开的第四届拉丁美洲国家教育部长会议上提出了与1971年相同的论点:拉丁美洲国家还没找到符合它们自己的状况和需求的完整的教育组织模式。这一客观而严厉的总评价,目前仍然适用,尤其是对中等教育来说。拉丁美洲的中等教育是借助其他国家和文化的各种成分组建起来的,其占优势的思潮强调传递社会遗产,而与工作和生产紧密相关的教学却被轻视了。拉丁美洲中等教育的这种基本特征长期以来一直存在。

目前,拉丁美洲中等教育的主要问题在于教育政策和行动方案的制定极其困难。这主要是因为中等教育已向全部学生开放,放弃了其传统的功能,即传授普通文化、为大学输送人才、授予某些工作等级较高的职位所需的资格等。而现在,中等教育极少提供代表现代文化的普通教育。在许多国家里,中学毕业生仍需要接受进一步的专门训练才能考入大学,而那些要谋求好职业的中学毕业生,则必须与没有找到专业对口工作的大学毕业生竞争或与已有工作经验的人(尽管他们受的教育不多)竞争。对中等教育的这一状况,学生、家长、雇主、教师以及负责总的教育发展的人员都纷纷表示不满。

当然,为了改进中等教育结构和内容并使之现代化,拉丁美洲各国也作了很大的努力。进行结构方面的改革,如建立短期课程计划(多米尼加和厄瓜多尔);在农村地区进行基础的中等教育(圭亚那和危地马拉);建立新的中等技术基础教育(尼加拉瓜和加勒比的一些国家);进行中等程度的农业强化学习(伯利兹和牙买加)。进行内容和形式方面的改革,如实施更新过的现代课程计划(阿根廷、哥伦比亚、委内瑞拉、巴拿马等国家)。专业教师训练计划也在一些国家开展(如古巴、特立尼达和多巴哥)。在阿根廷还产生了新的评价方法,进入了入学制度的改革。将计算机引入中等教育已引起拉丁美洲各国的兴趣,许多国家已开设了计算机专业课程。然而,这些改革试验却很难在中学里全面推广,这是因为拉丁美洲各国的中等教育质量差距极大,公立中学中来自低收入家庭的学生所取得的成果远比来自高收入家庭的学生要差。

由于拉丁美洲各国的情况不同以及各国内部的不均衡,因而要制定出与发展相适应的中等教育结构仍十分困难。在发达国家,中学倾向尽可能推迟专业化,为所有的人提供较相似的课程是其基本点,因为普通教育对所有学生都是严格和有效实施的,这是教育发展不可分割的组成部分。这方面,在拉丁美洲国家却不一样,许多学生中等教育只上了一段时间,在普通知识还没有完全学完的阶段就中断了学习。因而,拉丁美洲各国在中等教育结构改革中需要寻求能适应不同情况的教学模式来加强内部结构的连接,使学生容易从一个阶段成功地过渡到另一个阶段。

此外,拉丁美洲各国为了使中等教育与受教育者的兴趣和需求以及与国家、社会的发展需求更紧密相适应,开始注重以下几个方面:

1. 加强公民教育。这是一种积极的、渐进的、强化民主价值的教育,包括培养公民意识和妇女参与社会生活。

2. 加强经济知识的学习。这已不再成为经济专业的专利,经济已成为普通和职业教育的一个重要部分,不管学生今后选择什么专业。

3. 加强学习解决问题的能力。学习处理问题所需的知识和能力,如怎样认知和预防吸毒、营养不良、女孩怀孕、艾滋病等这些社会问题,这些问题或多或少已开始影响到拉丁美洲国家的青少年。

4. 加强对拉丁美洲的了解。加强对拉丁美洲现状和问题的了解以及对拉美历史、文化的评价,目的是要促进拉丁美洲一体化和拉丁美洲各国之间以及国际间的理解、合作与和平。

在拉丁美洲国家中等教育改革与发展的这种状况下,大力发展科技教育同样也遇到许多困难。拉丁美洲国家中学进行的科技教育,其教学基本上仍然是抽象的、不系统的,在理论与应用上缺乏联系,过分依赖死记硬背,不利用科学活动的特殊方法。设计的课程包括了不同学科各专业的观念和论题,而教师没有能力使教学的有关部分相联系。就课程和教学大纲提出的要求掌握的知识,教师常常使用讲授的方法,进行粗浅的分析,这是因为缺少时间和适当的教学材料来给学生做实验或通过解决问题法来学习。因而,在教学大纲中增加科技教育的时间,只是表面上的改进。即使在具有合适的教师和完备的设备的学校里,学生也很难适应整个课程。

因此,拉丁美洲许多国家的教育机构要求对以往的课程结构、一般方法和内容以及学校组织的形式进行检查,并提出课程的开设首先应能使学生了解科技知识的基本结构、原则、主要概念以及科学知识在生产、卫生、营养、环境改善等方面的技术应用。

拉丁美洲国家对教学组织和教学方法也进行了许多改革,如取消半日制教学,实行全日制教学;建立相关学科联合的教学小组,为职能性组织提供机会;使用小组指导制;鼓励青少年参加社区的社会工作;等等。大多数国家允许教师使用不同的方法进行教学,鼓励教师开展试验。几年来,这些试验也取得了预期的结果。

中学科技教育师资力量方面也存在很多问题。中学教师通常缺乏足够的专业培训和教学技能。在很多情况下,学生学习有问题或失败,大部分是由于教师教学技能太差。一些国家尽了很大努力来应对这种情况,但问题远未解决。目前,教科学的教师素养参差不齐,有的是科学人员、工程师利用业余时间兼课,有的是只受过普通教育的教师和管理人员,有的甚至是直接从中学毕业的学生。专业教师缺乏的问题在大城市里也很明显,在中小城市就更严重了。科学教学质量要在全国范围内得到提高任务艰巨。

教科学的教师没有受到最起码的系统训练,尤其是教学法方面的训练,从表面上来看,拉丁美洲国家缺少合格教师,但实际上,教师工资待遇差、社会地位低导致了最优秀的教师离开了教师岗位,甚至移民到更发达的国家。这种状况在各学科中都会发生,但在科学学科上更为突出。

中学的科学教学质量同样也受到了实验室设备匮乏的影响。尽管许多国家在这方面已作出很大努力,但仍然不能满足需求。

三、高等教育中的科技教育

拉丁美洲国家的高等教育在20世纪70年代中期发展迅速,在1970至1975年间,平均每年增加40万学生。在这个时期之后,学生增长数下降了,平均每年增长25万人。

拉丁美洲高等教育发展有几个方面较为突出:

一是私立高等教育机构发挥的作用越来越大。虽然各国在私立高教机构注册的学生人数不尽相同,但有些国家在私立大学注册的学生人数已占高校总注册人数的60%。

二是女大学生的人数增长迅速。女大学生的人数占总学生人数的比例在1970年为35%,到1984年已达45%。

三是学生所选的专业发生了很大变化。学习技术与工程专业的学生人数占较高的比例;以前医学专业吸引大量的学生,现在有所下降了;社会科学(包括法律)吸引了最大比例的学生。

四是拉丁美洲高等研究机构差别很大。在拉丁美洲高等教育机构中,一方面存在一批具有很高标准、享有盛誉的名牌大学,学费昂贵;另一方面也存在一大批收费低廉的专业学校,这些学校在基础设施、人员、设备和组织方面,很难保证符合教育要达到的标准。

在拉丁美洲大多数国家,高等教育还没形成真正能提供多样化的、与社会经济和科技发展相适应的一种体系。拉丁美洲的高等教育也在各个领域进行了改革,如课程、管理结构、新的职责与任务等。这些改革主要集中在以下这几个方面:

1. 开设更加灵活、具有大量可选择的选修课程;引进短期课程和能取得中等资格的课程;制定课程的专业目标、评价方式;引进一些新的课程以有助于跨学科的学习。

2. 改革以前讲授式的教学方式和系统训练教师的方法;大力发展远距离高等教育体系以弥补传统教育的不足。

3. 加强教育与研究、教育与劳动力市场的联系。

4. 采用更适合的组织模式,如增加学系的多样性、建立研究所、开设学位课程的预备课程等。

5. 重新制定学校发展计划、教育和教学计划。

由于拉丁美洲历来具有的大学自治的传统，在高等教育制定政策和计划中遇到了许多困难。然而，许多研究人员认为，在不损害大学自治的情况下，可以对各大学的重点进行区分，并建立一种机制来有效确保其专业人才培养计划和科技研究朝着同一目标发展。也就是说，在高等教育机构之间以及高等教育机构与负责制定教育、工业、农业和其他部门的整体和局部计划部门之间，肯定存在一种最基本的协商一致的行动。

1985年在巴西召开的拉丁美洲国家科技发展负责人会议，讨论了高等教育对科技政策的作用问题。会议认为，高等教育对科技发展的作用巨大。会议提出科研人员应参与科技发展计划的制定，评价科技研究的效益和效率，促进科技信息的传播和科技普及，并呼吁拉丁美洲各国要加强地区间科技合作和各大学间的交流与合作。

拉丁美洲各国高等教育机构在开展科技教育的过程也碰到了许多问题，主要有以下几个方面：

1. 怎样能够保证在注重科技研究的大学气氛中既开展严格的科学教育，同时也促进高等教育的民主化进程？在拉丁美洲国家，上大学的机会问题一直是受到激烈争论的一个论题。由于教育机构的容纳量和工作机会等问题，大学生人数急剧增长也受到人们的批评。现在，拉丁美洲国家高等教育入学率呈下降趋势或者说保持稳定的增长率，除了资金、设施这些外部因素外，最主要的内部因素是中上阶层的子女基本上都有机会能够入学。因此，拉丁美洲高等教育中的任何重大发展，要么伴随着社会向上流动的过程，要么伴随着有效地向新的社会团体开放的过程。

在教育质量方面，各学校之间的差别也很大，教育质量总的来说在逐渐下降。因而，许多研究人员认为，应建立一系列持久性的质量评价机构，以最低质量标准来处理各校之间的差别，并且也应有一系列措施支持各个学校使大多数学生能够获得奖学金、提供住宿和通常的基本服务。

此外，拉丁美洲一些国家也另辟渠道，重视开展远距离高等教育，如委内瑞拉、哥斯达黎加、墨西哥、哥伦比亚等国已进行了试验。远距离教育的主要优点是可以对那些历来被排除在大学之外的人提供同样类型的教育；其局限性表现在如没有伴随适当的指导及教师的直接面授，退学率也是相当高的。

2. 由于高等教育发展迅速，培养的专业人员的数量也有大量增加，这一情况与萧条的劳动力市场，尤其是在拉丁美洲国家受到经济危机影响的情况下，怎样才能建立起适当的平衡？在拉丁美洲，大学毕业生使用不足的倾向正在扩展，有可能导致通常的高等教育文凭的"贬值"，尤其是那些不是最高层次的学校颁发的文凭。拉丁美洲大学毕业生就业不足也与社会发展模式有关。许多研究人员指出，拉丁美洲国家需要制定使教育能适应就业的计划，这种计划在质与量方面都有区别。从量的角度看，不适当的就业机会问题不应算在教育制度的账上，出路在于改革发展的方式和促进较均匀的收入分配及提高内部的技术改造。从质的角度看，应密切注意生产需求与培养活动的联系。教育与生产的联系，现已很少被看作是教育与就业的关系（如人力资本理论的观点），而更多地被看作是教育与劳动力的关系（属于教育与社会间较广泛的思想观点）。这一强调点的转变，在教育政策中有所体现，尤其是教育系统在制定职业教育所需的知识和经验方面。

3. 在学校逐渐走向私立化以及公司与商业的影响正在对知识的发展不断发挥其作用的时候，怎样向各科技领域的未来的专业人员提供社会道德教育？在拉丁美洲，高等教育机构在培养科技人员和其他专业人员的过程中，还没有充分注意到人道主义、伦理和社会影响等方面。科技知识是需要的，但对社会发展来说，还不能成为专业人员作出全面贡献的充要条件。总之，在进行科技教育时，仍需要社会和道德价值来指导知识的获取与应用。

■ 参考资料

[1] "Informe Final", Sexta Conferencia Regional de Ministros de Educacion y de Ministros Encargados de la Planificacion Economica de los Estados Miembros de America Latina y el Caribe, Bogota, 1987.

[2] Education and the Demands of Socio-Economic Development, Particularly Scientific and Technological Development, in the Context of the Current Economic Situation of the Region, UNESCO, Paris, 1987.

[3] "El Proyecto Principal de Educacion en America Latinay el Caribe: Avances, Obstaculos y Prioridades de Accion para el Futuro", Tercera Reunion del Comite Regional Intergubernamental del Proyecto Principal en la Esfera de la Educacion en America Latinay el Caribe, Guatemala, 1989.

［4］ "Major Project in the Field of Education in Latin America and the Caribbean, Progress, Limitations, Obstacles and Challenges", a Fourth Session of the Intergovernmental Regional Committee for the Major Project in the Field of Education in Latin America and the Caribbean, Quito, 1991.

系列二

拉丁美洲教育思想与理论

9

拉丁美洲国家的教育思潮与"依附论"

一、拉丁美洲国家的教育思潮与教育发展

"二战"后,拉丁美洲国家教育事业的发展主要受到"人权教育运动"和"经济学派"这两种思潮的影响。

"人权教育运动"这种思潮可以追溯到欧洲文艺复兴时期的人文主义教育思想和18世纪欧美资产阶级革命的思想。

"人权教育运动"认为,人的权利是人的本性固有的,绝对优越于其他所有的创造物,如国家。国家的存在是为了人的全面发展而提供必要条件。可教育性是人类精神方面的一种本质,这种本质可以发挥人在智力、感觉、意志和行为等方面的潜力。同时,这种本质可以充分发展个性,使个人能与其生存的社会相一致,从而达到个人的完善。因此,人具有天生的受教育的权利,不能被剥夺。

"人权教育运动"还认为,知识是力量的象征,教育是改善生活条件与社会地位的途径。他们主张,通过普及教育,改善教育设施,扩大受教育的机会来加速和巩固社会民主化的进程,使穷人有机会增加收入,改善生活条件,改变社会地位,从而达到缩小贫富差别,实现社会平等的目的。

在这种思潮的影响下,拉丁美洲各国首先将优先发展的项目放在加强初等教育、延长义务教育年限等方面,力图达到普及初等教育,改变过去把学校视为"培养少数人

才"的传统观念。

虽然大多数拉丁美洲国家在独立后不久就实施了免费的义务教育,试图普及初等教育,然而直到20世纪60年代,拉丁美洲国家的教育仍相当落后,出现了入学率低、辍学率高、文盲多、升入中学和大学人数少的状况。1960年,墨西哥、秘鲁的初等教育的学生入学率不到60%;巴西、哥伦比亚、玻利维亚不到50%;危地马拉、海地甚至还不到35%;墨西哥、秘鲁、巴西的文盲率达35%至40%;玻利维亚、危地马拉达60%;海地达85%。拉丁美洲国家的中学入学率也普遍都在50%以下,大学入学率普遍在10%以下。

从20世纪50年代末起,拉丁美洲国家加强了对初等教育的认识,认为普及初等教育是教育走向民主化的基础,是体现教育机会均等的一个方面,也是发展中等教育和高等教育的关键,关系到整个民族的文化素质。为了加强初等教育发展,拉丁美洲国家通过召开拉丁美洲地区的教育会议,共同探讨和解决初等教育的问题。

1956年,由联合国教科文组织在秘鲁利马组织召开了首届拉丁美洲教育会议。该会议主要议题是如何加强初等教育的发展。会议提出了以下五项基本目标:

1. 制定教育的系统规划;
2. 加强初等教育的扩展;
3. 检查初等教育的教学计划和大纲,使学生享有教育机会均等的权利;
4. 通过不断进修,改进教师培训制度;
5. 为各国培养教育方面的专家。

1962年在智利圣地亚哥召开的第二届拉丁美洲教育会议中确定的发展目标,同样包括要优先发展初等教育,改善学校保健卫生和营养条件,提供充足的教科书和教学参考材料,争取在1970年基本普及初等教育。

1971年的委内瑞拉会议和1979年的墨西哥会议,都强调了教育的民主化问题,主张通过免费教育、延长义务教育年限和提高教育质量等手段,达到教育机会均等。

20世纪60年代以来,拉丁美洲各国先后制定了新的教育法,并且普遍地进行了教育改革。教育改革的重要内容之一是改革学制。有些国家提前了入学年龄,如萨尔瓦多将初等学校入学年龄由7岁提前到6岁;阿根廷将6岁提前到5岁。有的国家延长了义务教育的年限,如智利和巴西将小学6年的义务教育延长至8年。

学制改革扩大了义务教育的范围,为更多的学龄儿童提供了就学机会,加速普及了初等教育。在以后的二十年里，拉丁美洲的初等教育覆盖面迅速扩大，初等教育学生入学率大为提高。1960年，在拉丁美洲24个国家中，小学生入学率在70%以上的国家只有8个，50%以下的有9个。到1980年，入学率在70%以上的国家达19个，其中阿根廷、智利和古巴达100%，而50%以下的只有1个。

拉丁美洲教育事业的发展也受到"经济学派"的影响。"经济学派"源于拉丁美洲的"发展主义思潮"。主要研究教育与社会发展的关系，强调教育在社会经济变革中的重大作用，提出开发人力资源与整个社会经济发展协调一致、教育发展与经济发展计划并行不悖的主张。该主张适应了拉丁美洲国家经济发展的需要，受到拉丁美洲国家政府计划部门的支持，并且争取到了国际合作，在拉丁美洲各国教育改革中发挥了重要作用。

1962年，在智利圣地亚哥举行了拉丁美洲教育与社会经济发展计划会议。会议确定了执行教育与社会经济计划同步增长、教育与社会经济协调发展的方针；强调教育应作为国家一体化发展计划的一个重要组成部分予以重视。会议还确定了拉丁美洲国家教育发展的原则与目标，制定了拉丁美洲教育发展十年规划，规定教育经费应在国民生产总值中所占的比例，以及要求学校培养人才计划与国家对人力资源的需求相适应。

在"经济学派"这一思潮的影响下，拉丁美洲各国对教育的价值与功能有了新的认识和评价。因此，在20世纪70年代，拉丁美洲国家在教育发展过程中，十分重视职业技术教育，既要满足人们学习的需求，又要满足社会经济变革的需求。

二、拉丁美洲国家在教育上的"依附论"与教育上的问题

拉丁美洲国家具有许多共同的特点：长期遭受殖民统治，具有深厚的宗教传统，在思想、政治、经济、文化、教育等方面早期受欧洲国家的影响极大，现在主要受美国的影响。由于这些特点，拉丁美洲国家具有一种依附于外国的特性。因此，在讨论拉丁美洲国家经济、文化、教育方面的问题时，常常出现诸如"文化统治""新殖民主义"和"依附经济"等词汇。

拉丁美洲国家在教育上的"依附论"是拉丁美洲国家文化、经济方面的依附特性在教育中的一种反映。早期的殖民统治和天主教传统势力给拉丁美洲的教育带来了一

种特殊模式：轻视广大人民群众的教育，初等教育设施严重缺乏；学校保持英才教育的传统，重人文科学；教育长期受宗教的管制，直到19世纪中后期受到欧洲特别是法国的影响，才开始重视实证主义和百科全书派的观点，采纳国家中央集权管理体制等。

欧洲的思想反映在拉丁美洲社会经济的发展中，却与欧洲大相径庭。1930年前，拉丁美洲发展的特点是城市化，而非欧洲的工业化。第一次世界大战前，在拉丁美洲拥有资产阶级和有文化的中产阶级的城市发展很快，城市人口激增。城市化发展带来了城市人口增长，占到全国人口的三分之一。然而，城市的工业基础却十分薄弱。

拉丁美洲国家的农村地区仍停留在严厉而专制的社会政治经济的保守模式中，权力往往掌握在与政治人物有瓜葛的大庄园主手中。拉丁美洲许多国家从旧殖民地时期便形成的为宗主国服务的单一经济仍没有变化。20世纪30年代早期，拉丁美洲发生的工业化进程，一方面是中产阶级中的改革派与民族工业资产阶级对传统的统治势力的挑战，另一方面也是受国际工业秩序变化影响的结果。西欧国家，尤其是英国，对拉丁美洲经济的影响在第一次世界大战后受到严重削弱，使拉丁美洲一些国家获得了对自己经济的部分控制。然而，这种发展又受到不断增长的美国势力的遏制，美国以西半球的保护者的姿态，对拉丁美洲国家施以影响。第二次世界大战为拉丁美洲国家提供了短暂的机会来发展多样化的经济，以及从依附结构中得到短暂的喘息。然而，那时的拉丁美洲工业发展主要是满足国内需求，缺乏与外国的竞争。

尽管拉丁美洲国家较早地获得了国家独立，但拉丁美洲国家的传统以及在第二次世界大战前的经济发展，造成了拉丁美洲国家的这种社会经济和教育的现状，使拉丁美洲国家仍处于从属依附的地位。在政治上，外来政治势力结合本地政治势力，使拉丁美洲政治在历史上产生了特有的、普遍的专制、寡头和军事统治，常被外国势力利用。在经济上，拉丁美洲从属于世界经济秩序，按西方工业国家的要求发展。在文化上，大批欧洲移民来到拉丁美洲国家，对拉丁美洲的文化、习俗造成极大影响。在教育上，拉丁美洲许多国家的正规教育制度模仿欧洲教育体制，如英国的"公学"、法国的"国立中学"和德国的"完全中学"模式，培养了一大批受他们影响的拉丁美洲英才。因此，拉丁美洲国家在社会结构上的依附条件已经形成。这些条件已构成了拉丁美洲依附性的实质。

拉丁美洲国家的教育很明显是这种依附结构中的一部分。如果说教育上的依附有了变化的话，那只是依附的对象换了。第二次世界大战后，美国加强了对拉丁美洲国家的影响，尤其是经济、文化方面。之后，苏联的影响也逐渐在拉丁美洲国家扩展。可以说，这时期的拉丁美洲国家是在重新调整依附的对象，而不是消除依附的特性。

在第二次世界大战后的经济兴旺时期，拉丁美洲国家在经济政策上强调外资引进，国内资源市场向国外市场开放，增加农业的资本集中等。这种依附性的经济发展，使拉丁美洲国家本来已存在的城乡差别、贫富差别、经济分配差别以及享受权利方面的差别又扩大了。

在教育方面，美国对拉丁美洲国家的影响十分明显。美国实施的"联合发展"的计划，包括了大量的教育援助计划。此外，联合国也大量资助拉丁美洲国家的教育。这些援助计划，对拉丁美洲教育在数量上的扩展有明显影响，但并没有促动拉丁美洲国家正规教育制度上长期存在的结构不平衡。较典型的是在1950年至1960年间，取得很大成就的并不在扫盲和普及初等教育方面，而是中等教育发展了，并取得很大"成功"。实际上，这种发展只受益于一小部分的英才和中产阶级的子女，因为这些人已接受了初等教育。那些没有读完小学或无机会上学的人，实际上已被排除在受益范围之外。这样，主要由美国投资扩展的教育项目，也起到了扩大拉丁美洲国家中占优势的少数人与大部分人之间的差距的作用。结果，拉丁美洲国家依附结构内的经济与教育的发展造成了社会与教育方面的两极分化。

在对拉丁美洲国家的社会、经济和教育上依附性的研究中，依附论遭到了两种批评。一种是用经济—历史分析法进行批评。这种批评认为，拉丁美洲国家的自然资源被殖民主义和新殖民主义在外来统治和资本主义制度下进行了开发和利用。1960至1970年间向现代化发展的进程中，拉丁美洲国家产生了发展不平衡，使拉丁美洲的经济更牢固地内置于国际经济的秩序里，而拉丁美洲国家没有能力控制自己的经济。在这种发展过程中，拉丁美洲各国的地方权势获得了利益，而广大人民群众并没有得益。当时巴西的经济发展也许是这一发展过程中最典型的一例。这种情况表明，拉丁美洲国家的社会经济结构与发展过程中的依附性依然存在。

另一种批评认为，外来影响下的拉丁美洲教育发展，不适应拉丁美洲国家的实际情况。在拉丁美洲国家的环境中，这种教育发展并没有取得成功。这种发展是按照教育与经济关系的理论进行的，而拉丁美洲国家的经济在很大程度上包含着经济的依附成份。例如1960年的拉丁美洲发展联盟及其计划和许多教育援助计划都表现出受到外来的很大影响。对一大批青年接受外国教育、开发人力资源计划和大力发展中高等教育也持否定态度,认为是扩大了教育的不平等。

拉丁美洲国家的教育发展与发展过程中的这种依附性,仍是一个长期争论的问题。总的来说,拉丁美洲国家的教育发展仍保留着依附的影响和惯性作用,表现出许多与百年前相同的特征。这些特征有:

1. 大多数国家教育制度不完善,甚至包括初等教育。

2. 农村地区与市郊小学入学仍存在很大问题。

3. 由于不适当的课程内容和严格的升级考试,留级和辍学率很高。

4. 除了城市中层阶级居住地区外,公立中学设施不适当。

5. 在大多数国家,中高等教育仍不够重视技术教育。

6. 各级教育师资水平低,尤其在农村,许多教师没有资格证书。

7. 教育质量与社会等级相关极大,贫穷人民处于严重不利地位。这也间接与种族、民族相关,非欧洲血统的团体主要是印第安人和黑人享受不到教育机会均等的权利。

8. 正规教育与职业结构不相适应。

9. 除了有产和中产阶级外,妇女地位低下。

10. 在农村和妇女中,文盲率有所增长。

■ 参考资料

[1] Colin Brock and Hugh Lawlor. Education in Latin America, Croom Helm Ltd., London, 1985.

[2] Cowen R. and Mclean M. International Handbook of Education Systems (Volume III), John Wiley & Sons Ltd., Great Britain, 1984.

[3] Maria Victoria etc. El sistema Educacional Chileno, CPU, Santiago de Chile, 1986.

[4] 陈作彬、石瑞元等. 拉丁美洲国家的教育[M]. 北京:人民教育出版社,1985年.

10

拉丁美洲学者对"教育学"与"教育科学"的不同观点

在墨西哥作访问学者时,笔者走访了墨西哥的一些主要的教育研究机构,与墨西哥的许多教育学者进行了多次座谈。在交谈中,除了了解墨西哥的教育发展、改革与现状外,还发现墨西哥与中国一样,学者们对"教育学"和"教育科学"的看法也是不同的。由于访问的机构与人员较多,囿于篇幅,不能一一详列,现仅将他们的一些主要观点整理出来,以问答的形式辑录之,使国内同行能共享异域同行的不同观点。

问:在我们国家,对"教育学"和"教育科学"有着不同的看法,也存在许多争论,不知拉丁美洲国家是否存在同样的情况?

答:是的,拉丁美洲国家对此也有争论。教育学发展到20世纪60年代后,世界各国都对教育学的发展进行了新的探索。如法国现代著名教育家米阿拉雷特(Gastón Mialaret)出版了一些教育学的著作,论述了教育学的起源、教育学的建立以及实验教育学等,随后突然心血来潮地说,教育学已终结。从此以后,教育学即被称为"教育科学",并列举了众多理由。拉丁美洲国家的一些学者也认为教育学已发展到了教育科学。但对此观点,我不敢苟同。我认为,对"教育学"和"教育科学"的不同看法,主要产生于这样的一个基本问题,即对"教育学"一词的语源及其发展历史缺乏足够的重视和了解。

问：您对教育学有很深的研究，是否能从"教育学（Pedagogía）"一词的词源及历史来谈谈？

答：好的。在古希腊建立学校（这不是希腊人的发明，而是从美索不达米亚传过来的）后，出现了"pedagogo"这样的一种人物。在当时，"pedagogo"是主人家的侍者、家奴，其主要工作是领着主人的孩子去上学。通常是上正规教学的学校。随着时间的推移，后来"pedagogo"也承担了对孩子的公民教育和道德教育职责。此后，"pedagogo"这一词的使用不断增多，并按此含义被沿用下来，最后这一词义变成了"教育家"。从"pedagogo"这一词中又产生了代表这一行业的名词"pedagogía"。正如某人是铁匠（herrero），他从事的行业即为铁匠业（herrería）；某人是"pedagogo"，那他从事的就是"pedagogía"。因此，实际上"pedagogía"一词在古希腊已出现。我们在欧里庇得斯（E. Eurípides）的著作《俄瑞斯特斯》中、在柏拉图的著作《蒂迈欧》和《理想国》中都可以看到"pedagogía"这一词。此外，在希腊教会中也很早就使用了"pedagogía"一词。

在整个东希腊地区（称为"东罗马帝国"），"pedagogía"一词继续在使用，可以说在东希腊一直在使用该词。但是，"pedagogía"一词却没有融入西罗马的当地语言，这主要是由于语言学上拉丁语的许多方面（形式、结构等）不同于希腊语。在希腊，从德摩西尼时期就开始称学校为"paidagogeion"，这是因为原来学校里有一个前庭，送主人孩子上学的家奴就在前庭中等待孩子放学，这个前庭就叫"paidagogeion"也就是"pedagogo"呆的地方。后来"paidagogeion"这一词逐渐作为学校的同义词使用。在罗马，学校一词拉丁化为"paedagogium"，这是学校的单数，学校的复数即变为"paedagogia"，正如课程的单数为"curriculum"而课程的复数词尾也有变化一样，为"curricula"。然而，在罗马"paedagogia"一词仅是指学校，而不像在希腊该词的意思为"教育（educación）"。

问："教育学"这一词后来又发生什么变化？又是怎样进入欧洲当地语言的呢？

答：在欧洲当地语言中"pedagogía"一词的使用有两种情况：一是当人们研究古希腊、古罗马时，肯定有人探究主要的古典著作，而在柏拉图等人的著作中已出现

"pedagogía"一词,之后,该词就开始广泛地使用在当地语言中。二是拜占庭帝国的学者来到西欧后,也影响到该词的广泛使用。

这也面临另一个语言学上的大问题。当时"pedagogía"一词显然指的是教育,是与教育有关的学科。"Pedagogía"这一词就此进入西班牙语、葡萄牙语、意大利语、法语、德语和俄语,但是没有进入英语。查阅《不列颠百科全书》第一版时,可以看到"pedagogo"一词,但没有"pedagogía"一词。因此,在英语语言中,没有"pedagogía"一词,从而讲英语的人不会区分"作为现象的教育"和"作为学科的教育"之间的差别。因此,杜威只能用"教育科学"来区别作为现象的教育,因为他不能在其传统语言中使用"pedagogía"一词。

相反,我们在这方面受德国人的影响很大,受康德影响很大。我认为首部论述教育学的著作是康德的《论教育学》。

作为哲学教授的康德也教教育学课程。他第一次讲教育学课是在1776年(正是赫尔巴特出生的那年)。在教学中,康德的弟子德澳多·林克(Theoder Rink)将康德授课的内容记录了下来。整理后,林克将笔记拿给康德审阅,请求康德同意出版。康德修改后同意出版,此后,我们就有了由哲学家写的第一部教育学著作。

在其《论教育学》一书中,康德谈到了有关教育学的两个重要问题:一是教育学应成为一门学科,应成为一门科学;二是确立了教育学的实验性。康德说,在建立师范学校前应建立实验学校,因为教育有时会产生与我们所追求的相反的结果。

后来,康德的继承者对教育学的科学性进行了系统化论述。赫尔巴特无论是在《教育学讲授纲要》,还是在《普通教育学》中,都肯定了教育学是一门科学。在目标上,教育学依据于伦理学;在方法上,教育学依据于心理学。

实际上正是新康德主义者保罗·纳托普(Paul Natorp)挑起了教育学的论战。与赫尔巴特相左,保罗认为教育学应依据整个哲学,而不应依据伦理学和其他与教育有关的所有学科,因为对于保罗来说,教育显然是一个复杂的现象,其中包括心理学、社会学、经济学以及教育学的成分。保罗的这种社会性的教育学见解,甚至提出了人的社会性的概念。他认为,孤立的人实际上是抽象的,正如物理学上的原子一样。

后来狄尔泰(W. Dilthey)介入教育学的争论。一开始,狄尔泰写了一本有关建立具有普遍价值的教育科学的可能性方面的著作,但得出的结论是否定的。后来在其另一本著作《教育学史》中,狄尔泰重新论述了教育学,指出教育学确实是一门科学。

对教育学以及教育科学的疑问实际上来自盎格鲁—撒克逊语言的问题。在翻译英语书时,译者碰到了许多困难,难以区分(实际上没有一个人能区分)什么时候美国学者所说的教育是作为现象,什么时候是作为学科。正是这种情况,给我们带来了一系列术语上的混乱。

总之,教育学一词产生于古希腊,并在东罗马帝国时期保存下来。在15世纪和16世纪,教育学一词已运用于欧洲的所有语言中(除了英语外)。但是,在20世纪末,我们正在失去这一词。我们应该注意,不要仅仅因为是与世界上最强大的国家的文化传统不相一致就要抛弃我们自己的文化传统。我认为,我们有依附性算不了什么,但不应依附太深。①

问:您的观点很有意思。其他老师是否能谈谈你们对教育(educación)和教育学(pedagogía)的看法?

答:我们讲教育(educación),认为教育是一种人的行为。康德曾说过:"人只有通过教育才能成为一个人。人是教育的产物。"因此,教育不仅仅是造就人的一种现象,而且是人类独有的一种行为。

教育是一种社会行为。教育最基本的成分是人,教育的实施、内容以及目的是社会性的。教育的实施是在社会团体里进行的;教育的内容也来自各自的社会团体的文化;教育的目的更是一种社会行为。所有真正的教育均是一种社会性教育。

教育是一种有意识的行为。尽管我们知道可以以"顺其自然"的方法来培养教育人以及在人的成长中与人的相处、媒介的影响、人际关系、家庭生活、与大众传播媒介的接触等都具有重要影响,但是我们应该承认,并非所有的影响都是教育性的。教育才是试图使人完善的一种行为。

教育也是一种需求行为。当我们说教育是一种社会行为时,就已表明了社会共处是满足人们要求教育的一种需求。尤其是在复杂的大城市,人们的思维、交流、新的社会和文化关系,更需要只有通过教育才能获得的素养。

对教育作为现象的这种理解,使我们可以区分人类共处中所发生的其他现象,如

---

① 着重号是笔者加的,下同。

经济的、社会的现象等。当我们研究经济现象时,就会产生经济学这门学科。当我们研究社会时,就会产生社会学。当我们将行为抽象化时,就会产生心理学。那么当我们研究教育时,是否应成为教育学?

并非所有思维均是深度的、有序的、系统的。但要对客观的、实际的、具体的、系统的问题进行思考,这种思维应满足作出客观、实际、具体、系统回答的要求。这种思维方式就是教育学。现象是复杂的,因此我想将这种思维——教育学,分为三个方面:

1. 当我们思考教育、思考人、思考人的起源与归宿、思考人的思想时,我们应在教育学领域中开辟出一种哲学思维的领域。

2. 如果教育是要实施的,要在人类之间实施的一种行为和一种实践的话,那么我们要自问,怎样才能把事情做好? 如果把事情做好仅仅是指一种技术,那么我们可以建立一种教育的技术思维。这也构成教育学的一部分。

3. 如果我们有信心进一步探索,进一步理解教育现象,在各种文化中寻求教育的普遍形式和一般规律,极其明了地解释现象是如何发生的、为什么会如此这般,那么就会开辟出另一个领域——我们称之为教育学的科学领域。

因此,我认为,教育学是由教育哲学、教育技术和教育科学之间的十分和谐与大量的成果所组合而成的。

问:这是对"教育学"的又一种新的看法。我想其他教师也许对"教育学"和"教育科学"还有另外的一些见解吧?

答:是的。我认为,要理解使用"教育学"和"教育科学"的名称的更深层的思想观念,必须要了解在使用各自名称的历史过程中的某些因素。从历史出发打破某些僵化的思想,或使某些观点更精确化。

我们首先应该从不同的历史形态来看看"学校"这一词。如果我们不了解中世纪末的社会运动——改革与反改革、启蒙运动与百科全书学派,我们就不能区分"学校"一词存在的不同含义。亚历山大学校、教会学校、国立学校是极为不同的社会和教育机构。资产阶级的愿望,即自由、民主和平等,是现代学校的标记,可以确立这样的一种思想,即可以形成作为初始教育学的教育领域。后来,在我们这个时代(教学科学这一名称是在 20 世纪 60 年代使用的),确立了教育科学。教育学的形成不是偶然的,而是在国立学校建立后才形成的。

因此,我认为"教育学"和"教育科学"是两种不同的范式。"教育学"是建立在德国现代哲学基础上的一门学科,是由赫尔巴特思想发展形成的一门学科。狄尔泰认为,从科学教学到科学教育的过程发生在18世纪,从夸美纽斯到赫尔巴特。夸美纽斯揭示了教学的一般方法的主要原则,其基本思想是从实验到抽象。而赫尔巴特在19世纪形成了教育学科。赫尔巴特的哲学博士学位论文"从教育目标衍生的普通教育学"(1806),无疑是第一个系统论述教育学的。之后赫尔巴特编写出版了《教育学课程纲要》(1834—1835),对教育学进行了新的探索。赫尔巴特将教育学建立在两个支柱上:伦理的和心理的。他第一个提出了产生于伦理的教育理论。

"教育科学"试图要形成对教育问题的另一种看法和另一种解释。从20世纪初起,出现了两种传统看法。一是以涂尔干为代表的法国功能主义社会学;另一是以杜威为代表的美国的实用主义。由于解决人的问题、自然问题而实施的"科学"模式的实证主义的发展;形成教育制度和义务教育后学校的日益复杂以及机器的发展及其对工业化过程的影响,形成了教育领域的条件,但这还不是教育学,而是经验性研究,是一系列教育方面的系统化研究。在20世纪从两个侧面产生了教育科学。

11

拉丁美洲的课程论

　　拉丁美洲的课程论的发展历程向我们揭示了作为发展中国家的课程论发展之特色，即最早由法国百科全书派形成的拉丁美洲传统课程，后来受美国行为主义学派对拉丁美洲课程的影响，最终实现拉丁美洲本土的"民众教育思潮"对课程的选择。拉丁美洲课程论的发展提示我们：模仿容易创新难。发展中国家在其课程论的发展过程中，在引进国外思想和模式的同时，必须要按照各自的实际情况，形成具有自己特色的课程论，即融各国之长、弃他国之短、建我国之特。

　　在中国，对拉丁美洲教育的研究很少，对拉丁美洲课程论的研究还没有出现。实际上，在拉丁美洲的教育发展经历中有很多东西是值得我们研究、值得我们借鉴的。尤其是拉丁美洲课程论的发展，从最初以及后来长期受外国的影响，到近期对"民众教育"这一拉丁美洲本土的课程观的选择，在这一发展过程中，拉丁美洲的经历已成为发展中国家的一种模式，受到了各国的关注。

　　中国也是发展中国家。在中国教育发展的过程中，也受到外国的影响。在当今世界全球化的趋势下，各国的发展受到外国的影响已司空见惯，问题是我们如何能融各国之长、弃各国之短、建我国之特。在这方面，拉丁美洲课程论的发展也许能给我们一些启示。

一、拉丁美洲国家的若干特点

拉丁美洲的一些主要的国家(本文指巴西、墨西哥、阿根廷、智利、委内瑞拉、哥伦比亚和秘鲁)均属世界银行划分的中等收入的国家。虽然拉丁美洲国家的经济发展要优于亚洲和非洲,但是没有一个国家完全进入工业化,也没有一个国家成为发达国家。拉丁美洲人口城市化比例很高,有70%至85%的人口居住在城镇。拉丁美洲各国城乡差别巨大,农村人口极端贫困。城市中贫富也存在很大差别,富有者享有欧洲和北美国家的生活标准和方式,大量贫苦民众处于社会的最底层。从整体来看,拉丁美洲国家仍属于"发展中国家",其目标是要达到工业化国家的标准,实现现代化。

拉丁美洲国家具有相同的历史发展过程和共通的文化背景。拉丁美洲国家的教育在教育思想、教育结构、教育制度上,具有许多相同的方面和特点。第一,建立国家教育中央集权制。拉丁美洲国家独立以来,引进和仿效法国的教育模式。第二,19世纪拉丁美洲国家的教育强调的是精英教育。第三,20世纪后期拉丁美洲国家的教育强调的是民众教育。第四,实施国家教育分权化,强调地方的选择和地方的特点。

二、拉丁美洲的三大课程观

(一) 百科全书派的课程观

法国百科全书派的课程观进入拉丁美洲是18世纪末和19世纪初拉丁美洲国家进行独立战争的结果。拉丁美洲这个新大陆,从15世纪末起就遭受了西班牙和葡萄牙长达300年的殖民统治。殖民者强迫当地印第安人接受宗主国的社会制度、宗教、文化和语言,宗主国的基督教会更是成为殖民统治的重要精神支柱。当时殖民地的文化教育事业全部由基督教会控制,各种学校均由教会主办,其首要目的是使土著居民皈依基督教和培养以后能统治印第安人的少数特权阶层和神职人员。

18世纪末,受法国大革命的影响,在拉丁美洲这一大片西班牙和葡萄牙的殖民地上出现了强烈要求摆脱殖民统治、争取独立的呼声,随后开展了轰轰烈烈的独立运动。19世纪初,拉丁美洲各国纷纷获得了独立。独立后的拉丁美洲各国在政治、经济、文化、教育等方面出现了崭新的变化和一定的发展。其中,最重要的是拉丁美洲国家早期的共和派领导人全面采纳了法国的思想。这些领导人大多数属于接受过专业教育的中产阶级,他们受法国革命和启蒙运动思想的极大影响,仿效法国革命中的雅各宾派,试图建立现代的新国家。

在建立新国家的过程中,他们引进了法国的中央集权的国家管理体制;在教育上也实行中央集权制,注重培养新的领导干部和行政人员,发展重点放在了中等和高等教育上。新的学校以法国为榜样,中等和高等教育由中央管理,实施标准化的课程模式。

拉丁美洲国家早期的共和派领导人认为,采用法国百科全书派的观点是培养未来的管理人员和专业人员的最佳模式。因而,他们积极地推行百科全书派的模式,实施了标准化的和统一化的课程并实施中央集权化的课程管理。与此同时,在有些国家,受过专业教育的中产阶级被看作先进分子,他们的这种思想也对课程产生一定的影响,如高度专业性的课程在高等教育中占据主导,但是,这种重视专业性课程的教育,即使到20世纪,强调的也是传统的具有较高地位的专业性课程,最典型的是医学和法律。

拉丁美洲国家教育制度的建立比较早。早在19世纪初拉丁美洲国家独立后即确立了国家对教育的领导权,并在国家的宪法中明确规定了国家有对公民实施教育的义务。但是,由于强调对中等和高等教育的发展,拉丁美洲的基础教育被看作一种相对不重要的阶段,仅仅是为高中和大学培养学生。

从拉丁美洲国家独立到20世纪60年代,可以说百科全书派课程观在拉丁美洲国家中占据了主导地位,即使在之后的教育发展过程中,百科全书派课程观也有明显的影响。

(二) 行为主义学派的课程观

20世纪后期,在拉丁美洲国家存在着一种明显的倾向,即认为最好的教育不是国内产生的而是从外国引进的教育,并希望借鉴和模仿外国的模式。这种倾向反映了当时拉丁美洲国家存在的一种依附思想。

拉丁美洲的依附性首先表现在其经济上。拉丁美洲经济学派提出的"中心—外围"论就充分地表明了拉丁美洲经济的依附性,这种依附性又影响着教育等其他领域。

拉丁美洲教育的依附性主要表现在，拉丁美洲国家的精英们在心理上、在思想上以及在实践中，起先是依附于被认为是世界上最文明的欧洲国家，后来依附于世界上最发达的美国。

从20世纪60年代起，拉丁美洲教育受欧洲的影响已逐渐被受美国的影响所取代。随着行为主义在美国的发展以及对拉丁美洲的不断渗入，拉丁美洲国家开展了对百科全书派的抨击，并以行为主义课程目标为导向来制定课程。

以行为目标为导向的课程观是由美国著名的行为目标课程论的代表布卢姆提出来的。他详细地论述并划分了课程中的认知、情感、行为等方面的目标，并根据这些目标设计了教学的内容和方法以及评价标准，以此来实施和评价。

20世纪60年代以前，拉丁美洲国家的课程设置是由教育部规定的；20世纪60年代后，开始转变为按行为目标来制定了，尤其是在与美国教育关系密切的那些国家。在这些国家，按照布卢姆的教育目标分类学，广泛的认知目标或社会目标被详细地列了出来，然后，根据这些目标，组织教学内容。教材也是按照课程的目标和评价标准以学年、学期和课程单元来进行编写的。

1965年智利引进的初等教育的科学课程可以作为拉丁美洲国家广泛开展行为目标课程运动的一个典型例证。当时智利的课程和教材是围绕认知目标，如观察、分类、评价、交流等来制定和编写的。在课程中提供了科学方面的信息并安排了实验来发展达标所需的技能。后来，情感目标也被引入课程和教材，主要强调在科学学科的教学过程中怎样培养诸如诚实、公正、合作等方面的素质。

然而，深受传统的影响，拉丁美洲国家课程计划采用的行为目标模式与以前的百科全书派的模式在某些方面是完全不同的，但并不是与百科全书派的传统完全不相协调。可以明显地看到：拉丁美洲国家所引进的行为目标课程模式是以国家标准教科书来实施的，其中包括了标准的知识、信息，甚至还包括了标准的问题。与百科全书学派传统相一致的标准化和统一化仍被保留了下来，课程的目标是在国家一级的层次上决定的，有关的教学内容也是在全国范围统一实施的。所不同的是新课程计划详细列出的课程内容是由认知和情感或由社会和心理方面的目标来确定的，而不是由所教的学科的逻辑结构来决定的。

（三）民众主义教育的课程观

具有拉丁美洲特色的"民众主义教育"运动与百科全书派的传统完全不同。民众主义教育的主导思想拒绝从上而下的标准知识，认为有价值的知识是那些来自普通而贫穷人民的生活经历和环境所反映出来的知识。民众主义教育的原理包括要更深入地了解普通的民众，共享他们的经验，目的是要达到社区的团结。

民众主义教育思想的产生和发展是与拉丁美洲国家的实际状况密切相关的。长时期以来，拉丁美洲的两极分化情况十分严重。拉丁美洲国家的统治者和有产阶级与广大的农村贫苦民众和城市贫民窟的民众之间存在着巨大的鸿沟。拉丁美洲国家的共和派也采取了一系列的改革，试图通过教育来缩小这种鸿沟。如在 1856 至 1861 年，阿根廷时任教育部长后任总统的沙密多曾期望实施真正的民众主义教育制度；又如在 20 世纪 20 至 30 年代，巴西政府很关注利用美国杜威的课程理论来开展民众主义教育。尽管拉丁美洲的共和派采取的改革策略是自上而下的，但是，从 19 世纪到 20 世纪，这种改革并没有取得成果，其原因一方面是原先的议会政府时常被保守和反动的独裁专制取代，另一方面这些改革与当时的国家政府忽视民众主义教育和社会改革这一总的历史特征相左。

在国际上，拉丁美洲民众主义教育最有代表性的也许是保罗·弗莱雷（Paulo Freire）了。然而，在拉丁美洲民众主义教育运动的开展比弗莱雷要早得多，而且在拉丁美洲国家十分普遍。1920 年，秘鲁的马里亚特盖制定了解放教育的计划（这与 60 至 70 年代弗莱雷提出的解放教育思想有很多共同点）。在同一时期，玻利维亚也建立了这种类型的学校，尽管只是短期的实验。可以说，弗莱雷是拉丁美洲国家具有深厚基础的民众主义教育的宣传鼓动者和典型的代表人物。

弗莱雷认为，真正的教育是实施解放的教育。当穷苦的民众知道了要通过教育来获得解放并与他们的社会政治地位相联系，他们就会去改变这个社会。弗莱雷反对传统的教育，他认为传统的教育是一种"储存"知识的教育，没有什么社会意义，只是从上到下传递被动的知识。解放教育要从穷苦民众的经历开始，将教育作为帮助穷苦民众联系其经历的一种过程。

当然，民众主义教育包含很强烈的政治意义，但民众主义教育的基础在于要使全体民众团结一致，具有共同的情感和建立融洽的交往，强调友谊、情感、奉献、宽容等。

在课程方面,民众主义教育主张要按照民众的生活现实情况和社会环境来安排课程。在拉丁美洲大多数国家,尽管实施初等教育是地方的责任,但初等教育的课程还是由国家教育部来决定的。课程内容是标准化的,强调的是学生掌握普通学科知识来适应进入传统的中学所要求的标准。对那些没有达到某种标准的学生,则被要求重读。正是这些被要求重读的学生带来了高比例的辍学状况,而这些学生大部分是属于贫苦的、社会边缘家庭的孩子。

为此,民众主义教育的课程观提出了若干重大改革策略。

其一是加强教师培训,注重帮助教师了解贫困学生的社会背景,正如20世纪70年代巴西开展的教育改革那样。尽管还没有来得及对课程内容进行改革,但这种改革要求教师去发现和克服学生学习困难的社会障碍,具有民众主义教育的巨大意义。

其二是实施地方分权的课程管理,由地方来决定课程内容。在拉丁美洲的一些国家,已开始实施民众主义教育运动的制度化,从以前的课程由国家统一制定,逐渐走向由地方政府来确定。这就要求地方政府应根据地方的实际情况来确定与地方文化相关的课程内容,正如20世纪70年代秘鲁的课程改革所主张的那样。

其三是以基础教育的连贯制课程取代小学终结制课程。为了给绝大多数学生提供完全的基础教育,拉丁美洲许多国家在20世纪70至80年代以九年一贯制的基础教育取代6年小学和3年初中的分段教育制,如委内瑞拉、秘鲁、智利等国实施了这种改革。基础教育的课程要根据地方文化和经济的需求,由地方与学校和家长协商后来确定。

这些改革充分表明了拉丁美洲长期以来由中央决定的、标准的、统一的百科全书派的课程观,已受到了拉丁美洲本土的民众教育的课程观的巨大挑战。民众主义教育课程观已在拉丁美洲深深地扎下了根。

尽管百科全书派的课程观一直在拉丁美洲国家占据主导地位,但是,不可否认,在拉丁美洲国家本土产生的民众主义教育课程观也具有很大的影响,尤其是20世纪60至70年代后,在巴西、智利、墨西哥、哥伦比亚、秘鲁等国开展了许多民众主义教育的实践,产生了一些有世界影响力的代表人物和著作,从而进一步推动了拉丁美洲国家民众主义教育的发展。

三、拉丁美洲课程论发展给我们的若干思考

拉丁美洲课程论的发展历程向我们展示了一幅令人深思的图式：拉丁美洲国家以及其他所有的发展中国家从一开始就以外国模式为样板，并形成了势力强大的传统，后来这种传统又受到了外来的影响，最终发展为具有自己特色的模式。

拉丁美洲课程论的发展历程向我们揭示了一种意义深远的理念：发展中国家教育的发展一定要以各自国家的实际状况为前提，任何引进的模式，如没有很好地与当地的实际情况相结合，那么对别国来说再好的模式，引进后也是没有生命力的。

拉丁美洲课程论的发展历程向我们说明了一个显而易见的道理：模仿容易，创新难。看到其他国家有长处，要向他们学习，这是毫无疑问的。然而，怎样学习？模仿别人，这很简单，但是这不是根本的办法，不可能总跟在别人后面，依赖是没有前途的。关键是要树立创新精神。首先要研究别人，然后研究自己，在了解自己的基础上，吸收各种长处，最终创造出自己的特色。

12

拉丁美洲的民众主义教育

一、民众主义教育是拉丁美洲流行的一种教育思潮

纵观拉丁美洲国家从19世纪初独立至今约200年的教育发展历程，可以看到推动拉丁美洲教育发展的一种强大的主导思想是具有拉丁美洲特色的民众主义教育。民众主义教育是一种教育思想，也是在拉丁美洲地区广为流行的、具有很大影响力的一种教育思潮。当然，教育与政治、经济、历史及社会运动有很大的关联，许多教育思想的产生与当时当地的政治思潮和社会运动有关。因此可以说，拉丁美洲民众主义教育思想是产生于拉丁美洲民众主义思潮发展的背景之下的。

从现有的研究来看，目前对拉丁美洲民众主义还存在许多不同的看法和观点。例如，对"populism"的中文译法有不同的观点（比如有人也称之为"民粹主义"）；对民众主义的概念和性质，由于学者的研究学科领域不同而产生不同的界说（即使同一领域也有不同的看法）；对民众主义的评论，也是有褒有贬，众说纷纭。[1]

拉丁美洲的民众主义（populism）一词来源于民众的（popular，形容词）和民众（pueblo，名词）。民众与主义相连，成为民众主义"populism"，代表着一种思想，其本义应该是基于民众的、为了民众的、服务民众的。因此，有人说，民众主义与精英主义相对；也有人说，民众主义与极权主义相左。但在拉丁美洲的社会实践过程中，我们也可以看到，有时民众主义与精英主义相交，有时民众主义也带有威权主义的味道。[2]因

此,拉丁美洲的民众主义具有拉丁美洲的特性,不能翻译成由俄国背景产生的、具有贬义性的民粹主义。

拉丁美洲国家在寻求各自发展道路的过程中,受到过多种思想的影响,如自由主义、实证主义、职团主义、结构主义、威权主义、社会主义、新自由主义等。但有一种影响因素是挥之不去的,那就是民众主义。这个自20世纪30年代以来就一直伴随拉丁美洲发展的民众主义,虽也经历过起起落落,但直到今天仍然具有广泛的影响力。

本文并非专门论述拉丁美洲的民众主义,只是在此强调,尽管人们对拉丁美洲民众主义有不同的看法,但不可否认的是,拉丁美洲的民众主义教育是受拉丁美洲民众主义思潮发展的影响而产生的,是在拉丁美洲地区特定的历史背景下产生的。

正如对拉丁美洲民众主义有许多不同的看法一样,拉丁美洲的民众主义教育也不是同一模式,也存在不同的观念和模式。这是因为,尽管同属拉丁美洲国家并具有许多共同的特征,但是拉丁美洲民众主义教育的时代发展出现了很大的不同,且拉丁美洲国家之间的社会发展也有很大不同。我们可以看到,从拉丁美洲独立后的早期民众主义教育,到20世纪中后期的激进民众主义教育,再到21世纪的新民众主义教育,确实是有很大的不同,但是我们可以发现,在拉丁美洲教育发展过程中也确实存在着一个基点或一条主线,即紧紧地联系着"民众",要为广大民众提供教育服务。

民众主义教育的基本理念认为,教育是追求自由、民主与平等的过程,受教育是每个人都应有的权利,人不能因贫穷而被剥夺受教育的机会,教育必须为广大民众服务。因此,民众主义教育应该是与精英主义和极权主义不相融的。从拉丁美洲教育发展的过程来看,也有许多的实例证实了这一观点。[3] 自独立起,拉丁美洲国家便从教会手中收回了教育的主权,承担起民众教育的责任。通过制定宪法、颁布教育法规来保障民众的受教育权利,免费义务教育又进一步提供和保障了广大民众的受教育机会,促进了各国的教育发展。在研究和分析各国教育发展的事实中,重要的是要发现和看到教育事实背后的教育思想和理念。在拉丁美洲教育发展过程中,尽管也受到过其他教育思想的影响,但是支撑拉丁美洲教育发展的基本思想和理念还是基于民众的,是以民众主义教育思想为主导的,并且形成了一股强大的民众主义教育思潮,不断影响着拉丁美洲教育的发展。尽管为了民众的教育实践在拉丁美洲很普遍,体现出了为了民众的教育思想,但是,是否已具有一套完整的民众主义教育思想体系呢?至今,拉丁美洲并没有哪个国家明确打出"民众教育"的旗号,我们看到的仅仅是民众主义在教育上的一种体现。因此,拉丁美洲的民众主义教育思想还有待于进一步的探究。

二、拉丁美洲民众主义教育的发展阶段与特点

依据拉丁美洲教育发展的特点,其中的民众主义教育的发展阶段可以大致划分为三个阶段:早期民众主义教育阶段、激进民众主义教育阶段和新民众主义教育阶段。

(一) 早期民众主义教育阶段

早期民众主义教育发生在 20 世纪 30 年代至 50 年代,以巴西和阿根廷最为典型。拉丁美洲早期民众主义是带有国家和民族色彩的民众主义。因此,早期民众主义教育是以国家和民族发展为目标,向广大民众提供受教育机会为特征的民众主义教育。早期民众主义教育的主要特点包括以下几方面:

1. 有民众支持基础的威权政府推行为了国家民族的民众教育

无论是 1930 年在军人政变中上台、1934 年成为巴西总统的热图利奥·瓦加斯(Getulio Vargas),还是 1943 年军人发动军事政变、1946 年成为阿根廷总统的胡安·庇隆(Juan Perón),均有广泛的民众支持基础,在其执政时期,利用个人的威望,以国家和民族利益为目标,大张旗鼓地开展了民众主义教育的改革。

巴西的瓦加斯政府通过争取劳工和其他民众的支持,在政治、经济、社会发展、文化教育等方面进行了重大变革,建立起了社会保障制度,使工人获得了带薪休假、老年和残疾补偿、削减工时、最低工资制等待遇,开辟了巴西的一个新时代。[4]

阿根廷的庇隆政府以底层劳工群众和下层军官为基础,以庇隆个人的政治威望和夫人埃娃·庇隆(Eva Perón)的人格魅力,不仅赢得了总统选举的大量选票,还赢得了广大民众的心。庇隆以"正义主义"为标榜,团结民众,创建了有广泛影响的群众性组织"庇隆主义运动",在阿根廷现代化发展过程中开辟了一条新的道路。以庇隆为首的正义党认为自己代表人民,正义主义就是人民观念的表达。正义主义认为,我们拥有的最好的财富就是民众。1950 年庇隆曾宣布,正义主义在本质上是民众的。在经济上,庇隆制定了一系列社会经济改革政策,赢得了大部分阿根廷劳动者的支持。可以说,庇隆主义的思想体系、影响深度和基本特征最具拉丁美洲民众主义的特性。[5]

早期民众主义教育要求各级各类教育都要服务于国家的目标,对教育进行集权管

理,使教育带有明显的国家和民族的政治色彩。但有一点十分明显,即在教育政策的制定和教育改革的过程中,始终将教育服务的重点偏向广大民众,这也促进了拉丁美洲教育的巨大发展,尤其是与广大民众生存和发展直接相关的初等教育和职业技术教育。

2. 大力发展初等教育和职业技术教育

巴西在瓦加斯执政时期,其教育政策的一个明显倾向是关注广大民众的教育。瓦加斯认为,民众教育关系到国家的兴盛,"所有大国达到发展的较高水准,都是通过对其国民的教育"[6]。他指出:"尽管巴西人还很穷,但所有的巴西人都可以成为令人钦佩的人,成为模范的市民。然而,要使之成为现实,只有通过一个途径、一种方法——所有巴西人必须接受教育。"[7]在进行教育改革的过程中,瓦加斯集中了中央政府的权力,建立了教育与卫生部,使国家能够实施和推行新的教育政策。同时,通过教育体制的改革,建立了较为完备的新教育体系。瓦加斯民众主义教育政策的重点具体体现在快速发展初等教育和职业技术教育方面。他主张通过法律,规定各州起码应将10%的税收用于初等教育,并要求将市政府收入的15%用于安全、卫生和教育,反对将资金浪费在豪华的建筑和维持军警上。在瓦加斯执政时期,初等教育和职业技术教育得到了巨大发展。比如,1930年巴西初等学校总数为2.7万所,1945年发展到5万所;而职业技术学校增加了一倍,达2 000所。[8]

阿根廷庇隆政府主导的教育政策是优先发展贫困阶层儿童的教育。庇隆曾多次呼吁,国家首先要关心贫穷儿童的利益,要使最贫穷的阶层也有获得接受高等教育的机会。为此,庇隆政府拨出了大量资金发展全面的、综合的儿童教育。例如新建具有各种活动功能的"儿童城"和"儿童之家"来开发儿童的智力;建立设施齐全的寄宿制学校,并设有劳动车间、体操房、图书馆、娱乐设施等;取消大学学费,使贫困家庭的子女上大学的比例有了很大提高。庇隆政府另一大重要的教育政策是大力发展职业技术教育。政府除了国家拨款资助发展职业技术学校外,还通过各种渠道动员社会、企业来举办技术学校。阿根廷的技术学校从1947年的22所发展到了1950年的134所。[9]

(二) 激进民众主义教育阶段

激进民众主义教育发生在20世纪60年代至90年代,更具制度性和思想性,其中较为典型的一是建立了完整的教育理念和体系的古巴社会主义教育制度;二是形成了巴西教育家保罗·弗莱雷提出的解放教育思想和理论。激进民众主义教育强调教育应为政治服务,是以激发以工人和农民为基础的民众的觉悟和解放为特点的教育思想。

这里的"激进"主要是指将教育紧紧地与政治联系在一起,过度地强调教育的政治性,力图使教育附属于政治并为政治服务,甚至认为"教育即政治"[10]。实际上,从教育学的角度来看,教育还是有其本身发展的规律,尽管教育与政治有很大的联系,一定程度上教育也应服务或适应政治,但不能成为一种附属而加以利用或被取代。激进民众主义教育的主要特点包括以下几方面:

1. 建立了古巴社会主义教育体制

1959年古巴革命胜利后,立即破除了旧教育制度,着手重建新的社会主义的教育体制。为使更多的以前没有受教育机会的古巴民众接受教育,古巴政府重点开展了扫盲运动,并大力普及初等教育。1961年底,扫盲运动胜利结束,通过一年的扫盲运动,70.7万人扫盲,古巴的文盲率从革命前的23.6%下降到3.9%,这也使古巴成为拉丁美洲国家中识字率最高的国家。

在完成扫盲任务的同时,古巴建立了免费义务教育制度,使所有家庭的子女无论贫富都能平等地接受教育。到20世纪60年代末,古巴6至12岁儿童的入学率达到96%,初等教育已基本普及。到70年代末,古巴已基本普及初中教育。80年代,古巴已建成了全国性的完整的教育体系,教育规模和质量居于第三世界前列,并可与发达国家相媲美。2003年9月8日,古巴国务委员会主席菲德尔·卡斯特罗(Fedel Castro)在全国新学年开学典礼上向全世界自豪地宣告:"在所有国家中,无论是大国还是小国,富国还是穷国,古巴在教育领域中名列第一。"[11]

这些教育成就是与古巴政府坚持教育是为广大民众服务,并对教育进行大量资金投入直接相关的。即使在内有经济困难、外有军事威胁的1990年,古巴的教育经费也比军事开支多一倍。其2002年教育经费为31.21亿比索,占国内生产总值的比重达11.4%。[12]

在古巴,教育是国家的责任,是直接为民众服务的理念,多年来始终不变。这种模式的核心就是坚持社会公正,保证所有人都有平等的受教育机会。为此,古巴政府的一贯政策是向农村、向底层、向困难和弱势群体倾斜。例如,为了保证小学年龄段的儿童入学率达到100%,即使居住极其分散的山区中少数农户的子女仍能接受正常的小学教育。

2. 提出了解放教育理论

巴西教育家保罗·弗莱雷的解放教育理论产生于20世纪60至70年代。在弗莱雷的代表作《被压迫者的教育学》中,他旗帜鲜明地提出了教育的政治性问题,从文化人类学的角度阐明了教育与觉悟的关系,较系统地从理论上阐述了其解放教育的思想。

弗莱雷认为,人的使命是追求人性化。然而,在一个存在压迫和被压迫的社会中,人往往被非人性化了。在人们寻求恢复其人性的过程中,弗莱雷提出的一个重要思想是:"被压迫者不应当反过来以压迫者的手段去压迫压迫者,而要使被压迫者和压迫者双方都恢复人性。"[13]他指出,由于受历史原因的制约,有些人,如压迫者,是不可能承担解放人性的历史使命的。只有被压迫者才能进行这种解放,即解放被压迫者和压迫者双方,使双方都能重新获得人性。

与压迫者的教育学截然不同,弗莱雷的被压迫者的教育学是要使被压迫者去反思产生压迫的根源,并投身于争取解放的斗争之中,这是一种解放的教育学,也是一种人道主义的教育学。弗莱雷对主流文化统治下的、压迫人的传统教育进行了猛烈的抨击。他认为,传统教育是一种"驯化教育",是要将人"驯化"成与现存制度、现存文化相一致的人,也就是没有批判意识、没有创造性的人。在早期的扫盲教育实践过程中,弗莱雷探究了教育与觉悟的关系,提出了扫盲教育要与人的觉悟过程联系起来,要注重教育与民众生活相结合。弗莱雷认为,扫盲教育不单是识字,更重要的是将扫盲教育与人的觉悟、与人的解放相联系。[14]

弗莱雷揭示了巴西社会发展存在贫富悬殊、两极分化的现实,而统治者又用主流文化来强化这种社会状况。为此,他极力要改变这种不平等、不公平的社会状况,主张要使广大民众"觉悟",要培养他们的"批判意识"用民众主义来反对主流文化统治。弗莱雷提出的解放教育思想,将教育看作一种政治,要通过教育来激发民众觉悟,批判主流社会的统治,得到了广大民众和社会激进运动者的支持与拥护。弗莱雷的解放教育思想在拉丁美洲国家产生了巨大影响,促进了拉丁美洲民众主义教育发展的理论思考。

(三) 新民众主义教育阶段

新民众主义教育是从 20 世纪末与 21 世纪初开始，以拉丁美洲国家普遍由左中翼上台执政为标志，其中委内瑞拉、玻利维亚、厄瓜多尔等国以新社会主义为基础来推行民众主义教育，较强调政府的干预和控制，主张引导收入流向某些特定群体；而巴西、阿根廷、智利等国具有新的国际视野和开放意识，但仍能坚持传统的民族文化，在发展政策上并不采取极端的方针政策，坚持民众主义主导思想开展稳步有序的教育改革。新民众主义教育以维护民主法制为目标，致力于为广大民众提供更多更好的教育，主要包括以下几方面：

1. 维护民主，制定法律，推行民众主义教育

与早期民众主义时期和激进民众主义时期基本依靠非民主的暴力获取政权不同，新民众主义的国家领导人均通过民主选举程序上台执政。这一时期是拉丁美洲左翼崛起的重要阶段，左中翼政党在大多数拉丁美洲国家中取得了政权。虽然新民众主义也可分为激进派和温和派，但其基本理念和准则大体上是一致的。新民众主义的领导人一般都能接受民主法制理念，通过其鲜明的人格魅力，直接与广大的民众交流，赢得了广大民众对其政权和政策的支持。然而，新民众主义也受到政治的较大影响，许多教育政策受政治左右。另外，新民众主义政权还不够稳定，如果领导人更迭，国家政策就有可能发生变化。其中以委内瑞拉的查韦斯（Hugo Chavez）为代表的"21 世纪社会主义"和玻利维亚的莫拉莱斯（Evo Morales）的"印第安社会主义"特别引人注目。

新民众主义领导人在宣扬其理念、推进其事业的过程中，能够通过合法的途径来进行，包括修改宪法、制定新法律等一套现代法制手段。比如，委内瑞拉、厄瓜多尔和玻利维亚都通过了新宪法。厄瓜多尔 2008 年宪法第 37 条规定，政府应该确保所有老年人免费享受健康服务和医疗，而不管是穷人还是富人。委内瑞拉以"21 世纪社会主义"取代"新自由主义"，进行了广泛的社会改革，先后制定社会分配和行政管理等方面的 49 项新法律，发展教育、医疗卫生和其他社会公共事业，尤其是第一次真正将石油收入大量用在本国穷人的健康和教育计划上，为边缘化的民众提供了完全免费的教育和医疗服务。

新民众主义领导人是依靠广大民众的选票上台执政的，因此，不管其本人是否真心实意地为民众，在执政时也要考虑到广大民众的利益，因为民众生存发展最迫切的

是要获得受教育的机会和医疗的保障。为此,新民众主义领导人通过制定法律,采取各种手段来满足民众的教育需求,也得到了广大民众的赞赏。

2. 实施侧重于基层民众教育的重点资助计划

在拉丁美洲教育发展的过程中,虽然人们在入学机会上取得了很大的发展,但是在教育质量的提高上还困难重重。绝大多数拉丁美洲国家在提升劳动力的技术水平,在形成人力资本、提高生产力等关键领域远远落后于发达国家。为此,新民众主义教育的发展出现了主要通过以国家资助为主的全国性的计划项目来增加民众受教育的机会,并提高教育质量。

巴西在推进民众教育的过程中,出台了一系列以国家资助为主的全国性大型计划来提高民众教育的质量,主要包括:全民教育十年计划;全国全面援助儿童和青少年计划;东北地区基础教育计划;教育和教学改革援助计划;青年和成人教育计划;全国远距离教育计划;提高教师职业地位计划;学前教育扩展和改进计划;印第安人教育计划;学校学生资助计划等。

2003年,巴西卢拉(Luiz Inacio Lula)政府出台了"家庭支持计划(Bolsa Familia)",让家庭总收入在贫困线(即每月总收入140雷亚尔)之下有孩子上学的家庭,每月可以领到22雷亚尔(约合12美元)的补贴。虽然"家庭支持计划"资助仅占联邦政府预算的2.5%、全国GDP的0.5%,但极度贫困群体的数量下降、收入差距有所缩小以及青少年入学率的提高等方面都是与这一计划分不开的。该计划惠及了整个贫困阶层,效果显著。

三、拉丁美洲民众主义教育的走势

(一)走向全民教育以适应国际发展趋势

民众主义在拉丁美洲仍然具有较大的影响,从国际教育思潮发展来分析,由于全球化的发展和影响,拉丁美洲教育基本上也是跟随国际教育发展的潮流而发展的,而拉丁美洲的民众主义教育基本上也符合国际教育发展主要潮流。

从20世纪90年代起,国际教育界掀起了全民教育(Education for All)的热潮。全民教育是为了所有人的教育,重点是普及义务教育、加强成人教育和扩展妇女教育等,尤其是针对那些仍处于社会边缘的人。从全民教育的基本理念来看，教育的目的是要使所有的人都有受教育的机会，通过教育来发展个体和社会。在这一基本理念上，拉丁美洲的民众主义教育与国际社会主张的全民教育的思想是相一致的，基本重点在于解决贫穷人口受教育机会问题。但是，如果我们再深入比较拉丁美洲的民众主义教育与国际社会倡导的全民教育的区别，还是可以看到，全民教育理念比民众教育的含义更广、社会意义更大。在国际教育思潮的影响下，拉丁美洲国家均对全民教育作出了承诺，建立了全民教育论坛的对话机制，使国家政策与民众参与的渠道更畅通，同时还建立了全民教育的监测评估机制来进一步促进全民教育在拉丁美洲的发展。可以说，拉丁美洲民众主义教育的发展为全民教育打下了很好的基础，从而也使全民教育在拉丁美洲主要国家能够取得很大成就。在这方面，巴西和智利是拉丁美洲全民教育取得巨大成就的较典型的国家。

（二）走向优质教育以适应本国社会的发展

在不断扩大民众受教育机会的基础上，拉丁美洲民众主义教育的发展开始关注如何提高民众教育质量的问题，探讨走向优质教育的途径，因为教育质量不仅对个人发展（收入、行为、态度、生活等）具有极为重要的意义，而且对经济与社会的发展也具有重要影响。提高教育质量就需要更多的投资，这也是完全合理的。从拉丁美洲国家教育经费占国内生产总值的比例来看，拉丁美洲国家对教育的投入基本上都在5%以上，要高于发展中国家的平均值。有研究指出，国家应将国内生产总值的6%投入教育，若低于这一指标就会对教育质量产生不利影响。[15]尽管国家投入指标本身并不必然是质量的保证，但作为一种基准，它具有重要价值。因此，近年来拉丁美洲许多国家不断加大对教育的投入来提高教育质量。同时，智利、墨西哥、巴西等国也采取了许多教育改革的措施，以提高教育质量，如增加课时、改善设备、制定教师评价的标准、加强教师培训等。可以说，拉丁美洲民众主义教育的发展既具有拉丁美洲特色，又能顺应国际潮流的发展。

■ 参考文献

［1］董经生.拉丁美洲现代化进程中的民众主义[J].世界历史，2004，(4)：30-38.

［2］尹保云. 威权主义的历史意义［J］. 炎黄春秋，2012，(6)：23－28.

［3］［9］曾昭耀，等. 战后拉丁美洲教育研究［M］. 南昌：江西教育出版社，1994：22－46，36.

［4］［8］黄志成. 巴西教育［M］. 长春：吉林教育出版社，2000：43－53，48.

［5］林红. 论现代化进程中的拉美民粹主义［J］. 学术论坛，2007，(1)：51－55.

［6］［7］Mario Contreras, La Educación en el Brasil (Periodo Republicano), Ediciones el Caballito, Consejo Nacional de Fomento Educativo［M］. S. A. México: Secretaría de Educación Pública, 1985：31，32.

［10］Paulo Freire. Pedagogía del Oprimido［M］. S. A. México: Siglo Veintiuno Editores, 1970：134.

［11］［12］毛相麟. 古巴社会主义研究［M］. 北京：社会科学文献出版社，2005：187－205.

［13］黄志成. 被压迫者的教育学——弗莱雷解放教育理论与实践［M］. 北京：人民教育出版社，2003：84.

［14］Paulo Freire. La Educación como Práctica de la Libertad［M］. S. A. México: Siglo Veintiuno Editores, 1969：122.

［15］UNESCO. Education for All, The Quality Imperative KI. EFA Global Monitoring Report, 2005：160.

13

拉丁美洲教育家弗莱雷的解放教育

解放教育是批判主义教育思潮中的主要流派之一,也是世界范围内具有重大影响的教育运动。除了在德国产生了解放教育思想外,其他许多国家也有解放教育思想和实践的存在,其中来自拉丁美洲、代表第三世界的巴西著名教育家保罗·弗莱雷(Paulo Freire)的解放教育思想别具一格。弗莱雷的解放教育思想,也被称为"被压迫者的教育学",提出以培养批判意识为教育的目的,从文化人类学的角度阐明了教育与觉悟的关系和教育与政治的关系。弗莱雷的解放教育思想更具实践性,指导了发展中国家的扫盲教育,并提出了情景对话式的教学方法,注重教育与现实的结合。作为拉丁美洲国家兴起的一种教育运动,弗莱雷的解放教育以鲜明的色彩引起了世界各国的广泛关注,产生了世界性的影响,尤其对发展中国家的教育改革发展影响更大。

一、解放教育的产生与发展

(一)解放教育产生的社会背景

解放教育思想的产生,具有其特定的社会历史背景和深刻的思想渊源。弗莱雷的解放教育思想的产生和发展,与其所处的具体环境(即地区背景、巴西全国的背景、拉丁美洲的背景乃至世界范围的背景)有极大的关系,也可以说,弗莱雷所处的环境是其教育思想产生的基础和渊源。

弗莱雷出生在巴西的东北地区。他也长期生活、学习和工作在这一地区。巴西的东北地区是较落后的地区,与巴西东南地区的差距极大,致使东北地区越来越依赖南方地区,受支配于南方地区的主流文化,产生了一批带有反抗当时主流文化意识的知识分子。

解放教育思想产生于20世纪60至70年代,也与巴西当时的社会政治经济发展情况有很大的联系。从1964年起,巴西处于军人统治时期,军政府将稳定巴西的政治和发展经济作为其主要任务。尽管发展政策带来了经济的大发展,但是巴西人民的收入并没有实现真正的重新分配,各地区之间以及本地区内部在社会福利、经济收入方面的巨大差距并没有缩小,巴西的社会问题依然很严重。实际上,巴西存在两种地区:一是北部和东北部的传统的、农业的、落后的地区;另一是南部和东南部的现代的、工业的、发达的地区。即使在同一地区,也可以看到明显的贫富差别。这种差别也深深地影响到教育,使巴西的教育发展也极不平衡,产生了严重的后果。巴西的普及义务教育的目标远远没有达到,在东北地区7至14岁儿童的入学率甚至连50%也没有达到。更为严重的是巴西小学的留级率和辍学率一直居高不下,成为巴西教育中的一个痼疾。巴西政府本来对教育的投资就有限,再加上教育资源分配不公和大量资源的浪费,造成了大批穷人的孩子失去了受教育的机会,使原来已有大批文盲的巴西又增加了大量的新文盲。这种状况不仅阻碍了经济的发展,也使社会矛盾日益恶化。

在巴西社会发展过程中,一方面存在贫富悬殊、两极分化,而统治者又用主流文化来强化这种社会状况;另一方面出现了要极力改变这种不民主、不公平的社会状况的思想,主张要使广大民众"觉悟",要培养他们的"批判意识",用民众主义来反抗主流文化统治。

此外,解放教育思想的产生也与当时整个拉丁美洲的政治经济状况有很大的关系。第二次世界大战后,渴望政治民主、争取民族独立、谋求经济发展成为拉丁美洲社会发展的一个总趋势。20世纪60年代,拉丁美洲发生了一系列相互关联的重大事件。一是古巴革命成功,建立了拉丁美洲第一个社会主义政权,这对拉丁美洲国家产生了极大影响。二是在民众主义的影响下,民众力量相对发展和巩固。三是美国加强了对拉丁美洲的渗透。在这一时期,拉丁美洲国家中已出现了"独裁危机"的早期症状。军人执政导致了拉丁美洲国家民众革命运动的不断兴起。拉丁美洲国家按各自的历史经验,以不同的方式和策略开展了轰轰烈烈的民主、民众运动。

与此同时,拉丁美洲国家实施外向型经济,经济的发展速度较快。这种外向型的经济,也带来了很多问题,如外债过多,无力偿还;国际市场变化快,预测不准,反应慢;进口太多,冲击民族工业;等等。拉丁美洲国家的经济仍然远远落后于发达国家,从而出现了众多谋求经济发展的思潮和理论,其中,具有重大影响的是"发展主义理论"和"依附理论"。这一方面反映了拉丁美洲国家当时存在的坚决反对外来势力、反对依附、反对国际剥削和压迫、主张独立自主发展经济的强烈的民族主义倾向;另一方面也反映了拉丁美洲的广大知识分子及民众中存在的这种民族主义的情绪,对政府官员和国家政策都或多或少地产生某些影响。同时,这种民族主义的倾向和情绪也进一步影响到其他学术领域的研究。

弗莱雷的解放教育思想的产生与当时拉丁美洲的整个氛围不无关系。弗莱雷提出的解放教育思想,将教育看作一种政治,通过教育来激发民众觉悟,批判主流社会的统治,适应了当时巴西社会发展中的一部分需要,得到了广大民众和社会激进运动者的支持与拥护。

(二) 弗莱雷的生平及解放教育思想的发展

1921年保罗·弗莱雷生于巴西东北地区伯南布各州累西腓市附近的一个小镇。弗莱雷从小深受母亲影响,笃信天主教。他在青少年时代就饱尝了贫困和饥饿的折磨,深深体会到了生活的艰难和阶级之间的差别。弗莱雷生性好学,但由于家庭的贫困,学业时断时续。大学毕业后,弗莱雷曾在中学担任葡萄牙语教师,也从事过工会工作。

作为教育家,弗莱雷的最初经历开始于20世纪40年代的扫盲实践。他以葡萄牙语教师的身份积极投身到当时的民众文化运动、累西腓大学的文化扩展服务和当地的成人扫盲等教育实践中,积累了不少扫盲工作的经验。1959年,弗莱雷获得博士学位后,在累西腓大学任教,是教育史和教育哲学教授。20世纪60年代初期,弗莱雷担任"累西腓民众文化运动"成人教育计划的总协调员,在这一过程中初步形成了其关于成人扫盲教育的基本思想。在古拉特政府时期,弗莱雷担任教育部全国扫盲计划总协调员。由于他的出色工作以及长期教育实践所取得的成果,尤其是其解放教育的基本思想的流传,弗莱雷的影响很快从累西腓扩大到整个东北地区、全国乃至全世界。

1964年，巴西发生了军事政变。由于其激进的思想和行动，弗莱雷遭到了军人政权的逮捕和监禁，后被驱逐出境，从此开始了长达16年的流亡生活。流亡期间，1967年，弗莱雷在智利完成了他的第一部重要著作《作为解放实践的教育》，提出了解放教育的思想。1969年，弗莱雷到美国哈佛大学做访问学者。1970年，弗莱雷撰写并出版了他最重要的代表作《被压迫者的教育学》。该书尖锐地提出了教育的政治性问题，从理论上阐述了其解放教育的思想。这是一部具有第三世界国家特点的著作，在世界上产生了广泛的影响。

　　随后的20世纪70年代，弗莱雷应邀到总部设在日内瓦的世界宗教委员会的教育部门工作，以教育顾问的身份参与许多发展中国家的成人扫盲工作，包括非洲的坦桑尼亚、赞比亚和几内亚比绍，拉丁美洲的智利、尼加拉瓜等国。此外，弗莱雷还应邀赴澳大利亚、意大利、安哥拉、印度等国访问和讲学。由于其解放教育理论和实践的广泛影响，弗莱雷获得了比利时卢万大学、美国密歇根大学、瑞士日内瓦大学等学府的名誉博士学位。1986年，联合国教科文组织授予弗莱雷"教育和平奖"。

　　由于国内政治局势的缓和，弗莱雷于1980年结束了流亡生涯回到巴西。回国后，他立即投身于巴西民众教育事业。他在圣保罗天主教大学担任教授，同时奔波于各地讲学，了解巴西各地尤其是下层民众的生活和教育状况。此外，弗莱雷还创立了"凡莱达"教育中心，探讨民众教育和其他一些当代教育问题。

　　1989年，弗莱雷担任巴西的最大城市圣保罗市的教育局长一职。任职期间，他积极开展广泛的教育改革，实施自己的解放教育思想。

　　1997年5月2日，弗莱雷因病在巴西去世。弗莱雷的一生是充满激情的一生；弗莱雷的一生是战斗的一生，是为民主社会和民众教育的理想而战斗的一生；弗莱雷的一生是执着理想、追求真理、勇于实践的一生。

　　弗莱雷著述丰富，主要有《作为解放实践的教育》(1967)、《发展中的教育学——几内亚比绍信札》(1980)、《扫盲：识字与识世》(1987)、《解放教育学》(1987)、《城市教育学》(1993)；其代表作是1970年出版的《被压迫者的教育学》。

　　弗莱雷从20世纪40年代的一名普通教育者，到60年代成为一名著名的教育家。在随后的30年里，弗莱雷的关注大大超越了严格的教育领域，涉及各个不同的领域，如哲学、社会学、政治经济学、人类学、语言学、神学等。这些领域的研究，又进一步促进了弗莱雷教育思想的发展。

弗莱雷五十余年从事教育实践的历程以及弗莱雷的教育思想发展过程，大致可以划分为五个阶段。

1. 早期教学体验阶段

这一阶段又可以分为两个时期，即中学教学时期和成人教育时期。

在中学教学时期弗莱雷已爱上了教育工作，他热衷于使用新的教学法来探究教育，确立了最初的一些不同于传统教育的思想。然而，弗莱雷在这一时期也只局限于纯教学的探究，还没有涉及教育的本质问题，其新思想的产生也是自发的、直觉的。

弗莱雷教育思想的一个重大转变发生在这一阶段的第二个时期，在教成年人的体验过程中。在中学教过一段时间后，弗莱雷来到累西腓，分别在城市地区、农村地区的私立机构(也在大学)从事成人教育工作。在工作中，弗莱雷力图把学校与工人、农民的生活联系起来。他常常与工人和农民们讨论学校和孩子的问题。在与工人、农民交往的过程中，弗莱雷日益认识到了解工农的想法的重要性。在与工农接触的过程中，弗莱雷的收获是巨大的。弗莱雷在教学中开展研究，探究教育的原理。在这一期间，弗莱雷在对教学的方式、教学的内容、教师与学生的关系等问题的认识上有了飞跃，为他以后理论的创建打下了基础。

2. 巴西扫盲教育阶段

如果说20世纪40年代后期及50年代弗莱雷从事成人扫盲教育仅仅作为一种辅助工作的话，那么从20世纪60年代初开始，弗莱雷就是全身心地、有目标地、有意识地从事成人扫盲教育工作了。通过巴西扫盲教育实验，弗莱雷坚定了自己的信念，逐步形成了他的解放教育的理念。

在这一阶段，弗莱雷教育思想的主要特征是，扫盲教育不仅仅是识字，还要将扫盲教育与人的觉悟、与人的解放相联系。在早期的扫盲教育实践过程中，他从文化人类学的角度，探究了教育与觉悟的关系，提出扫盲教育要与人的觉悟过程联系起来。他从成人扫盲教育实践着手，注重教育与民众生活相结合，提出了情景对话式的教学方法。

弗莱雷的解放教育思想涉及广泛，内容丰富。正是由于直接来自广大民众的扫盲教育经验，弗莱雷的解放教育思想很容易为广大民众接受并流传颇广。

1967年，弗莱雷在智利流亡期间，一边参加智利的教育工作，一边深刻思考他在巴西开展的扫盲教育工作，完成了第一部著作《作为解放实践的教育》。这部著作是弗莱雷对他在巴西开展的扫盲教育工作的总结,也是弗莱雷教育思想发展过程中第二阶段的一个重要标志。

3. 流亡国外创建理论阶段

这一阶段从弗莱雷被巴西军人政府驱逐、流亡到智利开始,一直到1970年弗莱雷的最重要的代表著作《被压迫者的教育学》一书的出版。

这一阶段也是弗莱雷教育思想发生又一重大转变的阶段。面对严重的社会压迫现象,弗莱雷对教育加强了哲学和政治学的思考,把教育与政治紧紧地联系在一起。同时,弗莱雷对教育在改造社会方面所存在的局限性也有了一定的认识。

弗莱雷对主流文化统治下的、压迫人的传统教育进行了猛烈的抨击。他主张对主流文化、对压迫的现状加强批判意识。他认为,传统教育是一种"驯化教育",是要将人"驯化"成与现存制度、现存文化相一致的人,也就是没有批判意识、没有创造性的人。因而,弗莱雷提出了要用新的"对话式教学"来取代传统的"银行储蓄式教学"。这一阶段也是弗莱雷在教育学和政治学上走向成熟的阶段。

在这一阶段,弗莱雷教育思想的主要特征是,通过教育发展批判意识,提高政治觉悟,反对现存的压迫状况。他总结了解放教育的理论,独创性地提出了被压迫者自己的教育学,提出了"教育即政治"的观点。1970年出版的他的代表作《被压迫者的教育学》就是这一阶段的一个理论总结。

4. 非洲教育实践阶段

这一阶段从1970年弗莱雷介入非洲国家的教育实践起,到1980年弗莱雷出版了《发展中的教育学——几内亚比绍信札》对非洲成人扫盲教育进行了总结。

在这一阶段,弗莱雷解放教育的视野更为广阔了,他试图把解放教育的理论运用于不同的国家。弗莱雷十分关注非洲国家的民族解放斗争运动,并运用自己的教育理论,积极地投身于非洲国家的重建。

在这一阶段,弗莱雷教育思想的主要特征是,将成人扫盲教育也看成是一种政治行为,而不是一种机械的识字的过程;扫盲教育的学习内容要与革命政党的政治立场相一致,包括对社会的批判性认识;扫盲者要通过对社会实践的分析(尤其注重生产活动)来认识现实世界;扫盲教育以及普通教育是与生产劳动密不可分的;要使所有的人都能够掌握读写,这样才能从根本上改变现状。

在非洲的实践既丰富了弗莱雷的解放教育思想,也给弗莱雷带来了更多的思考并进行了认真的总结。通过这一阶段的实践,弗莱雷总结了非洲国家与拉丁美洲国家在开展教育过程中的不同之处。不同的社会背景、不同的社会制度,也促使弗莱雷反思了他的理论和方法是否普遍适用于其他的发展中国家的问题。

5. 后期巴西教育改革阶段

这一阶段从 1980 年弗莱雷回到巴西,在巴西进行教育改革实践开始,直至去世。

重返巴西后,弗莱雷以满腔热情继续投入巴西的民众教育事业中,实践他的解放教育的思想。在这个阶段,弗莱雷的一个显著功绩是以一个决策者的身份来实践他的教育理想,他在巴西最大的城市进行了贯彻解放教育思想的全面改革。

在这一阶段,弗莱雷教育改革思想的主要特征是,强调增加平等受教育的机会,消除教育不公的现象;实施学校教育民主化管理,下放决策权和加强全体成员的积极参与;进行全面的课程和教学改革,注重学生的生活经验,实施新的跨学科课程改革计划;加强教师的再培训。在其短暂的领导教育改革的过程中,弗莱雷取得的成就是有目共睹的,改革的影响是巨大的,引起了世界瞩目。

二、被压迫者的教育学中的解放教育思想

弗莱雷的代表作《被压迫者的教育学》出版后,立刻就受到各方的关注。有人认为这是一本革命性的著作,是一本主张平等与正义的书;也有人认为这是一本被压迫者的教育《圣经》,是一本真正的革命的教育学;还有人认为它"超越了该书的时代和作者的时代",是一本"经典之作"。很快,《被压迫者的教育学》就被翻译成十多种文字在世界各国流传,引起了强烈的反响,在世界上产生了巨大影响,成为 20 世纪 70 年代世界上最有影响力的著作之一。

从弗莱雷的代表作《被压迫者的教育学》中,可以看到弗莱雷的解放教育的主要思想。

(一) 解放教育哲学观

1. 人性论

根据弗莱雷的观点,有人性化,就有非人性化。对于一个不完善而又能意识到自身的不完善的人来说,人性化和非人性化的问题都有可能出现。

弗莱雷认为，人的使命是要追求人性化或人道化。然而，在一个存在压迫和被压迫的社会中，压迫者的剥削、压迫、偏见和暴力否定了这一使命；而被压迫者渴望解放、要求公正并为恢复被剥夺了的人性而进行斗争，更确认了这一使命。

弗莱雷把非人性化的产生归咎于不公正的社会制度。他尖锐地指出："历史上发生的某些具体事件，并不是命中注定的，而是由不公正的制度造成的，而这种制度也使压迫者使用暴力，使人非人性化。这种状况迟早会使被压迫者起来反抗，与那些造成他们不完善的人进行斗争。"[①]

在这种斗争中，在这种寻求恢复其人性的过程中，弗莱雷提出的一个重要思想是："被压迫者不应当反过来以压迫者的手段去压迫压迫者，而要使被压迫者和压迫者双方都恢复人性。"[②]弗莱雷认为："这是一种创造人性的过程，对被压迫者来说，他们具有的人道主义的历史重任，是使自己获得解放，同时也要使压迫者得到解放。对压迫者来说，他们凭借其权势，压迫、剥削、欺凌被压迫者，他们不可能会让被压迫者获得解放，更不会改变他们自己。只有被压迫者，才有足够的力量来使被压迫者和压迫者双方都获得解放。"[③]

由此可见，弗莱雷的人性论不主张一个阶级压迫另一个阶级，不管是压迫者压迫被压迫者，还是被压迫者反过来压迫以前的压迫者，这都是违反人性的，是非人道的。更为重要的是弗莱雷把人（不管是被压迫者还是压迫者）放在了历史的进程中来进行分析。他指出，由于受历史原因的制约，有些人（压迫者）是不可能承担解放人性的历史使命的。只有被压迫者才能进行这种解放，即解放被压迫者和压迫者双方，使双方都能重新获得人性。

2. 压迫者与被压迫者矛盾论

弗莱雷认为："被压迫者的教育学应该是'与'被压迫者一起来建立的，而不是'为'被压迫者建立的；应该是从被压迫者反思与寻求解放的斗争过程中产生的。"[④]

弗莱雷认为，压迫者和被压迫者是一对矛盾体。被压迫者最能够了解可憎的压迫社会，最能感受到压迫的事实，最能理解解放的必要性。然而，弗莱雷指出："这种解放

---

① Paulo Freire(1970). *Pedagogía del Oprimido* S. A. México. Siglo Veintiuno Editores. p. 32.
② 同上。
③ 同上。
④ 同上，第 34 页。

不是唾手可得的，而是要去探索、去实践的，要认识到解放斗争的必要性才能得到解放。"①

弗莱雷认为，被压迫者发现他们与压迫者之间存在一种辩证关系，没有被压迫者，压迫者就不会存在。但是，这种发现本身并不构成解放，只有被压迫者有了这种认识并投入解放的斗争中去，才能最终解决压迫者和被压迫者的矛盾。但是，要解决压迫者和被压迫者这对矛盾，不能用以前压迫者的那一套。弗莱雷认为，被压迫者的斗争实际上也是一种爱的行为，要用这种爱来反对压迫者暴行中的无情。也就是说，要解决压迫者和被压迫者的矛盾，不能简单地将矛盾双方转换过来，而是要通过一种革命的人道主义来进行。如果在解放的过程中，被压迫者又转变成压迫者来压迫原先的压迫者，那么就不可能真正获得解放，压迫者和被压迫者的矛盾依然会存在。

3. 批判现实和改造世界论

弗莱雷认为，要解决压迫和被压迫的矛盾，就要通过批判现实和改造世界来进行。通过批判现实和改造世界，可以创造一个新的、能实现完美的人性的环境。

然而，要开展批判现实和改造世界的斗争并非易事。这种为完善人性的斗争，是不能由压迫者来实施的。弗莱雷指出，这是因为"压迫者使他人非人性化，同样也使自己变得非人性化了"。② 因此，这种斗争必须由被压迫者来实施。但是，"被压迫者已习惯并顺从了他们所处的社会结构"③，他们不太愿意去冒风险。由于害怕解放，他们往往也会拒绝别人的帮助，不愿意倾听别人以及自己内心的呼声。实际上，"被压迫者内心承受了双重折磨，一方面，没有解放，他们就不能真正地生存下去；另一方面，他们却又害怕解放。这种状况是由长期受压迫的具体环境造成的"。④

因此，弗莱雷指出："产生压迫的具体环境必须加以改造。如果说人类创造了社会现实，那么，改造社会现实就是一项历史使命，也是一项寻求人性的使命。"⑤

弗莱雷认为，压迫的现实产生了压迫者和被压迫者的对立。被压迫者的使命在于进行解放的斗争，只有通过解放斗争的实践，才能获得对压迫者的批判性认识。然而，

---

① Paulo Freire(1970). *Pedagogía del Oprimido* S. A. México. Siglo Veintiuno Editores. p. 36.
② 同上，第40页。
③ 同上。
④ 同上，第42页。
⑤ 同上。

弗莱雷指出:"获得解放的最大障碍之一,是充满压迫的现实同化了置于其中的人,使人们失去意识。因此,要获得解放,被压迫者必须通过实践,通过对世界作出反思和行动来改造这个世界。仅仅对现实有认识,而不经过批判性的介入,是不会实现对客观现实的改造的,被压迫者必须批判性地面对现实,在使之具体化的同时采取行动。"①

4. 解放教育论

根据弗莱雷的思想,被压迫者的教育学要使被压迫者反思产生压迫的根源,并投身于争取解放的斗争之中。因此,被压迫者的教育学不是给予性的,而是被压迫者自己在长期地改造世界的过程中、在争取重获人性的斗争中产生的。被压迫者的教育学可以说是一种解放的教育学,也是一种人道主义的教育学。这和压迫者的教育学是截然不同的。

压迫者的教育学要使被压迫者成为非人道化的客体,并以此来维护和实施这种压迫。因而,这种教育学是非人道化的一种工具。所以,弗莱雷提出:"被压迫者的教育学是不能由压迫者来建立,也不能由他们来实践的。如果压迫者不仅拥护而且实施这种解放教育,那么这在理论上是自相矛盾的。"②

弗莱雷认为,被压迫者的教育学(作为人道主义的和解放的教育学)的建立可以划分为两个互为关联的阶段。第一阶段,被压迫者是在揭示压迫的世界,并在实践中参与改造压迫的世界;第二阶段,一旦改造了压迫的现实,这种教育学就不再属于被压迫者了,而逐渐成为不断解放过程中的人的教育学了。

在第一阶段,弗莱雷认为,被压迫者的教育学要解决的问题,是在压迫的具体环境中被压迫者和压迫者的矛盾问题。在这里,重要的是要看到被压迫者的两重性,即被压迫者是在压迫和暴力的状况下"形成"的人,并"延续"其存在,他们要求解放而又受到环境阴影的影响,从而造成其两重性。

在这种状况下,在压迫者和被压迫者的客观关系中,A 剥削 B,A 阻碍 B 去寻求作为一个人、作为主体,这就是压迫。这种阻碍,本身就是一种强暴。一旦建立了压迫的关系,强暴也就产生了。由于压迫者使别人非人性化并侵犯他人的权利,他们自己也变得非人性化了,他们就不可能获得自身的解放。只有被压迫者通过解放自身,才能

---

① Paulo Freire(1970). *Pedagogía del Oprimido* S. A. México. Siglo Veintiuno Editores. p.43.
② 同上,第47页。

解放压迫他们的人。弗莱雷指出:"要解决被压迫者和压迫者的矛盾,关键是要产生'新人',这种新人既不是压迫者,也不是被压迫者,而是处于解放过程中的人。如果被压迫者的目标是要成为完善的人,那么就不应把矛盾的双方转换过来,简单地变换一下角色,也不应将被压迫者以解放的名义变成为新的压迫者。这也成为被压迫者的教育学的一个主要目的。"①

(二) 新旧教育观

1. "讲授式教学"与"储蓄教育观"

(1) "讲授式教学"

在长期的教育实践过程中,弗莱雷探究了学校中的教学关系。他发现,学校教学的一个基本特征就是"讲授"。

弗莱雷认为,这种"讲授"具有一种特殊的弊端,即表明了教学中的师生关系是主体和客体的关系。讲授者是教师,是主体;听讲者是学生,是客体。作为主体,教师的主要任务是用讲授的内容来"填满"学生的脑子。作为客体,学生的主要任务是听讲,把教师所讲的储存起来。在这种教学中,师生之间没有对话,没有交流。这种不对话表明了教师与学生之间是一种垂直关系,而不是一种平行的关系。教师讲授的内容又往往是远离学生生活经验的、脱离现实的。

弗莱雷指出,这种"讲授"会导致学生机械地记忆所讲授的内容,会把学生变成被教师"填塞"的"容器"。教师把这些"容器"填塞得越满,越会成为好教师;这些"容器"越是愿意顺从地让教师填塞,就越会成为好学生。这种讲授式教学充分反映了一种传统的旧教育观。

(2) "储蓄教育观"

对这种传统的教育,弗莱雷有一个著名的、十分形象的比喻——"银行储蓄(bancaria)"式的教育。弗莱雷指出:"这种教育是一种'储蓄'行为,学生就像是银行里开的'户头',教师则是'储户'。教师进行讲授,灌输知识(进行存款),而学生则被动地听讲、接受、记忆和重复(进行储存)。师生之间的这种'你储我存'取代了相互的'交流'。学生'户头'里的'存款'越多,他们发展批判的意识就越少,而这种批判意识可以

---

① Paulo Freire(1970). *Pedagogía del Oprimido* S. A. México. Siglo Veintiuno Editores. p.48.

使他们作为世界的改革者介入这个世界。"

在这种"储蓄教育观"中,教师是至高无上的,教学是以教师为中心的。因此,在教育中就出现了弗莱雷指出的如下的一些现象:(1)教师总是教,学生总是被教;(2)教师什么都知道,学生则一无所知;(3)教师总是在思考,学生不用去思考;(4)教师总是讲授,学生总是顺从听讲;(5)教师执行纪律,学生遵守纪律;(6)教师有权选择并作出规定,学生则遵守规定;(7)教师发挥主导作用,学生围着教师转;(8)教师有权选择教学内容,学生(从未被征求过意见)则要适应这些教学内容;(9)教师利用自身的威望成为知识的权威,反对学生独立思考,学生只能听从教师;(10)教师是教学过程的主体,学生是教学过程的客体。

在这种"储蓄教育观"中,知识被看作智者给予愚者的一种恩赐,学生被看作要进行适应的人和要进行调整的人。学生储存的东西越多,学生自我发展批判意识的机会就越少。学生越是被动地学,越会倾向于去适应世界,而不是去改造世界。

这种"储蓄教育观"实际上反映了一种压迫意识:无知的绝对化。在这种意识的影响下,教师和学生持有的不可更改的固有观念是教师总是什么都知道,而学生总是一无所知。这种僵化的观念否认了教育和获取知识的过程是一种探究的过程。

弗莱雷猛烈地抨击了这种"储蓄教育观",他指出:"这种教育观剥夺了或压制了学生的创造权。在传统的课堂教学中,学生发展的是一种依附权威的思想,他们所受的教育就是听教师告诉他们应该怎样想和怎样做。结果,未来的他们只能成为被动的、没有创造力的劳动者。"

因此,弗莱雷提出要用"提问式教学"来取代"讲授式教学",要用"解放教育观"来批判"储蓄教育观"。要实施解放教育,首先要从克服教师与学生的矛盾着手,通过双方的协调,使师生双方共同来进行教育。

2. "对话式教学"与"解放教育观"

(1)"对话式教学"

弗莱雷认为,要实施真正解放的教育不能用"储蓄教育观",因为"储蓄教育观"把人看作"空"人、可以用知识来"塞满"的人。实际上,人是"有意识的"人。因此,弗莱雷指出:"教育不应该是知识的储存,而是在人与世界交往中,人不断地提出问题。"

与"讲授式教学"相反,"对话式教学"指出了意识存在的本质是其"意识性",也就是确定了意识本身,即总是"意识到",不仅仅意识到事物,也意识到其本身,即意识到意识的意识。"对话式教学"反对单向的讲授、纯粹的知识储存,指出教育是一种认知行为,可认知的客体不是单方主体认知行为的目的,而是认知主体双方(教师和学生)的载体。因此,弗莱雷主张认知主体双方在认知客体的过程中要进行双向交流,而不是一方向另一方的传授。只有师生之间进行对话,才能克服师生之间的矛盾。

由此可见,"讲授式教学"和"对话式教学"反映出两种教育观念。"讲授式教学"服务于统治,必然会维持师生矛盾,于是就要反对师生进行对话,否认教育的实质就是对话。而"对话式教学"服务于解放,就要克服这个矛盾,提倡师生间进行对话。

实际上,如果不克服师生矛盾,就不可能实施对话式教学,也不可能进行解放的实践,同样也不可能废除被动的单向讲授和进行双向的交流。

弗莱雷认为,通过对话式教学克服了矛盾,就会出现一种新的师生关系:"不是教师的学生、学生的教师之关系,而是师生和生师的关系。教师不仅仅从事教,他在教学中通过与学生的对话,也受到教益。教师和学生双方都成为教育过程的主体,在教学过程中共同发展。因而,在这种教学过程中,没有人去教其他人,也没有人自己教自己。他们在共同进行教育。他们把可认知的世界作为载体来相互进行教育。"

弗莱雷总结的"讲授式教学"与"对话式教学"的主要区别如下。

"讲授式教学"试图用神话来虚构现实,掩盖事实真相;把学生看作客体;反对教师与学生对话;为统治服务,压制创造;不承认人的历史性;强调维护现状。

"对话式教学"寻求解放,要求揭穿神话,客观地认识世界;把学生看作主体;主张对话并与揭示现实的认知行为相联系;为了解放,鼓励创造,强调发展批判性思维和对现实的真正探究行动;注重从人的历史性来考虑问题;强调变化,改造现实。

(2)"解放教育观"

就像"讲授式教学"反映了"储蓄教育观"一样,弗莱雷的"对话式教学"也反映了他的"解放教育观"。

根据弗莱雷的"解放教育观",教育目的是要使人觉悟,要具有批判的意识,要学会学习、学会思考,从而获得"解放"。"对话式教学"是师生民主平等、双向交流的,把学生看作主体,培养他们的创造性和批判意识。因此,弗莱雷主张在教学中进行提问和对话,因为这是人们获得"解放"的重要途径。

弗莱雷认为,"储蓄教育观"与讲授式灌输教学,是不民主的,削弱了学生大胆地向权威提问的勇气和能力。"储蓄教育观"的实质是要抹杀学生的创造性,压制学生的批判性,从而满足压迫者的利益。压迫者的这种教育不主张去发现世界和改造世界,而是要维护压迫者受益的现状。因而,他们会本能地反对任何促进真正思考的教育,反对要揭示现实、探究问题的教育。

因此,弗莱雷提出解放教育,目的是要使被压迫者对自己所处的状况有清醒的认识,产生觉悟,提出问题,进行反思,采取行动。运用在教学过程中,就是要提倡"对话式教学",反对传统的"讲授式教学"。

(三) 教学观与课程观

1. 对话式教学观

弗莱雷认为,教育具有对话性,教学应是对话式的。对话是一种创造活动。他大力提倡"对话式教学"并以此来批判传统的"讲授式教学"。他对对话的实质、对话的基础和条件、对话的特征等都进行了深刻的揭示。

(1) 对话的实质

弗莱雷指出,人的存在不会是无声的、沉默的。说话不是某些人的特权,而是所有人的权利。因此,任何人不应只对其他人说话而剥夺别人说话的权利。人们说话是对世界"发表意见",是一种改造世界的行为。

弗莱雷认为,作为人类现象的对话具有一定的构成要素,其中有两个方面(行动和思维)是相互关联、相互作用的。"对话要求有行动和进行思维,但行动和思维不能截然分开"[1]。行动和思维之间没有固定的联系就不是真正的对话,也就不会去实践。因而,"可以说真正的对话是一种对世界的改造"[2]。但是,不真实的对话,会有损行动和思维,成为连篇空话。空洞的对话是不会揭示世界的,因而也不可能去改造世界。另一方面,"如果仅强调行动而忽视思维,那么这是为行动而行动,是一种行动主义,它否定了真正的实践,也阻碍了对话"[3]。

(2) 对话基础和条件

弗莱雷认为,对话是建立在一定的基础和条件上的,没有这些基础和条件,就不会有对话。

---

[1] Paulo Freire(1970). *Pedagogía del Oprimido* S. A. México. Siglo Veintiuno Editores. p. 97.
[2] 同上。
[3] 同上。

① 对话与平等

对话只能在平等的基础上进行,否认其他人有说话权的人与被否认有说话权的人之间不可能有对话。弗莱雷认为,在进行对话前,必须要使被否认有权讲话的人夺回自己的这种权利。不让别人讲话的人是不人道的。因此,"对话不是一个人对另一个人进行思想灌输,也不是用来征服别人的狡猾手段,而是对话双方为了获得解放去征服世界、去改造世界"①。

② 对话与爱

除了对话中要平等外,弗莱雷还强调人类的爱在对话中的重要意义。弗莱雷认为,如果不热爱世界、不热爱生活、不热爱人类,那么就不会有对话。"爱是对话的基础,爱也是对话本身。"②统治社会中的爱是一种病态的爱,不是真正的爱。爱意味着对人的一种承诺。这种承诺,从爱的特征来看,就是对话。弗莱雷说:"真正的革命者必须把革命看作一种爱的行为,同时也是一种创造性行为和人性化行为,因为革命与爱并不是不相容的,相反,人们进行的革命就是要实现其人性化。"③无论何地,只要存在受压迫者,那么爱的行动必然会涉及他的事业——解放的事业。只有争取解放,取消压迫,才可能获得爱,才能进行对话。

③ 对话与谦恭

对话的双方要谦恭,没有谦恭,就没有对话。弗莱雷指出,如果对话一方高傲自大,瞧不起对方,总是认为别人无知,而看不到自己的不足;如果把自己看成是主体、是了不起的人、是精英、是真理和知识的拥有者,而其他人是客体、是"圈外人"、是"天生的下等人",那么就不可能进行对话,因为"对话是人类的一种相互了解和共同行动"。④ 高傲自大是与对话不相容的。

④ 对话与信任

弗莱雷指出,如果不相信他人,也不会有对话。相信别人有做事的能力,相信别人有创造力,相信别人有发展力,相信这些能力并不仅仅是某些精英特有的,这样对话才可能进行。相信人是对话的先决条件,是先于面对面的对话的,但这种信任不应是天

---

① Paulo Freire(1970). *Pedagogía del Oprimido* S. A. México. Siglo Veintiuno Editores. p.101.
② 同上。
③ 同上。
④ 同上,第102页。

真的。弗莱雷指出:"只有建立在平等、爱、谦恭、相信人的基础上,对话才是一种双方平行的关系。"①缺少爱、缺少谦恭、不相信人,就不会产生信任。没有信任,也就失去对话的条件,就会形成家长式的操纵。信任会使对话双方更加感到在讨论世界的问题时他们是同伴。

⑤ 对话与希望

没有希望,也不会有对话。弗莱雷认为:"在人的不完善之中存在着希望,有了希望,人们才会去不断探索,寻求完善。"②与希望相反,绝望是否认世界、逃避世界、保持沉默的一种方式。由不公正的制度造成的非人性化,不应成为绝望的理由,而相反应成为产生更大希望的动力。然而,弗莱雷指出:"希望并不等于叫人们把双手抱在胸前被动地等待,而是要充满希望地进行斗争。"③如果对话的主体对其事业不抱希望,就不会有对话。

⑥ 对话与批判思维

弗莱雷认为:"对话双方不进行批判思维,就不会有真正的对话。"④批判思维与单纯思维是两种不同的思维。单纯思维是要适应现实的规范化,而批判思维是要用不断人性化的观点来对现实进行不断地改造。只有要求进行批判思维的对话才能产生批判思维。没有对话,就没有交流;没有交流,也就没有真正的教育。

(3) 对话的特征

① 对话是平行的交流

弗莱雷认为,交流是人类生存的重要方式,人类生来就需要进行相互间的交流。在交流时有两个前提很重要:一是要真实地表达思想,不要说假话、说虚话;二是要积极地参与交流、参与社会活动。如果在交流中尽说假话,或者是尽管讲的是真话,却是空话,远离实际,不愿参与社会实践,那么这种交流也就失去了意义。

在教学中,弗莱雷提出了师生间的双向性的相互交流。这种交流是一种平行的、平等的、民主的、真实的、积极的交流。在这种交流中,师生双方都是主体,为了共同的目的进行交流。

---

① Paulo Freire(1970). *Pedagogía del Oprimido* S. A. México. Siglo Veintiuno Editores. p.102.
② 同上,第104页。
③ 同上。
④ 同上。

② 提问是对话的关键

弗莱雷认为,对话是教育的主要途径之一,要使对话有成效,提问是关键。他认为,教师不应只是知识的传递者,还应成为问题的提出者。提问实际上是对现实问题进行批判分析。为此,他对教师的提问提出了以下一些要求:

——要提出能够激起思考的问题;

——要能激励学生自己提出问题;

——通过提问,学生不仅仅会回答问题,更重要的是要学会对答案提出疑问。

③ 对话需要合作

弗莱雷认为,在对话中,为了改造世界,对话双方的合作是十分重要的。他指出,非对话的教学其重要的特征之一,是一个主体要使对方成为客体。而在对话式教学中,不存在一个主体要使对方成为客体,对话的双方都是主体,要共同去揭示这个世界,去改造这个世界。因此,对话不是强制的,不是被人操纵的,而是双方的一种合作。

(4) 对话式教学的价值与作用

① "对话式教学"有助于培养创新精神

在教学中注重对话而不是注重讲授,是对我们传统教学的一种革新。这种对话式教学有助于培养和促进教师和学生的创新精神。

在我们的教学过程中,通常上课是以教师的讲授为主。为了上好课,教师要花很多时间来钻研教材,进行备课,但他们的着眼点主要是在自己的"讲授"上,考虑的是如何"讲"得好,"授"得更多。当然,也有教师会考虑学生如何能学得更好,但主要的还是考虑学生如何"接受"得更多更好。在这种教学过程中,课堂提问是很少的,对话不是主要的。教师按自己预定的计划讲授。

"对话式教学"要求教师在课堂教学中注重与学生的对话,这与我们通常的教学有很大的区别。怎样在课堂中通过对话来进行教学,是促进教师进行创新的一个动力。教师不是按原来的教学方式进行教学,而要用新的理念、新的方法,以逐渐培养其不断创新的精神。

对学生而言,"对话式教学"会极大地促进学生思考,与教师一起去探讨未知的世界。学生的学习不再是被动地接受知识,而是不断被激励去主动地探究。学生的学习不再被限制于教师所讲的范围,而是不断地发现,不断地创新。

"对话式教学"是培养师生创新精神的一种有效方法。

② "对话式教学"有助于促进民主平等

人类社会在向民主平等的社会发展。教育民主与教育平等是国际教育发展的主潮。实施对话式教学有助于促进民主平等。

"对话式教学"表现的是 A(教师)和 B(学生)之间的一种平行的关系,而在讲授式教学中,A 和 B 之间是垂直的关系,A 是主体,B 是客体。在对话式教学中,A 和 B 都是主体,客体则是 C(世界)。教师和学生的关系是平等的,目的是要更好地了解世界、改造世界。

在教学中强调提问、强调对话、强调交流,充分显示了教育的价值取向:民主与平等。在这种教学中,教师改变了其原有的角色,从知识的给予者变为学习的促进者、合作者。学生则从知识的接受者变为学习的探究者和合作者。在这种教学过程中,以民主、平等为导向的价值观不断激励教师和学生去了解世界、改造世界。

"对话式教学"是实施民主平等的一种有效手段。

③ "对话式教学"有助于加强相互合作

在"对话式教学"中,教师和学生双方都是主体,并不存在以哪一方为主、哪一方为客的问题。在这种平等关系基础上的对话,是一种平行的交流。对话产生交流,交流产生合作。对话式教学有助于加强师生之间的合作。

教学是双向性的,教师与学生之间是互动式的。因而,只有双方进行有效的合作,才能完成教学的任务。合作的前提是要进行交流,一种平等的交流。对话式教学注重这种交流,教师在交流中了解了学生的情况,学生在交流中也知道教师的意图,从而促进了师生之间的合作。因此,"对话式教学"是促进合作的一种有效保证。

2. 原生主题课程观

(1) 课程内容来源于现实世界

弗莱雷反对"银行储蓄式教学",主张实施"对话式教学"。那么"对话式教学"应该进行的对话内容又是什么呢?对话的内容,也就是教育的课程内容。在这一方面,弗莱雷提出了他自己独到的课程观。

弗莱雷认为,真正的教育不是 A"对"B 的教育,而是 A"和"B 的教育,是将世界作为中介的教育。这个世界会让某些人留下一些印象和产生一些疑问,同时也会使另一些人产生对世界的看法和观点。这些看法和观点与焦虑、疑惑、希望或绝望等混合在一起,就会产生有意义的课题。因此,"教育的内容产生于人们生活的现实世界,课程内容就可以在这个基础上来进行构建"。

按照弗莱雷的观点,教育课程的内容产生于人们所处的具体的、现实的环境,而不应按照要塑造"好人"的理想模式来设计。这也就是说,我们不应像储蓄教育观那样把所谓的"知识"给予劳动人民,或在我们自己设计的课程内容中,把"好人"的模式强加给他们。有许多例子表明,一些教育计划的失败,主要原因是计划的制定者是根据自己个人对现实的观点来设计的,他们完全没有考虑处于现实情景中的人,而这些人正是学习其课程的对象。

因此,弗莱雷提出了设计教育课程内容的出发点必须是当前的、现实的、具体的并能反映人们意愿的情景。然后,将这些情景作为问题向人们提出来,使他们面对挑战,促使他们对此作出反应。

弗莱雷认为,我们的责任不是给人们讲述我们的世界观或把我们的世界观强加给人们。相反,我们的责任是与人们对话,讨论双方的观点。他们以各种行为方式表现出的世界观,反映了他们在这个世界的处境。因此,教育者必须了解他们的这一处境。然而,在很多情况下,我们的教育者在侃侃而谈时,却没有人能理解他们,这是因为他们的语言与人们的具体环境不相一致。弗莱雷指出:"语言要有思想才能生存,但是,语言和思想如没有相互联系的结构也不能生存。因此,为了能有效地进行交流,教育者必须了解由人们的语言和思想辩证地构成的这种结构性内容。"[1]

为此,弗莱雷认为,教育课程的内容不应由教育者单独来选择,而要与学习者一起来选择,教育者应与学习者一起在他们所处的现实中共同寻找教育课程内容。这种寻求的过程,实际上开启了作为解放实践的教育对话,也被称为对人们的"主题领域(universo temático)"的研究。主题领域也叫"有意义主题(temático significativo)"或称"原生主题源(el conjunto de temas generadores)"。这种研究,实际上也是对话式的。弗莱雷认为:"并非仅仅教育研究人员是研究的主体,而其他人是研究的客体。教育研究人员要与现实生活中的人们一起,通过对话,了解他们各自的思想和语言、他们感知现实的程度以及他们的世界观。这是因为作为教育课程内容的'原生主题'都存在其中。"[2]

---

[1] Paulo Freire (1970). *Pedagogía del Oprimido* S. A. México. Siglo Veintiuno Editores. p. 112.
[2] 同上,第 115 页。

(2) 弗莱雷的原生主题论

在弗莱雷的课程观中,"原生主题"是一个十分重要的概念。弗莱雷认为,原生主题产生于现实并是在对现实进行批判思维中产生的,原生主题是课程内容的来源。为了更好地了解原生主题,弗莱雷首先阐述了人与动物本质的区别。

弗莱雷认为,人具有以下一些本质特征:①人能够通过自己的活动,将他自己看作意识的客体,从不完善不断走向完善。②人能意识到自己的活动和所处的世界;人能按照自己的目标来行动;人能探究自己和探究人与世界以及人与人之间的关系;人能通过改造世界来创造新的世界。③与动物不同,人不仅仅生存,而且存在,但这种存在是一种历史的存在,是为了不断改造世界、创造世界的存在。④人能超越"受限的环境"。⑤人的存在是一种实践的存在,人通过对世界的行动,创造文化和历史。只有人类才进行实践。人们通过思维和行动,改造现实,这种实践才是知识和创造的源泉。⑥人在创造历史的同时,又成为历史的和社会的存在。

弗莱雷认为,动物有以下一些本质特征:①动物不能将自己从其活动中分离开来,不会在有意义的世界中进行超越自己的完善。实际上动物是一种"自我封闭的存在"。②动物没有历史感,没有明天和今天、这里和那里的概念;动物并不会区分"我"和"非我",动物缺乏自我意识。③动物的生存完全的受限,不可能超越其"受限的环境"。④动物没有责任感,不会作出承诺,不会承担生活,也不会构建生活,更不会去改造其周围的环境。无论在野外森林之中还是在动物园中,动物都一样,是一种"自我封闭的存在"。

揭示了人的本质特征后,弗莱雷指出:"正是由于人的这些本质特征,促使人们去探索世界,去改造世界。在这一方面,动物是做不到的。人们在探索世界、改造现实的过程中,自然会发现许多有意义的、具有时代特征的主题。各种思想、观念、希望、疑问、价值、挑战等,在各自的发展过程中,与其对立面相互作用,这就构成了时代的特征,它们的具体表现,再加上人为的障碍,也就形成了时代的主题。"①

这些主题不仅包含了相对的、有的甚至是相反的主题,而且也指出了应该实施和完成的任务。这些主题是有历史意义的,它们不是孤立的、不相关的或静止的。它们总是辩证地与其对立面联系在一起。一个时代中的各种相互关联的主题的总和就构

---

① Paulo Freire (1970). *Pedagogía del Oprimido* S. A. México. Siglo Veintiuno Editores. p.119.

成了这个时代的主题领域。弗莱雷指出,他的那个时代的基本主题是"解放",也包含其对立面"统治"这一主题。"解放"也就是有待实施和完成的目标和任务。

在时代主题之下,还有各种次主题和小主题。面对各种主题,人们也有各自的相对的立场,有人要努力维持现有结构,也有人力图改变这种结构。随着主题之间对抗性的加强,又会出现两种现象或主题:一是神化主题和现实,制造神话本身就构成了一个主题;另一是揭露神话,批判现实,揭露神话也是一个主题。

因此,在确定教育课程内容之前,就必须要对各种有意义的原生主题进行调查。弗莱雷认为:"有意义主题中蕴含着人类特有的、带有历史特性的愿望、动机、目标。要调查和了解这些主题,脱离不了现实中的人,也脱离不了现实,只有在人与世界的相互作用中才能理解这种原生主题。"[1]

弗莱雷指出:"调查原生主题,就是调查人对现实的思维和行动,也就是人的实践。人在对主题的探索中越是采取主动的态度,对现实的批判意识也就越深刻,而且,在认识了这些主题后,他们会更坦然面对。"[2]因此,主题调查就是要共同努力来认识现实和认识自己。主题调查也就成为教育过程的起点,或者说是成为具有解放性质的文化行动的出发点。

弗莱雷认为,对教育课程内容的调查,如果能全面、系统地从整体到个体进行分析和了解,就更可能揭示出人们的主要矛盾和次要矛盾。如果课程内容反映了这些矛盾,无疑也就包含了有意义的主题。弗莱雷认为:"这种通过观察和调查作出决定的课程内容,要比那些官僚主义'自上而下'作出决定的课程内容更有意义。"[3]

弗莱雷的对话式教育的课程内容主要是以学生的世界观构成并组织起来的。学生自己的原生主题存在于他们的世界观中。因此,在进行对话式教学的过程中,教师的任务是把来自学生的主题领域"再现"给学生,但并不是以"讲授"的方式,而是以"提问"和"对话"的方式"再现"这些主题。

从解放教育的观点来看,弗莱雷认为重要的是,在任何情况下要让人们感到他们是自己思想的主人,让他们在与其同伴的讨论时,能直截了当或拐弯抹角地谈论他们的思想,讨论他们自己的世界观。解放教育思想认为,绝不能把自己的课程内容提供

---

[1] Paulo Freire(1970). *Pedagogía del Oprimido S. A. México.* Siglo Veintiuno Editores. p.119.
[2] 同上。
[3] 同上。

给人们，而是应该通过对话，与人们一起来探究课程内容，并且必须实施由人们自己制定和参与的"被压迫者的教育学"。

三、解放教育思想的主要观点

弗莱雷的解放教育理论始于他的扫盲教育实践。在长期的扫盲教育过程中，弗莱雷揭示了教育的一些基本问题，提出了颇具特色的扫盲教育理论。扫盲教育理论的建立，为弗莱雷开辟了通向探究教育本质问题之途。

经过动荡曲折、艰辛复杂的流亡生活，弗莱雷对教育的本质问题体会得更深了。在《被压迫者的教育学》一书中，弗莱雷已经对教育的政治性有了一定的认识，也提出了解放教育的基本思想。在这之后，通过考察许多不同的国家并结合自己的复杂而丰富的经历，弗莱雷更多地从教育的政治性来思考问题了。

在《解放教育学》一书中，通过对传统教育的揭露和批判，弗莱雷揭示了教育的本质，提出了"教育即政治"的观点，较系统地阐述了他的解放教育理念，从而构建起了他的解放教育的理论。

从弗莱雷提出的"识字与识世教育观""意识与觉悟观"到"对话教学观"；从"被压迫者的教育学""批判教育学"到"解放教育学""城市教育学"，可以看到，弗莱雷的解放教育理论已远远超越了纯教育问题的论述，涉及哲学、政治学、社会学、人类文化学、语言学、心理学等领域，并把教育问题与社会政治问题紧紧地联系在一起。由此可见，弗莱雷的解放教育理论是博大精深、丰富多彩的。

（一）解放教育与驯化教育

在长期的教育实践中，弗莱雷提出了许多与传统教育截然相反的新观点，形成了他的丰富的解放教育理论。那么，什么是解放教育？为什么提出解放教育？解放教育的目的又是什么？

1. 解放教育与驯化教育的主要区别

弗莱雷的解放教育（liberating education）是针对驯化教育（domesticating education）而提出来的。

首先，弗莱雷对形成驯化教育的社会文化进行了深刻的分析和解剖。弗莱雷指出:"当时的巴西社会,现存的文化是统治阶级的文化。这种文化使人'物化',使人们无法自己进行重大的选择。在这种文化结构中,人们只能接受现存文化的规范,按现存文化规范来行事。"①弗莱雷认为:"在这种文化背景下的教育,即传统的教育(包括扫盲教育),自然是实施驯化式的教育,要将人'驯化'成与现存社会制度、现存文化相一致的社会成员。"②

其次,弗莱雷指出:"传统的教育将学习者看作是客体,是被动地接受知识者,并要求学习者具有极大的忍耐力来学习与他们生活毫不相关的东西。这种教育强调的是一种单向性的教学,而不是相互交流性的教学;这种教育强调的是一种垂直性的教学,而不是平行性的教学;这种教育强调的是一种给予性的教学,而不是探索性的教学;这种教育强调的是一种外部强加性的教学,而不是内部主动性的教学。"③总之,这是一种颇具"驯化式"特色的教育。长期以来,这种教育禁锢了人们的思想,束缚了人们的创造力。因此,弗莱雷提出"要用解放教育的思想来批判驯化教育,使人们能够从现存文化和教育结构的束缚中获得解放"④。

根据弗莱雷的理论,解放教育与驯化教育是完全不同的两种教育。两者的主要区别,可见表1。

2. 用文化人类学促使人们觉悟,批判驯化教育

为了批判产生驯化教育的文化体制和社会结构,弗莱雷的解放教育理论运用文化人类学的一些基本观点,促使人们觉悟,从而批判传统的驯化教育。

弗莱雷认为:"文化是社会中人类的行为和结果,是人们相互作用的方式,是人们给予这个世界的附加物。文化不仅仅是那些美学专家或精英的专利。文化是普通人每天所做的事,是他们言行举止的方式。每个人都拥有并创造着文化,因而文化是人们日常生活中的言行。因此,解放式的教育者在提供有效的批判式学习之前,必须从人类学的角度对其进行研究,并且使学习者了解文化人类学的基本概念,使他们懂得每个人都是有文化的,都是在创造文化,是文化的主人,从而使学习者在学习的过程中

---

① Paulo Freire (1969), *La Educacion como Practica de la Liberación*, Siglo Veintiuno Editores, S. A. México, p.28.
② 同上。
③ 同上,第56页。
④ 同上。

不断觉悟。"①

表 1　解放教育与驯化教育的主要区别

	解放教育	驯化教育
1. 教育目标	使民众觉悟,具有批判意识,改造和创造世界	用统治阶级的意识驯化民众,维护和巩固现实世界
2. 教育内容	根据民众的需求,联系现实问题,安排课程内容	根据统治阶级的要求,学习远离民众现实的内容
3. 教学方法	利用情景,提出问题,进行讨论,实施"情景对话"教学法	实施"银行储蓄式"教学法,教师往"学生账户"里储存知识
4. 教育对象	主体:教师和学生 客体:社会、世界	主体:教师(主动) 客体:学生(被动)
5. 教育交流	师生双向交流、对话、讨论	教师单向给学生传授知识
6. 教育过程	鼓励提问、对话、讨论,培养民众批判意识和创造性	不允许学生提出异议,按规定的内容记忆现成的知识,没有创造性
7. 教育结果	学会学习、学会思考,具有批判意识,从而使民众获得解放	民众掌握许多知识而丧失思考能力,被驯化成适应现实的人

为了使学习者了解文化人类学的思想并使学习者在学习过程中"觉悟起来",弗莱雷极为重视对传统的课程进行彻底的改革。弗莱雷认为:"文化人类学的观念体现在日常生活的经历中,要在课程中植入文化人类学的观念,就要使课程围绕人们生活的主题和环境来制定。"②因此,弗莱雷主张,教育者应在学生的课堂中以及在学生的团体环境中研究他们的学生,以此来发现以学生经验为中心的语言、思想、条件和习惯。通过这些了解,教育者把代表日常生活和交谈中经常出现的原生词与主题作为课程的基本内容。因为这些内容都是学生熟悉的词、经历、环境和关系。教师在课堂上通过情景对话,将这些内容"问题化",也就是说,这些内容是作为要思考和要行动的问题重

---

① Paulo Freire (1969), *La Educación como Práctica de la Liberación*, Siglo Veintiuno Editores, S. A. México, p.73.
② 同上。

新由教师呈现给学生。在提问式的对话中,学生思考他们的生活方式,揭示他们自己的生活价值和意义。这样,在学生的经验中,就逐渐包括了自我思考的内容,因为提问围绕日常生活的主题展开。同时,通过对话引起思考,能够培养学生批判地看待周围的环境并考虑如何来改变这种环境。

弗莱雷尖锐地批判了造成驯化教育的传统教育思想。他指出:"传统教育的最大弊端是自上而下(不是自下而上)地编造其主题、语言和材料。"[①]在传统的正规课程中,文化被学究气地定义为文学、音乐、绘画等著名作品,或上层社会和社会精英谙熟的知识和经验。这种文化与大多数学生的生活相脱离,学生被迫面对生疏的学术性文化,而不能从人类学的角度来看待他们自己的文化。这就使学生感到自己缺乏文化,不得不完全依赖教师。教师通过语言、技能和观念的传授,教学生如何按照占统治地位的精英分子的言行来行事,因为他们认为唯有社会精英的处世方式是可以接受的方式。

3. 解放教育之目的

弗莱雷认为,解放教育的主要任务是揭示与批判,解放教育的主要目标是培养批判意识。但是,"解放教育所强调的批判,并非是局限于教育子系统的批判,相反,解放教育的批判超越了教育领域,而成为一种社会批判"[②]。

显而易见,弗莱雷的解放教育的目的已不仅仅是教育问题了,还是深刻的社会政治问题。弗莱雷已把教育和政治紧紧地连在了一起。

弗莱雷指出:"不是教育决定社会,相反,是社会根据当权者的利益来决定教育。我们不能指望教育成为改变有权者和当权者的那个社会的杠杆。想要当权者实施一种反对他们的教育是极为天真的。让教育不受政治的控制而任其发展,就会给当权者带来无尽的麻烦。所以,当权者不会放任自流,他们会控制教育。"[③]

弗莱雷认为,教育子系统与社会母系统不是一种机械的关系。这两者的关系是历史性的、辩证对立的。也就是说,根据统治阶级的观点,正规教育的主要任务是再造统

---

① Paulo Freire (1969), *La Educación como Práctica de la Liberación*, Siglo Veintiuno Editores, S. A. México, p.73.
② Ira Shor and Paulo freire (1987), *A Pedagogy of Liberation*, Bergin and Garvey Publishers, Inc. Massachusetts, p.35.
③ 同上。

治阶级的意识形态。然而,辩证地来看,还存在另一种任务需要完成,即批判和反对再造统治阶级的意识形态。

那么由谁来承担批判统治阶级意识的重任呢？弗莱雷认为是追求解放的政治理想的教育家。弗莱雷指出,第二个任务不可能由统治阶级来实施,因为他们的理想是再造他们在社会中的权力。这个任务只能由那些想要再造或重建社会的人来完成。

因此,弗莱雷提出解放教育的首要任务就是揭示现实。因为统治阶级意识形态的任务就是要掩盖现实真相,不让人们具有批判的意识,不让人们批判地"阅读"他们的现实,不让人们探究事实的根源。掩盖现实真相就是叫人们把 A 说成 B,把 B 说成 C,就是使人们相信现实是一种固定的东西,只能描述,而不能认为每个阶段都是由历史造成的,也不能认为在历史过程中是可以改变的。在学校教学中,解放教育的任务就是要阐明现实。

弗莱雷认为,无论是掩盖现实还是揭示现实,都不是中立的,而是有政治目的的,因而教育也是政治的。为了揭示统治阶级的意识形态和统治阶级的课程所掩盖的现实真相,弗莱雷主张,"要用解放的政治、要用具有重建社会政治理想的人去占领学校的阵地,占领教学的阵地"[1]。

由此可见,弗莱雷的解放教育并不是一种简单的方法或技术。用弗莱雷的话来说:"解放教育是一种民主的教育、揭示性的教育、具有挑战性的教育；也是认知、了解现实,理解社会如何运行的一种批判行为。但这仅仅是对学校一方来说的。另一方面,解放教育又与社会运动有密切的关系,例如,妇女解放运动、环境保护运动等。所有这些群众运动会形成一种十分重要的政治力量。在与这些运动的关系上,解放教育还有某些方面有待发展。"[2]

(二) 解放教育与批判意识

1. 批判意识的发展阶段

弗莱雷提出解放教育的主要目标就是培养批判意识。那么,什么是批判意识？弗

---

[1] Ira Shor and Paulo freire (1987), *A Pedagogy of Liberation*, Bergin and Garvey Publishers, Inc. Massachusetts, p.35.

[2] 同上,第38页。

莱雷区分了三种意识：神秘意识、单纯意识和批判意识。实际上，这三种意识就是批判意识发展过程中的三个阶段。弗莱雷将这三个阶段分别称作：无转变思想阶段、半转变思想阶段和批判性转变阶段。

(1) 无转变思想阶段：无转变思想(intransitive thought)阶段是批判意识发展过程中最低的一个阶段。在这一阶段，人们是听天由命的。他们认为命运是无法抗争的，只有运气或上帝才能够改变他们的生活。他们认为自己无力改变环境，因而心甘情愿地受统治者的支配。实际上，这种无转变的思想是一种神秘意识，而这种神秘意识在现实生活中是极为普遍的。

(2) 半转变思想阶段：半转变思想(semi-transitive thought)阶段是批判意识发展过程中的第二个阶段。在这个阶段，人们具有一些变革的思想并会采取一些行动。他们也具有一些能力来改变一些状况，从而产生一些变化。但是，他们常常孤立地看问题，没有考虑各个问题背后的整个体系。他们也可能会天真地追随用一些花言巧语来欺骗人民的强权人物，因为他们相信，一个强人会把世界的一切安排妥当，用不着他们自己去进行改革。因而，这种半转变思想也是一种单纯意识。

(3) 批判性转变阶段：批判性转变(critical transitivity)阶段是批判意识发展过程中最高的一个阶段。在这一阶段，人们能够全面地、批判性地思考他们的环境。他们用行动表明了他们已达到了思维和行动的最高阶段，具有了批判意识。在这一阶段，人们看到了自己进行变革的必要性，有了批判意识。他们感到自己能够改造周围的环境，并把周围环境与社会上的更大的权力背景联系起来。实际上，这也表明了在批判思维和批判行动之间存在一种动态联系。

2. 批判意识的特点

弗莱雷的解放教育的目的是培养批判意识。从弗莱雷对批判意识的分析中，可以看到批判意识具有以下一些特点：

(1) 权力意识：具有批判意识的人能认识到人类的行为，认识到有组织的团体能够创造与重建社会和历史。他们也能认识到是谁、为了何种目的拥有权力，以及在社会统治和现实社会中，权力是如何形成和行使的。

(2) 批判能力：具有批判意识的人掌握读写、参与讨论、善于思考。他们已养成了透过表面、突破传统、联系实际、打破常规进行分析的习惯。他们能理解任何问题的社会背景和社会意义，能揭示各种事件、主题、技术、过程、目标、表述、意象、情景等深层意义,并能将这种意义应用到自己的环境中。

(3) 非社会化:具有批判意识的人能正确认识大众文化中的神话、价值观、行为和语言,并能提出自己的问题。他们能批判地审视社会中已被内化为意识的、退化了的价值观,如种族主义、性别歧视、阶级偏见、拜金主义、追求权势、崇拜英雄、过度消费、极端个人主义、民族沙文主义等。

(4) 自我组织:具有批判意识的人能积极主动地改革学校和社会,使之能脱离专制的、不民主的和不公平的权力分配。他们能参与和推动社会改革计划,也能克服民众教育带来的反理智主义。

弗莱雷的解放教育试图发展的就是具有这些特点的批判意识。对于弗莱雷来说,教和学是具有深远社会影响的人的活动。教育不能简化为机械的教学,学习也不等同于记忆大量信息或传授一大堆技巧。学校一旦成为枯燥知识的传递系统,学校就会变得一片死气沉沉,更谈不上培养批判意识了。

弗莱雷主张的以批判为目的的教育,不是单纯地由教师将事实和技巧传授给学生,而是请学生自己批判地思考主题、教材、学习过程和他们所处的社会。因此,以培养批判意识为目的的解放教育,可以激励学生在学习知识的同时主动参与社会改革、促进社会的民主与平等的发展。

3. 批判意识培养的价值取向

弗莱雷提出的培养批判意识的教育目标,反映出这种批判性教育具有多元化的价值取向,包括:

(1) 参与性:一开始上课,教师就要求学生通过分解系列问题、进行对话和讨论来参与教学,因为学习本身就是一个相互作用与进行合作的过程。学生在课堂上开展很多讨论,也进行书写,而不单是被动地听教师讲课。

(2) 情景性:教材是根据学生的思想和语言的具体情景来进行安排的。从学生的词汇和对材料的理解入手,将材料和他们的环境联系起来。

(3) 批判性:课堂讨论鼓励对以下问题进行思考:怎样讨论问题,如何知道懂了些什么,如何了解需要知道什么,学习过程本身又是如何运行的,等等。学生批判性地思考他们的知识和语言、学科内容、学习质量以及知识与社会的关系等。

(4) 民主性:由于课堂中的对话是平行的,是教师与学生共同进行的,因此,学生在对话中具有与教师同等的发言权。此外,学生也有对课程的安排进行讨论的权利。

教师应和学生一起来共同编制和评价课程。这种教学才是民主的。

（5）对话性：课堂教学的基本形式是围绕师生提出的问题来进行对话。教师启动这一过程并将其引向深入。通过前面的启发性问题与后面的讲解，教师引导学生自己来实施教育，用他们自己的语言来进行对话。学生是进行自我教育，而不是被动地接受教育。

（6）非社会性：对话式教学打破了传统课堂上学生顺从地、安静地听教师讲课的方式，将学生从被动的课堂教学中解脱出来。对话式教学也使教师摆脱了沉闷的、盛气凌人的传授方式，使他们成为问题的提出者和对话的领导者。

（7）多元文化性：在课堂上，承认社会中的各种文化（不同种族、信仰、年龄、性别的文化），反对歧视和不平等，既研究主流文化也研究非主流文化。在不同性别、阶层、人种之间，课程保持公正。

（8）注重研究性：这种批判性教育建立在课堂和社区研究的基础之上的。教师研究学生的语言、行为和环境，也研究学生的认知水平和情感发展状况。批判教育也期望学生成为研究者，去研究有关的日常经验、社会和教学内容中的问题。

（9）活跃性：由于采用提问、合作学习和共同参与的形式，课堂本身就是活跃的和相互作用的。批判式的对话也试图在可能的情况下，从研究中寻求行为的结果。

（10）情感性：批判教育的课堂力图广泛发展人类的情感，同时也发展社会探究和思维习惯。提问、对话的方法包含着大量的情感成分，如幽默、同情等。

（三）解放教育与教育政治

1. 教育即政治

弗莱雷在他后期的许多著作或谈话中，都明确提出了"教育即政治"的思想，为其解放教育思想作了鲜明的诠释。

教育即政治的思想并不是弗莱雷轻易提出的。教育是否具有政治性？这个问题是弗莱雷在长期的教育实践中一直思考的问题。在对教育与政治关系的看法上，弗莱雷的思想有一个发展过程。早期，他认为教育与政治无关；后来，他开始论及的只是"教育的政治方面"；再后来，他提出了"教育作为政治"；最后，他总结为"教育即政治"。

对于教育的政治性问题，弗莱雷从各方面进行了深刻的论述。

第一，弗莱雷从学校的功能上论述了为什么教育具有政治性。弗莱雷指出，不是学校建立了社会,而是以某种方式组织起来的社会为了统治阶级的利益建立了学校。因此,学校的主要功能是再造统治阶级的思想意识。统治阶级要求学校按照统治阶级的规定来办学,要求学校培养出统治阶级所需的人才。这充分体现了教育的政治性。

第二,弗莱雷从学校教师的作用上论述了为什么教育具有政治性。弗莱雷指出,在实施教育的过程中,必须确立一些基本的素质,这些素质包括了自我批判能力、自我评价能力和自我提问能力。这些素质可以使教师在实践中发现教育的中立性是不存在的。这些素质可以使教师提出这样的问题:在学校教学过程中,我赞成什么?反对什么?我赞成谁?反对谁?当教师在自己的实践中知道要提出这些问题,就会发现弗莱雷所说的"教育的政治性"。

第三,弗莱雷从学校的教学过程方面论述了为什么教育具有政治性。弗莱雷指出,解放教育所提倡的民主价值观,必须与课堂的教学过程统一起来。因此,实施解放教育的教师必须是一个主张民主的教师。如果教师一面在批判社会的不平等和缺乏民主,一面又以专制的方式进行教学,那么就会直接损害教师的形象。弗莱雷的解放教育主张教师与学生之间建立一种民主平等的关系;主张学生与学习、学生与社会建立一种变革的关系。正如弗莱雷所说:"正因为教师的工作总是在赞成什么或反对什么,所以会产生一个大问题,即如何使我的教育实践与我的政治选择保持一致?我不可能今天表明我的民主观,明天又要求学生服从我的权威。"①

因此,在学校教学中主张的这种民主价值观,可以反映出教学过程各方面也都具有政治性。例如,课堂的讨论,师生相互交谈的方式,教师对所教内容的陈述和提问,学生对课程提出质疑时所感受到的自主感,实际上都存在政治性。此外,在标准化测试、评分和分轨政策,以及在教室和教学大楼这种硬件设施方面(这些方面的差异往往会使学生感受到他们在社会中的价值和地位),也包含着政治。以下这些情况也存在政治性:学生使用非正式的、不标准的语言要受到惩罚;缺乏资金的学校大砍艺术、舞蹈、音乐等课程;学校只与商界进行合作,而不顾与劳工组织的伙伴关系;学校接纳的学生来自不同的经济阶层,因而获得的办学经费也极不平等;大多数学校的领导并不

---

① Ira Shor and Paulo freire (1987), *A Pedagogy of Liberation*, Bergin and Garvey Publishers, Inc. Massachusetts, p.46.

是通过选举产生的;等等。

总之,弗莱雷认为:"教育的全部活动在本质上都是政治的。政治不是教或学的某一个方面。不管教师和学生是否承认他们的工作和学习的政治性,教育的所有形式都具有政治性。不管是专制还是民主,政治存在于师生关系中。不管课程的选择是由师生共同决定的还是仅仅由教师决定的,不管是讨论式的课程还是单向的灌输式的课程,政治也存在于学科的安排和课程的选择中。"[1]

弗莱雷提出的"教育即政治"表明,学校的所有工作都具有政治性。传统教育培养学生服从、接受不平等的现实,承认他们在社会现实中的地位并追随权威。解放教育鼓励学生对他们生活在其中的社会制度以及对提供给他们的知识提出质疑;鼓励学生讨论他们所向往的未来,包括他们选举领导的权利;鼓励学生改造学校和社会。学校不管采取何种教育,都明显具有政治性。弗莱雷指出,教育之所以具有政治性,是因为教育塑造个人和改造社会。人类和社会通过教育朝着这个方面或那个方向发展,所以学习过程不可避免地具有政治性。

弗莱雷强调的教育即政治,是对统治阶级的一种批判,也是对社会中的不平等和不公正的一种挑战。弗莱雷认为,由特权阶级控制的社会,强行将其文化和价值作为一种标准。学校在教育过程中,通过教学大纲、教科书、分轨制和标准化的测试,把这种标准强制性地传递给了学生。弗莱雷在《学会提问》一书中指出,任何基于标准化、事先设置和按部就班的教育实践都是官僚主义的和反民主的。作为向新一代灌输主导文化的一种方式,课程是受上层阶级控制的。学校中占统治地位的是传统课程,它阻碍了学生的民主精神和批判意识的发展。学生在被动的课堂中待了几年以后,他们就不再相信自己能够创造新知识和改造旧社会了。

2. 教育的局限性

在对教育问题的探究过程中,一开始,弗莱雷对教育的作用抱有很大的希望,认为教育的力量是巨大的,民众可以通过教育来改变自己的一切。然而,严酷的现实、痛苦的经历、复杂的社会以及弗莱雷对教育问题和社会问题的深入研究,使弗莱雷逐渐认识到了教育的作用有限,对教育与社会变革关系的看法也发生了变化。弗莱雷对纯粹

---

[1] Ira Shor and Paulo freire (1987), *A Pedagogy of Liberation*, Bergin and Garvey Publishers, Inc. Massachusetts, p.48.

的教育问题的研究逐渐联系到了社会的政治问题,尤其是在弗莱雷提出了"教育即政治"的观点后,他进一步揭示了教育的局限性。

弗莱雷认为:"尽管教育十分重要,但教育并不能真正成为社会变革的杠杆。我们必须辩证地理解教育与社会变革的关系。学校问题的根源存在于社会的总的环境中。"[1]弗莱雷假设,一位教师在教学中试图成为一个激进的、民主的教师。但在五年后,他可能会丧失信心,或可能会变得玩世不恭,这是因为这两种态度不断地在引诱他,或者说,当他与具体的教育问题作斗争时,就会暴露出这两种态度来。弗莱雷指出:"正是由于教育不是社会变革的杠杆,我们才有可能产生失望和悲观的态度,如果我们把斗争局限于学校的话。"[2]

弗莱雷进一步指出,要了解教育,首先要明白教育的社会背景。教育系统是由政治力量创建的,其权力中心远离课堂。学校中课程的设置、教材的选择、教学的组织等都有一定的方向性,而把握这种方向的是远在课堂之外的社会政治力量。因此,要了解教育的局限性,必须要理解教育是社会的一个子系统,要理解这种正规的教育是怎样被建构在社会发展的整体框架中的。只有这样,我们才能真正理解教育的本质。

因此,弗莱雷指出:"不是教育决定社会,相反,是社会根据当权者的利益来决定教育。我们不能指望教育会成为一种杠杆来改变有权者和当权者的那个社会。想要执政的统治阶级实施一种反对他们的教育,那是极为天真。让教育不受政治的监控而任其发展,就会给当权者带来无尽的麻烦。所以,当权者不会放任自流,他们会控制教育。"[3]弗莱雷认为,统治阶级是不会放弃其在社会中的统治权的,包括他们建立和控制学校的权力。要使教育成为社会变革的工具,等于是让统治阶级自杀。

因此,弗莱雷认为:"在开始做教师时,我们就应该批判地认识到教育的局限性。也就是说,要知道教育不是社会变革的杠杆,不要奢望教育能使社会发生巨大变革。但我们必须清楚,教育有可能在学校机构中具有某些重要的功能而有助于社会的变革。只有认识到教育的这种局限性和相关性,我们才能避免一开始的盲目乐观而导致

---

[1] Ira Shor and Paulo freire (1987), *A Pedagogy of Liberation*, Bergin and Garvey Publishers, Inc. Massachusetts, p.48.
[2] 同上,第36页。
[3] 同上。

后来的悲观失望。"①

正如弗莱雷所指出的,"对教育的局限性的认识,并没有降低我对教育的热情,反而增强了我对政治目标的关注,尤其是增加了我对校外的政治活动的向往。我知道我必须行动,这样才能促进社会变革的意义。因此,向往校内外活动并没有抵消我的教学的意愿,而只是给予了我的教育一种新的方向。"②

弗莱雷指出:"只有理解了教育在社会中的局限性,我才能重新规划我的工作。具体来说,我在与学生讨论一些现实问题时,通过讨论,引起学生的好奇,目的就是要揭示现实,让学生更多地了解社会中的矛盾。也许有些学生会自问,在政治上我会赞成谁或反对谁;也许有些学生以后会更积极地投入社会变革。这就是作为教师的我所能做的,这也是教育在学校所能做的。"③

因此,弗莱雷的解放教育的目标是培养批判意识。弗莱雷认为,要实现这一目标,就必须对传统的教育宣战,对传统的教育进行彻底的改革。在解放教育理论中,弗莱雷对传统的教育进行了深刻的批判并提出了许多教育改革的思想,主张以"解放教育观"取代"储蓄教育观",以"对话式教学"取代"讲授式教学",以"平行交流"取代"上控下从"。

四、解放教育的意义与影响

尽管对弗莱雷的教育思想和理论存在不同的理解和不同的看法,对弗莱雷的教育思想和理论进行全面的评价还有很大的难度,但是,毫无疑问,弗莱雷已成为巴西以及发展中国家最著名的教育家,也是世界上最有影响的教育家之一。专门研讨弗莱雷的教育思想和理论的国际研讨会也时常举行。弗莱雷的许多著作被翻译成多种文字,影响到世界许多国家,仅他的代表著作《被压迫者的教育学》一书,就被翻译成 16 种文字,在世界各地流传。

弗莱雷的解放教育理论与实践对发展中国家的影响是巨大的。

---

① Ira Shor and Paulo freire (1987), *A Pedagogy of Liberation*, Bergin and Garvey Publishers, Inc. Massachusetts, p.36.
② 同上。
③ 同上。

在拉丁美洲,由于地域相邻、历史文化相近,弗莱雷的解放教育理论与实践很快就在几乎所有的拉丁美洲国家得到传播和应用。从小规模的教育计划到全国性的成人扫盲教育,弗莱雷的解放教育思想产生和发挥了一定的影响和作用。更为重要的是,弗莱雷的解放教育理论与实践对拉丁美洲的教育思想和教育发展的意义及影响是极其深远的。

在非洲(尤其是在曾受过葡萄牙殖民统治的国家),弗莱雷的解放教育理论与实践对非洲国家教育的影响,主要体现在帮助开展成人扫盲教育对非洲国家的社会重建所作出的贡献上。

同时,弗莱雷的解放教育理论与实践对发达国家的影响也是巨大的。

在发达国家的访学交流和开会讲演的过程中,弗莱雷扩大了自己在发达国家的影响。更为重要的是,弗莱雷利用他在国际组织中工作的机会以及他喜欢对话的特点,与美国、英国等国家的学者直接交流对话,详细阐述了他的解放教育思想,并通过发达国家的出版机构,出版了大量对话录形式的著作,从而在发达国家进一步加深了弗莱雷教育思想的影响。

可以说,弗莱雷的解放教育理论与实践在20世纪国际教育发展过程中留下了深刻的印记,影响了一代教育家和知识分子,并且也对未来的教育发展产生了影响。更为重要的是,弗莱雷的解放教育理论与实践在世界上产生的影响,充分表明了具有发展中国家特色的教育理论已成为世界教育科学领域中的一个重要组成部分,这也会进一步促进更多的人关注和重视发展中国家的教育发展。

弗莱雷提出的解放教育理论和实施解放教育的实践,主要是在20世纪60至70年代形成和发生的,明显带有那个时代的特征,具有强烈的民主、激进、批判、革命、反主流的思想意识,自然也具有那个时代的某些局限性。因而,弗莱雷解放教育理论的某些观点以及在解放教育实践过程中碰到的具体困难,也引起了人们的议论,认为他的观点有些偏激,具有文化革命的倾向,与当今的发展潮流不符;认为他的教育理论和方法还不能普遍运用于各国的教育实践;等等。

不管有怎样的议论和不同的看法,有一个事实是无可争议的,即无论是在发达国家还是在发展中国家,弗莱雷的解放教育思想一直在流传,他的教育理论已受到越来越多的人的关注,他的代表著作甚至已再版了三十多次。

弗莱雷的解放教育理论和实践的现实意义主要表现在以下几个方面:

(一) 教育的政治性问题

社会的改革必然会影响到教育。学校的招生、学校的类型、学校开设的课程都会受到社会改革的影响。然而,教育又是一个比较特殊的领域。教育的发展既要适应和促进社会的发展,同时教育的发展又具有其本身的发展规律。也就是说,教育本身是具有许多重要特性的,如经济性、政治性、社会性、科学性、艺术性、职业性等,在教育的发展过程中如何处理好这些关系,是进行教育改革必须思考的问题。在历史发展过程中,我们可以看到,有时教育的政治性被夸大了,人们忽视了教育的其他特性,认为教育实践的唯一衡量标准是政治,只要把握住"正确"的政治方向,其他问题都是无关紧要的,使教育发展走向了极端。有时教育的经济性又被夸大了,仅仅注重教育的经济方面,而忽视了教育单位的主要功能。

(二) 教育的批判性问题

解放教育的主要目的是培养学生的批判意识。也可以说,解放教育学就是一种批判教育学。与强调教师要将知识与技巧传授给学生不同,解放教育主张让学生自己批判地思考课程内容、教学过程以及他们所处的社会现实。解放教育的目的是要求教师和学生对现有知识和社会现实提出疑义、提出问题、进行批判性思考,而不是要学生被动地学习当权者按照自己的意愿规定好的知识。在实施批判教育的课堂上,学生积极主动地学习,不会出现死气沉沉的状况,因为教师和学生提出的一些批判性的问题,会不断激励他们的求知欲和对世界的积极态度。因此,在学校培养学生的批判意识是十分重要的,这也是公民在民主社会中应当具有的一种习惯和态度。

(三) 教育的民主性问题

在当今世界各国追求民主、争取平等的潮流下,教育也推进了其民主化的进程。在联合国教科文组织的倡导下,民众教育、终身教育、全民教育、全纳教育的教育民主化思潮已日益深入人心,许多国家的教育正在向民主化的方向发展。然而,在传统教育思想的影响下,在教育理念、教育体制、教育管理、教育实践中,还存在许多不民主的现象,在某些场合下甚至还没有意识到这种教育的不民主以及这种不民主会给教育发展带来的严重后果。解放教育是追求民主平等的教育。学校要实施民主参与的管理,民主的管理不是压制人的、不是操纵人的、不是征服人的,而是畅所欲言、团结合作的、组织协调的;参与的管理重视团体中每个人的作用,发挥各自的积极性,而不排斥任何人。教育的评价不是唯智的、片面的;教育不应是筛选式的、淘汰式的。民主的教育是机会均等的教育,是充满爱的教育,是人道主义的教育,是解放的教育,是理想的教育,是要为之奋斗的教育。

(四) 教育的创造性问题

解放教育的主要目的是使学生学会学习、学会思考、具有批判意识、能够改造和再造世界。因此,教育必须注重培养学生的创造性。要培养学生的创造性,关键的是不能驯化学生,而是要促进学生积极思考,要培养学生的批判意识,只有在此基础上,才能够有所改造,有所创造。也就是说,要进行创造,必须首先要做到思想上的自由想象。没有思维或只有定式思维,就不会产生批判性意识;没有批判性意识,就会认同和维护现实状况,因而也就不可能有创造。解放教育的"行动—反思—行动"模式就是一种创造的过程。

(五) 课程与教学改革问题

解放教育课程观注重全体成员参与课程开发,强调课程内容要源于学生的生活经验,主张以学生熟悉的主题来构建课程内容,提倡课程要培养学生的批判意识和创造力。解放教育的教学观认为教师和学生都是教学中的主体,而客体是要了解的现实世界。因此在教学中,教师和学生是相互平等的、相互信任的、相互合作的,教学的目的是在了解现实世界的过程中,发展学生的批判意识和创造性思维。解放教育教学观主张,教学应是对话式的,教学过程就是师生双方在认知客体的过程中进行交流、进行对话、共同学习。对话式教学不仅建立了平等的师生关系,而且促进师生在教学中共同发展。教师不仅仅是教,他在对话中也会受到许多教益。对话是一种创造活动,对话教学要求教师不要按传统的教学方式进行教学,这会促进教师进行创新;同时,对学生而言,对话教学促进学生思考,不再被动地接受知识,而是不断去发现、不断去创新。

总之,弗莱雷的解放教育思想、理论和实践在 20 世纪国际教育发展史上留下了深刻的印记,具有鲜明的发展中国家特色,已成为国际教育思潮中的一个重要分支,深深地影响了国际教育的发展,并对未来的世界教育发展和改革有着重要的启迪意义。

14

拉丁美洲解放教育三大特性

在介绍、研究和引进国外教育思想和理论的过程中,我们看到的几乎都是发达国家的。实际上,发展中国家也有许多非常有特色的教育思想和理论值得我们去了解和研究。

解放教育思想和理论就是产生于拉丁美洲、具有拉丁美洲特色的教育思想和理论。解放教育是由世界著名的巴西教育家保罗·弗莱雷提出来的。20世纪60年代,弗莱雷在拉丁美洲国家开展了富有创意的扫盲教育实践研究,并逐渐发展形成了具有世界影响力的解放教育思想和理论。

弗莱雷提出的解放教育思想和理论的主要贡献是,提出了教育要培养人们的批判意识;教育要促进人们的思考和觉悟;教育要与现实生活相结合;教育要进行对话;等等。弗莱雷的解放教育思想和理论对我国当前的教育改革,尤其对中小学课程与教学改革均具有较大的借鉴价值。

一、教育要培养批判意识

解放教育的提出是对20世纪60至70年代拉丁美洲国家的社会现实、政治、文化、教育的一种深刻批判。当时的巴西社会,人们往往只能接受现存文化的规范,按现存文化规范行事。弗莱雷认为:"这种文化背景下的教育,即传统的教育,自然是实施

'驯化式'的教育。"

弗莱雷将这种传统的教育视为驯化式的教育,是禁锢人们思想的教育,是束缚人们创造性的教育。因此,弗莱雷主张用解放教育的思想来批判这种传统教育,使人们能够从现存文化和教育结构的束缚中获得"解放"。

因而,解放教育具有的两大任务是:揭示与批判。要进行批判,首先就要揭示,揭示现实,揭示真相。但是,在传统的教育中,教师通常会说他们也揭示了事实,认为他们掌握的丰富知识就是事实。实际上,这种事实与解放教育提出的揭示事实、批判现实完全是两回事。

传统教育将学生看作学习的客体,被动地接受知识,甚至要求学生具有极大的忍耐力来学习与他们生活毫不相关的东西。这种教育是一种给予式的教育,而不是探讨式的教育;这种教育是一种外部强加性的教育,而不是内部主动性的教育;这种教育是一种单向垂直性的教育,而不是双向交流性的教育。在这种教育中,学生往往学不到真正的知识,学不到鲜活的现实知识。

解放教育很重视在学校教育中培养批判意识。弗莱雷认为,在教育过程中,最重要的是看有没有用正确的方法揭示现实,有没有激发学生的批判性思维,有没有批判性地使学生重新认识社会。

尽管解放教育的任务是进行揭示和批判,但是作为教师、作为解放教育的实践者必须十分明确,教师不应理所当然地认为自己是一个揭示事实的"揭示者"。弗莱雷认为,解放教育是要揭示事实,但是,在揭示的过程中,揭示者不仅仅是教师,而应是教师和学生双方,由教师和学生共同来揭示现实。

在学校教育中,教师和学生面临的重大问题之一就是如何面对传递知识这一强大而又古老的传统。如果用解放教育的思想和方式而不用传统的传递知识的方式来进行教育,或许教师与学生会感到不可思议,认为没有学到什么知识,这也反映出传统学校教育实施的不是要发展批判性思维的教育。

在培养批判性思维方面,学校教育可以做许多探索。例如,在语文阅读方面,弗莱雷认为阅读不仅仅是对文字的浏览,还是对我们所读内容的再思。阅读可以是探寻文章及文章的背景怎样与我的背景、读者的背景相联系。对文章的再思包括批判性思维,可以从多方面提出各种问题。我们不应该顺从于文章,重要的是要向文章甚至是自己喜欢的文章挑战。

然而，传统的教育往往仅仅要求学生能够描述文章，不必进行更深的思考。学生往往习惯于知识的传递，接受课文的内容，接受说教，接受各种考试，从而习惯于服从权威。

因此，弗莱雷提出的解放教育不是一种纯技术的智力训练，而是要揭示现实，要对学校和社会进行深入的批判性透视。

二、教育要与现实生活相联系

弗莱雷认为，真正的教育不是教师"对"学生的教育，而是教师"和"学生的教育。在这种教育过程中，教师和学生共同探讨问题，他们都是教育过程的主体，而现实世界则为教育的中介。教育的内容是产生于人们生活的现实世界，教育是应该在这个基础上来进行建构的。

弗莱雷认为，我们的责任不是给人们讲述我们的世界观或把我们的世界观强加给他们。相反，我们的责任是与人们对话，讨论双方的观点。人们以各种行为方式表现出的世界观，反映了他们的处境。因此，教育者必须要了解他们的这一处境。但是，在很多情况下，教育者在侃侃而谈时，却没有人能理解或没有人愿意听。这是因为他们的语言与人们所处的具体环境不一致。

教育的内容不应由教育者单独来选择和决定，而应与学习者一起来选择和决定。教育者应该与学习者一起在他们所处的现实中共同寻找教育的内容。实际上，这种共同寻求的过程，就是一种解放教育的过程。

为此，弗莱雷提出一种新的"原生主题"的概念。弗莱雷认为，原生主题是产生于现实并在对现实进行批判的思维中产生的，原生主题就是教育内容的来源。例如，在处于贫困地区的学校教育中，原生主题就可以联系学生生活的环境来选取，如针对巴西闻名的贫民窟问题，就将"贫民窟"作为原生主题。这不但可以使学生学会读写贫民窟，还可以使他们在学习中能深入了解贫民窟的产生、贫民窟的问题，促进学生进一步思考社会问题。这就是弗莱雷所讲的解放教育要从识字走向识世，思考人的问题，思考社会问题，并积极投身于社会改造的过程之中。只有在这个过程中，人才能真正获得解放。

弗莱雷认为，人的本质特征是人能够通过自己的活动，从不完善不断走向完善，人能意识到自己的活动和所处的世界,按照自己的目标来行动,人能通过改造世界来创造新世界。人在探索世界改造现实的过程中,会发现许多有意义的、具有时代特征的主题。这些主题不是孤立的、静止的,而总是辩证地与其对立面联系在一起的。

在时代主题下,还有各种次主题和小主题。面对各种主题,人们应有自己的相对立场。

弗莱雷认为,探求原生主题是一种主动的行为,是一种实践,也是解放教育的起点。通过这种探究、调查、选择来决定的课程内容,要比自上而下决定的课程内容更具有意义。因为这些内容主要是以学生的世界观构成并组织起来的。学生自己的原生主题存在于他们的世界观中,教师的任务是把来自学生的主题"再现"给学生,但不是以讲授的方式,而是以提问的方式"再现"这些主题。

从解放教育的观点来看,重要的是要让人们感到他们是自己思想的主人,让他们在与其同伴的讨论中,直截了当或拐弯抹角地谈论他们的思想,讨论他们自己的世界观。

三、教育要进行对话

在长期的教育实践过程中,弗莱雷发现传统学校教育的一个基本特征就是"讲授"。弗莱雷认为,这种"讲授"所存在的弊端是十分明显的。讲授者是教师,是主体;听讲者是学生,是客体。作为主体,教师的主要任务是用讲授的内容来"填满"学生的脑子。作为客体,学生的主要任务是听讲,把教师所讲的储存起来。这种"讲授",会导致学生机械地记忆所讲授的内容,会把学生变成被教师"填塞"的"容器"。教师把这些"容器"填塞得越满,越会成为好教师;这些"容器"越是愿意顺从地让教师填塞,就越会成为好学生。

这种教育被弗莱雷称为"银行储蓄式教育",因为这种教育很像是一种银行的储蓄行为,学生就像是银行里开的"户头",教师则是"储户"。教师进行讲授,就像"存款",而学生则被动地听讲、接受、记忆和重述,就像"储存"。师生之间的这种"你存我储"取代了相互的交流。学生"户头"里的"存款"越多,他们的批判意识就越少。学生越被动地学,越会倾向于去适应世界,而不是去改造世界。这种教育实际上剥夺了学生的创新与创造能力,学生接受的是依附权威的思想,他们所受的教育就是听老师告诉他们应该怎样想和怎样做，成为一个被动的没有创造性的人。

因此，弗莱雷提出要用"对话式教育"来取代"讲授式教育"。对话式教育表明了教师与学生双方都是教育过程的主体，是在教育过程中共同发展的、共同进行教育的。弗莱雷认为，教育本身就具有对话性，教育活动是一种双向的相互交流，这种交流是平等的、民主的、真实的、积极的交流，是主体间的交流，是为了共同目的进行的交流。

与讲授式教育不同，对话式教育有助于培养师生的创新精神。在以往的教育过程中，课堂往往是以教师的讲授为主。为了上好课，教师要花很多时间来钻研教材，进行备课，他们的着眼点主要是在自己的讲授上，考虑的是如何"讲"得更好，"授"得更多。当然，也有教师会考虑学生如何能学得更好，但不可否认主要还是考虑学生如何"接受"得更多更好。在这种教育过程中，课堂提问是很少的，对话不是主要的。教师是按自己预定的计划讲授。而对话式教育要求教师在课堂教学中注重与学生的对话，教师不是按原来设定的教学方案进行教学，而是用新的理念、新的方法，这就会促进教师不断地进行创新。对学生而言，对话式教育也会促进学生的不断思考，与教师一起去探讨未知的世界。学生的学习不再是被动地接受知识，而是不断地被激励去主动地探究。学生的学习不再被限制于教师所讲的范围，学生和教师需要不断地发现，不断地创新。因此，对话式教育就是培养师生创新精神的一种有效途径。

与讲授式教育不同，对话式教育有助于学生自主与平等精神的发扬。在教育中强调对话、强调提问、强调交流，充分显示了解放教育提倡的价值取向：自主与平等。在这种教育中，以自主与平等导向的价值观，使教师改变了其原有的角色，从知识的给予者变为学习的促进者和合作者。学生也从知识的接受者变为学习的探究者和合作者。因此，对话式教育也是实现教育自主与平等的有效途径。

15

拉丁美洲教育家弗莱雷的"对话式教学"述评[①]

* 弗莱雷教学思想之精髓:
  ● 课程教学改革的新思考
  ● "对话式教学"对"讲授式教学"的抨击
  ● "解放教育观"对"储蓄教育观"的宣战

被誉为"拉丁美洲的杜威"的保罗·弗莱雷是世界著名的巴西教育家。他在拉美和非洲开展了长期的教育实践研究,其贡献是提出了被压迫者的教育学,建立了以培养批判意识为目的的解放教育理论。

具有发展中国家强烈特色的弗莱雷的教育思想对世界教育发展和教育改革具有深远的意义。他从教育哲学方面阐述了教育与政治的关系,提出了"教育即政治"的观点;他从文化人类学的角度探究了教育与觉悟的关系,指出教育要与人的觉悟过程联系起来;他以解放教育理论为指导,提出了要实施"对话式教学",反对传统的"讲授式教学"。弗莱雷的教育思想已受到世界范围的重视,每年都有纪念弗莱雷的研讨会举行。

笔者在撰写《弗莱雷教育理论与实践研究》一书时,正值弗莱雷逝世四周年之

[①] 本文作者:黄志成、王俊/华东师范大学课程与教学研究所教授、研究生(上海 200062);原文发表在《全球教育展望》2001年第6期。

际,重温弗莱雷的教育思想,对他主张的"对话式教学"感受颇深,尤其是联想到当前我国正在进行的教育和教学改革。在我们的课堂中,教学有多大程度是"对话式"的?我们的小学、中学和大学是否认识到在教学中"对话"的意义?鉴于此,本文着重对弗莱雷所批判的"讲授式教学"及"储蓄教育观"和弗莱雷所主张的"对话式教学"及"解放教育观"进行阐述和评论,以期能对我们的教学改革有所启发。

一、"讲授式教学"与"储蓄教育观"

(一)"讲授式教学"的基本特征

在长期的教育实践过程中,弗莱雷探究了学校中的教学关系。他发现,学校教学的一个基本特征是"讲授"。

他认为,这种"讲授"具有一种特殊的弊端,即表明了教学中的师生关系是主体和客体的关系。讲授者教师是主体,听讲者学生是客体。作为主体,教师的主要任务是用讲授的内容来"填满"学生。作为客体,学生的主要任务是听讲,把老师所讲的储存起来。在这种教学中,师生之间没有对话,没有交流,这种不对话表明了教师与学生是一种垂直关系,而不是一种平行的关系。在教师的讲授过程中,讲授的内容又往往是远离学生生活经验的、脱离现实的。

弗莱雷还指出,这种"讲授"会导致学生机械地记忆所讲授的内容,把学生变成被教师"填塞"的"容器"。教师把这些"容器"填塞得越满,越会成为好老师;这些"容器"越是愿意顺从地让老师填塞,就越会成为好学生。这种讲授式教学充分反映了一种传统的教育观。

(二)"储蓄教育观"

对这种传统的教育,弗莱雷有一个著名的十分形象的比喻。他把这种传统的教育比作一种"银行储蓄"式的教育。弗莱雷在《被压迫者的教育学》一书中指出:"这种教育是一种'储蓄'行为,学生就像是银行里开的'户头',教师则是'储户'。教师进行讲授,进行存款,而学生则被动地听讲、接受、记忆和重述,进行储存。师生之间以这种'你储我存'取代了相互的'交流'——学生'户头'里的'存款'越多,他们发展批判意识就越少,而这种批判意识可以使他们作为世界的改革者介入这个世界。"①

在这种"储蓄教育观"中,教师至高无上,教学以教师为中心。因此,在教育中就出现了弗莱雷指出的如下一些现象:

1. 教师总是在教;学生总是在被教。
2. 教师总是无所不知;学生总是一无所知。
3. 教师总是在思考;学生不用去思考。
4. 教师总是在讲授;学生总是在顺从听讲。
5. 教师总是在执行纪律;学生只有遵守。
6. 教师有权选择并制定规定;学生则要遵守规定。
7. 教师有主导作用;学生围着教师转。
8. 教师有权选择教学内容;学生(从未被征求过意见)则要适应这些教学内容。
9. 教师利用自身的威望成为知识的权威,反对学生独立思考;学生只能听从教师。
10. 教师是教学过程的主体;学生是教学过程的客体。②

在这种"储蓄教育观"中,学生被看作要进行适应的人和要进行调整的人。学生储存的东西越多,学生自我发展批判意识就越少。学生越是被动地学,越会倾向于去适应世界,而不是去改造世界。

弗莱雷强烈地抨击了这种"储蓄教育观",他指出,这种教育观剥夺或压制了学生的创造权。在传统的课堂教学中,学生发展的是一种依附权威的思想,他们所受的教育就是听老师告诉他们应该怎样想和怎样做。未来的他们只能成为被动的、没有创造力的劳动者。③

因此,弗莱雷提出要用"对话式教学"来取代"讲授式教学",要用"解放教育观"来

---

① Freire, Paulo. (1970). Pedagogy of the Oppressed. New York: Seabury Press. p.73.
② 同上,第74页。
③ 同上,第78页。

批判"储蓄教育观"。

二、"对话式教学"与"解放教育观"

弗莱雷认为,教育具有对话性;教学应是对话式的,对话是一种创造活动。① 他大力提倡"对话式教学"并以此来批判传统的"讲授式教学"。他对对话的实质、对话的基础和条件、对话的特征等都进行了深刻的揭示。

(一) 对话的实质

弗莱雷认为,作为人类现象的对话,具有一定的构成要素,其中有两个方面(行动和思维)是相互关联、相互作用的。一方面,对话要求有行动和进行思维,但行动和思维不能截然分开。如果在行动和思维之间没有固定的联系,就不是真正的对话,也就不会去实践,因而,可以说真正的对话是一种对世界的改造。但是,不真实的对话,有损于行动和思维,会成为连篇空话或咬文嚼字。空洞的对话是不能揭示世界的,因而也不可能去改造世界。另一方面,如果仅强调行动而忽视思维,那么这是为行动而行动,是一种行动主义,它否定了真正的实践,也阻碍了对话。②

弗莱雷指出,人的存在不会是无声的、沉默的。说话不是某些人的特权,而是所有人的权利。因此,任何人不应只对其他人说话而剥夺别人说话的权利。人们说话是对世界"发表意见",是一种改造世界的行为。③

(二) 对话的基础和条件

弗莱雷认为对话是建立在一定的基础和条件上的,如果没有它们,就不会有对话。

1. 对话与平等

对话应在平等的基础上进行。在否认其他人有说话权的人与被否认有说话权的人之间不可能有对话。弗莱雷认为,在进行对话前,必须使被否决了讲话权的人夺回自己的这种权利。不让别人讲话的人是不人道的。

---

① Freire, Paulo. (1970). Pedagogía del Oprimido、Méxicd: Siglo XXI Editores. p.97.
② 同上,第107页。
③ 同上,第112页。

2. 对话与爱

除了对话中要平等外,弗莱雷还强调人类的爱在对话中的重要意义。弗莱雷认为,如果不热爱世界、不热爱生活、不热爱人类,那么就不会有对话。爱是对话的基础,爱也是对话本身。①

3. 对话与谦恭

对话的双方要谦恭,如果没有谦恭,就没有对话。假如对话者双方之一高傲自大,瞧不起对方,那么对话就会中断,因为对话是人类的一种相互了解和共同行动。

4. 对话与信任

如果不相信他人,也不会有对话。相信别人做事有能力,相信别人有创造力,相信别人有发展力,相信这些能力并非仅某些精英特有,并非仅对话才可能进行。相信他人是对话的先决条件,它先于面对面的对话。

弗莱雷指出,只有建立在平等、爱、谦恭、相信他人的基础上,对话才是一种双方平行的关系。如果缺少爱、缺少谦恭、不相信人,就不会产生信任。如果没有信任,也就失去了对话的条件。信任会使对话双方更加感到在讨论世界的问题时他们是同伴。

(三) 对话的若干特征

1. 对话是平行的交流

弗莱雷认为,交流是人类生存的重要方式,人类生来就需要进行相互间的交流。在交流中有两个前提很重要:一是要真实地表达思想,不要说假话、虚话;二是要积极地参与交流、参与社会活动。如果在交流中说假话,或者尽管讲的是真话,却是空话,远离实际,不愿参与社会实践,那么这种交流也就失去了意义。

在教学中,他提出了师生间的双向性的相互交流。这种交流是一种平行、平等、民主、真实、积极的交流。在这种交流中,师生双方都是主体,为了共同的目的进行交流。

2. 提问是对话的关键

弗莱雷认为,对话是教育的主要途径之一,要使对话有成效,提问是关键。他认为,教师不应只是知识的传递者,还应成为问题的提出者。提问实际上是对现实问题进行批判分析。为此,他对教师的提问也提出了以下一些要求:

---

① Freire, Paulo. (1970). Pedagogía del Oprimido、Méxicd: Siglo XXI Editores. p.112.

——要提出能够激起思考的问题；

——要能激励学生自己提出问题；

——通过提问，学生不仅仅会回答问题，更重要的是要学会对答案提出疑问。

3. 对话需要合作

弗莱雷认为，在对话中，为了改造世界，对话双方的合作是十分重要的。他指出，在非对话的教学中，其重要的特征之一是一个主体要使对方成为客体。而在对话式教学中，不存在一个主体要使另一个成为客体，对话的双方都是主体，共同去揭示这个世界、去改造这个世界。因此，对话不是强制的，不是被人操纵的，而是双方的一种合作。

（四）"解放教育观"

弗莱雷提出教育具有对话性，教学即对话的思想。他认为，实施对话式教学反映了教育上师生之间的一种双向的相互交流。这种交流是平等、民主、真实、积极的交流。在交流中，双方都是主体，为了共同的目的进行交流。这与传统教育中的教师给予知识，学生接受知识的"储蓄"法完全不同。

正如讲授式教学反映了"储蓄教育观"一样，弗莱雷的"对话式教学"也反映了他的"解放教育观"。根据弗莱雷的"解放教育观"，我们的教育目的是使人觉悟，具有批判的意识，学会学习，学会思考，从而获得"解放"。他对教学就是讲授，就是由教师在课堂上一人唱独角戏的这种传统的、灌输式的教学模式极为不满。他认为，"储蓄式教育观"就是灌输式教育，是不民主的，削弱了学生大胆向权威提问的勇气和能力。而"对话式教学"则是师生民主平等、双向交流的，把学生看作主体，培养他们的创造性和批判意识。

因此，弗莱雷主张在教学中进行对话，因为这是人们获得"解放"的重要途径。

三、弗莱雷"对话式教学"的启示

（一）"对话式教学"有助于培养创新精神

在教学中注重对话而不是注重讲授，是对我们传统教学的一种革新。这种对话式教学有助于培养和促进教师和学生的创新精神。

我们的教学通常是以教师的讲授为主。为了上好课,有的教师花了很多时间钻研教材,进行备课,但他们的着眼点主要是在自己的"讲授"上,考虑的是如何"讲"得更好,"授"得更多。当然,也有教师会考虑学生如何能学得更好,但主要的还是考虑学生如何"接受"得更多更好。在我们通常的这种教学过程中,课堂提问很少,对话不是主要的;教师仅按自己预定的计划讲授。

"对话式教学"要求教师在课堂教学中注重与学生的对话,这与我们通常的教学有很大的区别。怎样在课堂中通过对话来进行教学,是促进教师进行创新的一个动力。教师不是按原来的教学方式进行教学,而要用新的理念、新的方法,这会逐渐培养教师不断创新的精神。

对学生而言,"对话式教学"会极大地促进学生思考,与教师一起去探讨未知的世界。学生不再是被动地接受知识,而是不断被激励去主动地探究。学生的学习不再被限制于教师所讲的范围,学生的学习内容需要不断地发现、不断地创新。

"对话式教学"是培养师生创新精神的一种有效方法。

(二)"对话式教学"有助于促进民主平等

人类社会在向民主平等的社会发展。教育民主与平等是教育发展的主潮。在教育中实施对话式教学有助于促进民主平等。

"对话式教育"表现的是 A(教师)和 B(学生)之间的一种平行的关系,他们是相互平等的,而讲授式教学 A 和 B 之间是垂直的关系,A 是主体,而 B 是客体。在对话式教学中 A 和 B 都是主体,客体则是 C(世界)。因而,在对话式教学中,教师和学生都是教学中的主体,他们的关系是平等的,目的是要更好地了解世界、改造世界。

在教学中强调提问、对话和交流充分显示了教育的价值取向:民主与平等。在这种教学中,教师改变了其原有的角色,从知识的给予者变为学习的促进者、合作者。学生从知识的接受者变为学习的探究者、合作者。在这种教学过程中,以民主、平等为导向的价值观激励教师和学生去了解世界、改造世界。

"对话式教学"是实施民主平等的一种有效手段。

(三)"对话式教学"有助于加强相互合作

在"对话式教学"中,教师和学生双方都是主体,并不存在哪一方为主,哪一方为客。在这种平等关系基础上的对话,是一种平行的交流。对话产生交流,交流产生合作。对话式教学有助于加强师生之间的合作。

教学是双向性的,是师生之间的互动。因而,只有双方进行有效的合作,才能完成教学的任务。合作的前提是要进行平等的交流。对话式教学注重这种交流,教师在交流中了解了学生的情况,学生在交流中也知道了教师的意图,从而促进了师生之间的合作。

"对话式教学"是促进合作的一种有效保证。

16

拉丁美洲教育家弗莱雷解放教育课程建构论述评*

建构主义课程教学论有许多派别。综观弗莱雷解放教育的主要思想和观点,当属批判建构主义一派的。弗莱雷的解放教育就是要使民众从无意识,到有意识,再走向觉悟;从觉悟,到批判,再走向建构的这样的一种过程。基于解放教育思想,弗莱雷的课程建构论重视全体成员参与、注重学生生活经验、提倡培养批判意识、强调用原生主题来进行课程的建构。弗莱雷解放教育的主要目的是培养人们的批判意识。批判与建构,也成为弗莱雷课程建构论的一大特色。

一、重视全体成员参与的课程建构

课程的建构、开发、设置、改革,通常都是从上到下、以贯彻执行的方式来实施的。课程的决定权往往都掌握在教育专家和教育当权者手中。当然,这种课程建构的模式,在特定的情景下,有时会取得一定的效益。然而,在社会发展日益注重民主参与的趋势下,这种模式的弊端凸显。

弗莱雷的解放教育是强调民主、参与的教育。解放教育反对传统的驯化教育。驯化教育是一种压迫的、强制的教育。弗莱雷认为,在传统教育中,课程与教学都是一种

---

* 该文系作者著作《被压迫者的教育学——弗莱雷解放教育理论与实践研究》一书之部分。

从上到下的传递知识的过程。课程中充塞着维护现存主流价值观的内容,而广大的受教育者是无从选择的,更谈不上如何参与课程的建构。①

在长期的教育实践过程中,弗莱雷猛力抨击传统的驯化教育,坚持实施民主参与的教育。尤其是在弗莱雷担任了巴西最大的城市圣保罗市的教育局长后,他终于有机会将自己的思想运用于教育实践之中,实施了一系列的教育改革。在课程建构的过程中,弗莱雷提出了解放教育课程建构的四大原则:②

1. 参与为基础,共同建构新课程。
2. 尊重各校的自主权,进行各种不同的实验。
3. 在课程中要运用行动—反思—再行动的方法,加强理论联系实际。
4. 加强教师培训,在实践中批判性地分析课程。

根据解放教育课程建构的原则,弗莱雷指出,教育者的责任不是给人们讲述自己的世界观或把自己的世界观强加给人们。相反,教育者的责任是与人们对话,共同讨论双方的观点。人们以各种行为方式表现出的世界观,反映了他们在这个世界的处境。因此,教育者必须要了解人们的处境。然而,在很多情况下,我们的教育者侃侃而谈,却没有人能理解他所谈论的,这是因为他们的语言与人们的具体环境不相一致。语言要有思想才能生存,但是,语言和思想如没有相互联系的结构也不能生存。因此,为了能有效地进行交流,教育者必须要了解人们的语言和思想辩证地构成的这种结构性内容。③

为此,弗莱雷认为,教育课程的内容不应由教育者单独来选择,而要与人们一起参与来进行选择,教育者应与人们一起在他们所处的现实中共同寻求教育课程内容。④ 这种寻求的过程,弗莱雷认为就是作为解放实践的教育对话与参与,或者称为"主题领域研究",共同研究能建构课程的"原生主题"。在这个过程中,课程研究人员

---

① Paulo Freire. La Educación como Práctica de la Libertad S. A. México: Siglo Veintiuno Editores. 1969, p.28.
② Paulo Freire. Pedaogy of the City. New York: Continuum. 1993, p.96.
③ Paulo Freire. La Educación como Práctica de la Libertad S. A. México: Siglo Veintiuno Editores. 1969, p.31.
④ 同上,第32页。

要与现实生活中的人们一起,通过对话,了解人们各自的思想和语言、感知现实的程度以及他们的世界观。这是因为作为教育课程内容的"原生主题"就存于其中。①

在课程改革的实施过程中,弗莱雷首先组织了一批不受任何教育行政机构束缚的课程专家,形成一个专家班子。通过这些专家,制定出一个意义深远的、具有相当严格的课程标准的体系。

随后,弗莱雷召集了100多位心理学家、生物学家、生理学家、社会学家、政治理论家、艺术教育家、数学家、哲学家、法学家以及性教育专家等,同他们探讨有关知识、艺术、伦理、社会阶级、人权、性、语言和教育的关系,并且了解他们对课程改革、课程设置、教学改革的看法。

主张民主改革的弗莱雷指出,课程改革绝不是由一批所谓的专家精心设计、思考、制造出来的。实际上,课程改革也是一种民主的、具有政治意义的过程。② 正是出于课程改革中的这种政治性和民主性,弗莱雷并没有对专家们的言之凿凿的"处方"全盘照收,而是在听取这些专家的意见的基础上,直接和学校的校长、教师、督导、食堂工作人员、保安、学生、家长、社区领导等进行交谈,了解他们是如何看待学校的,他们希望学校成为怎样的一种学校。同时,在交谈中也告诉他们有关学校的具体情况。弗莱雷的意图是尽可能地吸收来自不同领域的人员的意见,以利于更好地进行课程的建构。

其次,弗莱雷强调,学校的行政管理人员、教师必须要了解学生的情况,倾听学生的意见,尤其是在选择课程的内容时。课程制定者必须要以学生和教师的知识为中心来选择和确定作为课程内容的原生主题。③ 例如,圣保罗市的一所学校,在第一学期,经过与学生商定,确定了"住房问题"作为原生主题。于是,各个学科(不管是体育,还是数学)在教学中都会涉及这个主题。在第二个学期,确定的原生主题是"交通问题"。

二、注重学生生活经验的课程建构

在课程建构的过程中,历来重视的是知识的系统传递,强调学科结构的重要性。

---

① Paulo Freire. Pedagogía del Oprimido S. A. México: Siglo Veintiuno Editores. 1995, p.110.
② Paulo Freire. Pedagoy of the City. New York: Continuum. 1993, p.63.
③ 同上,第67页.

虽然曾有人提倡过以儿童为中心的教育理念,但要改变根深蒂固的传统思想,不是那么容易的。

在课程内容的改革中,弗莱雷提倡的也是要注重学生的生活经验。弗莱雷认为,课程内容应以学生的生活经验为基础,在课程设计中不能减少或剔除学生带到学校、来自生活经验的知识。尽管这些来自生活经验的知识还要进行综合和精确化,以便成为一种科学的知识,但这并不意味着学生的生活经验应被贬低。相反,一个人通过生活的经验能学到更多精确、科学的知识。[1]

因此,弗莱雷主张,课程内容的安排,首先要尊重学生的文化和他们带到学校来的知识的价值。[2] 他建议,应从学生带到学校的知识开始教育,因为这种知识是他所属的社会阶层的一种表达,学校不应该人为地取消它。总之,学校里教的知识对学习者来说应是相关的和有意义的。[3]

关于学校应教什么,弗莱雷指出,学校教的内容应与现实的"批判性阅读"相关,学校应教会学生如何通过教学内容来引起思考。[4] 弗莱雷既不主张学校只教远离社会的内容,也不提倡为了"正确思考"的训练而脱离教学内容。他认为,学校的课程设计应该关注到这两者的相互关系。传统教育者试图通过教学内容,把大量的社会问题藏匿起来,而解放教育者是要通过教学,把蒙在这些社会问题上面的面纱揭开。前者使学习者迁就、调整以适应这个既定的社会;而后者使学习者不安、激起他们去了解呈现在面前的这个不断被变革、被改变的世界。[5]

由此,弗莱雷提出了必须要给课程重新定向。新课程应该具有一种注重体现解放教育思想的特点。为了建立和实施新课程,必须号召全体社区成员参与,关注课程的方向和具体的实施。

在课程的重新定向过程中,弗莱雷确定的一个目标是建立一种以通常的问题为核心的、涉及多学科的课程,也就是以日常问题为出发点来组织课程。因此,在设计这类

---

[1] Ira Shor and Paulo Freire. A Pedagogy for Liberation Massachusetts: Bergin and Garvey, Publishers, Inc. 1987, p.97.
[2] 同上,第99页。
[3] 同上,第100页。
[4] Paulo Freire. La Educación como Práctica de la Libertad S. A. México: Siglo Veintiuno Editores. 1969, p.106.
[5] 同上,第107页。

课程前，必须要先了解地方的实际情况，了解地理、工具、人力、工作之间的关系，了解价值观和社会不平等的状况。分析了这些状况后，才能确实了解重要的背景，从而确定学习的问题。

例如，可以根据各地的具体情况，选择如下的一些原生问题：

1. 工作与休闲：幸福之途。
2. 生活在无暴力的世界中是可能的。
3. 学校与人的相互作用。
4. 工作与生活：人们怎样处理这一关系。
5. 公民：如何做一个公民。
6. 社区：交往、意识、变革。
7. 邻里关系。
8. 人类接近、占据和适应环境。

……

这些问题涵盖了经过选择加工的不同的人类知识领域，学生可以了解这些日常问题并组织和产生出新的知识。同时，学生也能够批判地看待他们所处的现实世界和扩大他们了解世界的知识面。

弗莱雷倡导的这种多学科的、培养创造力的、以日常问题为核心的课程，在圣保罗市的353所小学中有200所进行了推广和实施，并且取得了一定的成果。

三、提倡培养批判意识的课程建构

教育目的的确定，往往要受教育思想的左右。不同的教育思想，会产生不同的教育目的。不同的教育目的，也就会产生不同的课程形态。

在长期的教育实践中，弗莱雷提出了许多与传统教育截然相反的新观点，形成了他的丰富的解放教育思想。以解放教育思想为基点，弗莱雷提出了要以培养批判意识为目的的课程建构论。那么，什么是解放教育？解放教育的目的又是什么？为什么要提倡培养批判意识的课程建构？

弗莱雷的解放教育（Liberating Education）是针对驯化教育（Domesticating Education）而提出来的。

首先,弗莱雷对形成驯化教育的社会文化进行了深刻的分析和解剖。弗莱雷指出,当时的巴西社会,现存的文化迫使人"物化",使人们无法自己进行重大的选择。在这种文化结构中,人只能接受现存文化的规范,按现存文化规范行事。① 弗莱雷认为,在这种文化背景下的教育,即传统的教育(包括扫盲教育),自然是实施驯化式的教育,要将人驯化成与现存社会制度、现存文化相一致的社会成员。②

其次,通过对成人扫盲教育工作的总结,弗莱雷揭示了扫盲教育(也是传统教育)中的一些重大的问题。弗莱雷指出:"传统的教育将学习者看作客体,是被动地接受知识者,并要求学习者具有极大的忍耐力来学习与他们生活毫不相关的东西。这种教育强调的是一种单向性的教学,而不是相互交流性的教学;这种教育强调的是一种垂直性的教学,而不是平行性的教学;这种教育强调的是一种给予性的教学,而不是探讨性的教学;这种教育强调的是一种外部强加性的教学,而不是内部主动性的教学。"③总之,这是一种颇具"驯化式"特色的教育。长时期来,这种教育禁锢了人们的思想,束缚了人们的创造力。因此,弗莱雷提出"要用解放教育的思想来批判驯化教育,使人们能够从现存文化和教育结构的束缚中获得解放"④。

根据弗莱雷的理论,解放教育与驯化教育是完全不同的两种教育,在教育目标、内容、方法、对象、交流、过程、结果等方面是截然不同的。两者的主要区别,可见表1。

为此,弗莱雷竭力提倡课程建构要以培养批判意识为目的。因为弗莱雷认为,为了改造现实和创建新的世界,人们仅仅对现实有认识,而不经过批判的介入,是不会产生对客观世界的改造的。在进行课程与教学改革的过程中,弗莱雷注重的是不仅要将学校改变成一个批判性地重构知识的场所和进行社会批判的场所,还要使学校成为产生民众文化的中心。如果在学校课程中不注重批判意识的培养,学生就会习惯那种环境,适应那种现实,也就逐渐失去了进取性和创造性。

---

① Paulo Freire. Pedagogía del Oprimido S. A. México: Siglo Veintiuno Editores. 1995, p.56.
②③ 同上,第68页。
④ Paulo Freire. Pedagogía del Oprimido S. A. México: Siglo Veintiuno Editores. 1995, p.73.

表 1　解放教育与驯化教育的主要区别

	解放教育	驯化教育
1. 教育目标	使民众觉悟,具有批判意识,改造和创造世界	用统治阶级的意识驯化民众,维护和加固现存世界
2. 教育内容	根据民众的需求,联系现实问题,安排课程内容	根据统治阶级的要求,学习远离民众现实的内容
3. 教学方法	利用情景,提出问题,进行讨论,实施"情景对话"教学法	实施"银行储蓄式"教学法,教师往"学生账户"里存知识
4. 教育对象	主体:教师和学生 客体:社会、世界	主体:教师(主动) 客体:学生(被动)
5. 教育交流	师生双向交流、对话、讨论	教师单向给学生传授知识
6. 教育过程	鼓励提问、对话、讨论、培养民众批判意识和创造性	不允许学生提出异议,按规定的内容记忆现成的知识,没有创造性
7. 教育结果	学会学习、学会思考,具有批判意识,从而使民众获得解放	民众掌握许多知识而丧失思考能力,被驯化成适应现实的人

四、强调原生主题的课程建构

长期以来,我们的课程设置往往建立在学科知识的基础之上,按照系统的学科知识分门别类地开设课程。当然,以学科知识为基础的课程建构,在科学性、逻辑性、系统性等方面具有很强的优势,但是,在实际运用的过程中,课程往往会远离现实,所学的知识与人们的生活环境关联不大。这也向人们提出了应以怎样的内容为主来建构课程的问题。

弗莱雷主张通过提供一种与现实生活相似的情景,促使人们在这种情景中寻找出与他们生活密切相关的一些主题,从这些原生主题出发,可以产生出更多的生成主题,从而建构成新的课程。[①]

[①] Paulo Freire. La Educación como Práctica de la Libertad S. A. México: Siglo Veintiuno Editores. 1969, p.125.

弗莱雷认为,要确定课程的内容,就必须深入现实之中,了解教育者和人们对现实的理解,探究现实之中人们关注的主题。弗莱雷指出,产生于现实之中的大量的主题就是课程建构的基本材料。这些原生主题存在于现实之中,也是在对现实进行批判的批判性思维中产生的。

对原生主题的感知,人类与动物是完全不同的。弗莱雷认为,动物不能将自身从其活动中区分开来,也不会反思其活动,而人有这个能力,也能按照自己的思想来行动,并对世界进行改造。人不仅创造了物质产品,也创造了精神产物。在改造和创造世界的过程中,出现有各种各样的思想、观念、希望、疑虑等,这些思想也会生成许多相反的内容,会形成一种带有时代特征的主题,或历史性的主题。面对这些主题,有人赞成,有人反对,有人消极隐遁,有人积极行动,从而又会生出更多的主题。①

弗莱雷强调,课程内容的确定应该从调查原生主题开始。他认为,原生主题的调查就是教育过程的起点,因为调查原生主题就是调查人对现实的思维和行动,调查人的实践活动。人在对其主题的探究过程中,越是积极主动,对现实的批判认识越是深刻。②

因此,弗莱雷认为,绝不能把自己认为应当列入的课程内容提供给人们,而应该通过对话,与人们一起来探究课程内容。为此,弗莱雷设计了一系列的情景,通过这些反映现实生活的情景,使人们意识到自己的具体状况,激发起人们的热情,对这些状况发表议论,寻找出一些主题,进行对话,由此建构起课程的内容。

结束语

弗莱雷解放教育课程建构论为我们提供了一种新的透视课程建构的视角。在当前中国的课程改革过程中,弗莱雷所主张的重视全体参与、注重学生生活经验、提倡培养批判意识、强调原生主题来进行课程的建构,对我们的教育决策人员、课程研究人员和广大的教育工作者无疑是具有重大的参考价值的。

尽管弗莱雷所处的时代,与我们已有很大的不同,但是,弗莱雷的解放教育思想以

---

① Paulo Freire. Pedagogía del Oprimido S. A. México: Siglo Veintiuno Editores. 1995, p.34.
② Paulo Freire. La Educación como Práctica de la Libertad S. A. México: Siglo Veintiuno Editores. 1969, p.36.

及解放教育课程建构论,对我们的教育发展、课程改革依然具有其普遍意义,可以不断促使我们思考众多的教育理论问题以及反思我们的教育实践。

中国正从应试教育向素质教育转向的过程中,弗莱雷的解放教育课程建构论为我们的这种转向提供了一个很好的平台,使我们在这个平台上,转得更快、更好,走好走稳素质教育的道路。

17

拉丁美洲教育家弗莱雷的教育思想在中国的传播与影响

从20世纪90年代起,中国的学者就将弗莱雷的教育思想和实践介绍到了中国。弗莱雷"来到"中国,为中国教育打开了一扇崭新的透视外国教育的窗户,展示了一种具有发展中国家特色的、与众不同的教育理念。中国学者通过出版著作和发表论文,让更多的中国教师了解和学习了弗莱雷的教育思想;通过师范大学的课堂教学和对中小学教师和管理人员的在职培训,传播了弗莱雷的学校改革思想;通过参与课程改革,促进了弗莱雷的课程与教学思想在中国中小学课程与教学改革的实施。从弗莱雷的"来到"中国,到弗莱雷教育思想和理论传播并影响中国教育的改革,可以说,弗莱雷已"生活"在中国,并将不断影响中国教育的发展和改革。

一、弗莱雷"来到"中国

(一) 20世纪90年代弗莱雷"来到"中国

尽管弗莱雷在20世纪60至70年代已经成为世界著名的教育家,但是弗莱雷"来到"中国可以说是从20世纪90年代开始的,是由中国的教育学者将弗莱雷的教育思想和实践介绍到了中国。

正如大家都知道的,中国的改革开放是从20世纪的80年代开始的,在这以前,中国对国外(除了苏联和东欧及社会主义国家)接触有限,对遥远的拉丁美洲国家的了解更是无从说起。

中华人民共和国1949年成立后,开始快步建设社会主义国家,长期以来一直以苏联为榜样。到了20世纪60年代,中苏关系出现问题。中国政府开始关注西方资本主义国家的发展。1964年中国国务院发文要求在中国的主要大学里建立外国问题研究机构。研究外国教育的机构主要有三个:北京师范大学的外国教育研究所、华东师范大学的外国教育研究所和东北师范大学的外国教育研究所。20世纪80年代是改革开放时期,中国加大了了解和研究外国问题的力度,促进了对外国教育研究的发展。

弗莱雷"来到"中国,与上海、与华东师范大学国际与比较教育研究所的研究人员有很大的关系。从19世纪40年代起,上海就成为对外通商的口岸,并逐渐成为远东最繁荣的港口和经济、金融中心,成为亚洲的国际化大都市。上海独特的地理位置和文化特点,使上海成为中国引进和融合外国思想和文化、促进东西方交流的重镇。正是由于上海这一城市的国际化程度和开放的传统,华东师范大学国际与比较教育研究所承担了研究西欧与北美国家教育的重任,后又发展到关注研究发展中国家的教育。

研究发展中国家中的拉丁美洲教育是中国比较教育研究的一个新领域。从20世纪80年代起中国比较教育研究主要关注的是发达国家的教育,着重了解、学习和引进发达国家的先进教育理念和实践。到了20世纪90年代,中国比较教育看到了发展中国家也有许多方面可以借鉴和学习,于是开始加强了对发展中国家教育的研究。

华东师范大学国际与比较教育研究所的研究人员基本都掌握一两门外语,他们掌握的外语包括英、法、德、日、俄、西班牙语等语种。掌握西班牙语的研究人员黄志成教授(毕业于上海外国语大学西班牙语语言和文学专业)义不容辞地承担了研究拉丁美洲国家教育的任务。黄志成教授于20世纪80年代到智利大学留学3年;20世纪90年代到墨西哥国立自治大学作为访问学者留学1年;2005年到西班牙马德里自治大学作为访问学者留学1年。在智利留学期间,黄志成教授在学习过程中就阅读了保罗·弗莱雷的主要著作。弗莱雷的思想和理论给他留下了深刻的印象,也萌发了之后对弗莱雷的研究。

1997年黄志成教授在墨西哥国立自治大学访学期间,正逢弗莱雷去世。墨西哥国立自治大学举行了盛大的怀念弗莱雷的追思大会。黄志成教授参加了这一怀念弗莱雷的大会,深深感受到了墨西哥教育界对弗莱雷的崇敬之情。大会气氛庄严,幕布上挂着留着大胡子的弗莱雷的巨幅画像。发言者在追忆的过程中,不停地扭头注视弗莱雷的画像,有时就像在情不自禁地与弗莱雷亲切地对话;有时仿佛在对着弗莱雷激动地发誓。虔诚之心,令人感动。[1]

是什么力量使拉丁美洲的学者如此激动?弗莱雷的魅力究竟在哪里?黄志成教授在墨西哥开始收集资料,进行调查,着手对弗莱雷的思想、理论和实践开展系统研究,并将弗莱雷介绍到了中国,促进了弗莱雷教育思想在中国的传播,使中国的教育人员了解了弗莱雷和他的教育思想,同时弗莱雷的教育思想也促进了中国的教育改革和发展。

(二) 弗莱雷思想在中国的传播

弗莱雷"来到"中国以后,弗莱雷的思想在中国得到了广泛的传播。传播的途径主要是,通过出版著作和发表论文,让更多的人了解和学习弗莱雷的教育思想;通过大学的课堂教学和对中小学教师和管理人员的在职培训,传播弗莱雷的学校改革思想;通过课程改革,促进弗莱雷解放教育思想在中小学课程改革的实施。

1. 出版著作和发表论文

在中国,尽管在20世纪90年代以前也有零星的文章介绍过弗莱雷,但是最早对弗莱雷进行比较全面和系统研究的是华东师范大学国际与比较教育研究所的黄志成教授。1997年,黄志成教授撰写了四篇有关弗莱雷的文章,发表在华东师范大学比较教育研究所主办,华东师范大学出版社出版的《外国教育资料》上(该杂志是中国主要的研究外国教育的学术性刊物之一)。

这四篇文章是:

"保罗·弗莱雷教育思想产生的背景",《外国教育资料》1997年第3期;

"保罗·弗莱雷早期在巴西的解放教育实践",《外国教育资料》1997年第4期;

"保罗·弗莱雷的解放教育理论",《外国教育资料》1997年第5期;

"保罗·弗莱雷在非洲及近期的教育实践",《外国教育资料》1997年第6期。

2003年黄志成教授出版了《被压迫者的教育学——弗莱雷解放教育理论与实践》(北京,人民教育出版社)。这是在中国研究弗莱雷教育思想和实践的最早的、开创性著作。

此外,黄志成教授也在他所出版的著作中附有弗莱雷思想及理论相关的章节,如:

"弗莱雷的教育理论与实践",《巴西教育》(第六章)(长春:吉林教育出版社,2000年);

"解放教育思潮",《西方教育思想的轨迹——国际教育思潮纵览》(第十二章)(上海:华东师范大学出版社,2008年);

"解放教育",《国际教育新思想和新理念》(第七章)(上海:上海教育出版社,2009年)。

黄志成教授还在中国的各种期刊上发表了有关弗莱雷的多篇论文:

"弗莱雷的对话教学",《全球教育展望》2001年第6期;

"弗莱雷解放教育课程建构",《全球教育展望》2003年第2期;

"以原生主题跨学科方式建构的课程——弗莱雷的跨学科新课程计划",《全球教育展望》2003年第3期;

"试论弗莱雷解放教育理论的现实意义",《外国教育研究》2003年第7期;

"解放教育——拉丁美洲教育之路",《中国民族教育》2005年第3期。

可以说,华东师范大学的黄志成教授在将弗莱雷介绍到中国的过程中起到了十分重要的作用。他通过发表的论文和出版的著作以及通过研究生课程和教师在职培训,通过上海及全国性和国际性的学术会议,扩大了弗莱雷在中国的影响。

至今,在中国已经出版了专门研究弗莱雷的著作2本;弗莱雷著作的中文译著3本,博士论文2篇,硕士论文31篇;在各类期刊上发表的有关弗莱雷的文章189篇。在中国各种杂志上涉及弗莱雷的文章更是不计其数。由此可见,弗莱雷确实已经"来到"了中国。

2. 开设课程和培训教师

华东师范大学在传统上是一所培养教师的大学,不仅开展教师的职前培养,也进行教师的在职培训,并在大学中设有教育部属下的"全国中学校长培训中心"。通过每年在大学开设的正规课程以及专门为教师和校长开设的在职培训课程,弗莱雷的思想得到了广泛传播。

3. 召开国内和国际研讨会

2015年在中国长春市由东北师范大学召开了"第一届批判教育国际研讨会",黄志成教授在该会上做了题为"弗莱雷批判教育思想对中国教育改革的现实意义"的报告。

2016年黄志成教授参加了在墨西哥召开的"比较教育国际研讨会",黄志成教授在该会上作了题为"上海教育改革的成果",联系了弗莱雷思想对上海教育改革的影响。

二、弗莱雷在中国的影响

弗莱雷"来到"中国后,其影响不断扩大。弗莱雷在中国的影响,主要体现在三个方面:对教育思想的影响;对课程改革的影响和对教学改革的影响。

(一) 对教育思想的影响

中国具有五千多年的历史,也具有悠久的教育传统。中国的传统教育思想根深蒂固。孔子的教育思想依然深深地影响着现代的中国教育。中国具有许多优秀的教育传统,传统教育中也存在许多弊端。中国的教育改革一直在力图清除传统教育中的各种弊端,其中最主要的是教育以考试为目的,教师为考试而教,学生为考试而学,并以有多少学生能考进重点大学来作为衡量教育质量的标准。

弗莱雷的教育思想博大精深,有许多观点值得中国借鉴。在教育思想方面,弗莱雷提出了教育要以培养批判意识为目的。教育要与民众的解放、培养民众的批判意识相联系。弗莱雷向世人揭示了巴西当时主流文化统治下的传统教育特性,他认为,传统教育是一种驯化教育,要将人驯化成与现存制度和文化相一致的人,也就是没有批判意识、没有创造性的人。[2]同时,弗莱雷还批判了传统教育的"银行储蓄观"和"讲授式教学",提出了"解放教育观"和"对话式教学"。[3]弗莱雷的教育思想引起了中国教育学者对传统教育的新的思考和批判。

在中国长期的教育过程中,学校教育的一个基本特征就是重视书本知识的传授,教师是传授知识的主体,学生是被动地学习知识,教学结果由考试分数来决定,形成了一种以考试为目的的教育。这种教育不鼓励学生对教师所教的知识提出不同看法,更不会培养学生形成一种批判的意识。传统教学主要依靠的是教师讲授,实施的是以教师为中心的讲授式教学,教师只顾自己在课堂上讲,没有顾及不同学生的学。中国教育的这种状况,正如弗莱雷所揭示的那样:"教师是主体,学生是客体。师生间没有对话,没有交流。这种教育就像一种储蓄行为,学生是户头,教师是储户,学生户头里的存款越多,他们的批判意识就越少。"[4]

用弗莱雷的解放教育观来审视中国传统教育,引起了中国教师的广泛地思考和讨论:具有批判意识现已成为国际教育界普遍认同的一种基本能力,不管中国学生在PISA测试中取得多好的分数,缺乏批判意识和创新精神,学生不会具有持续的发展能力。在改革后的中国教育发展纲要中,已将具有批判意识作为学生的基本能力之一。

学校教育是以教师为中心还是以学生为中心?国际上较为流行的是以学生为中心,而弗莱雷却认为,教师和学生都是主体,客体是需要了解和改造的世界。[5]弗莱雷的观点使中国教师意识到在教学过程中师生之间的关系以及注重学生在学习中的主体性意义,并且逐渐形成了"双主体"的观点,即在学校教学过程中教师与学生都是主体,但在这种双主体的教学过程中,中国教师也还是主张重视教师的主导作用。

(二) 对课程改革的影响

从2000年开始,中国开展了新的课程改革。这以前的中国学校的课程全都由教育部统一安排和制定,即一套教材,全国通用,没有考虑到各个地方与学校的不同情况。新的课程改革政策规定了全国中小学的课程分为三个层次,即国家课程、地方课程和学校课程。国家课程由教育部制定,全国统一标准;地方课程由各省按照各省的特点来制定;学校课程由学校根据自己学校的特点来制定。这种课程改革的目的是要下放课程编制的权力,以便能更适应各个地方、各所学校的不同状况。

在学校课程的制定过程中,弗莱雷的原生主题观受到中国教师的赞赏。弗莱雷认为,教育的内容产生于人们生活的现实世界,课程的内容就可以在这个基础上进行构建。设计教育课程内容必须基于当前的、现实的、具体的并能反映人们意愿的情景。将这些情景作为问题向人们提出来,使他们面对挑战,促使他们对此作出反应。[6]

在首次参与自己学校课程设计的过程中,中国的许多学校参照了国外学校课程编制的一些案例。中国许多学校的校本课程的设计主要根据当地学校的传统和特色,根据学校学生的特点来制定。课程内容以跨学科的原生主题建构,形成了具有各自特色的、适应学生不同发展的校本课程。中国的学校以原生主题来生成课程内容,这在中国已经非常普遍,也成为中国课程改革的一大特点。

（三）对教学改革的影响

由于受传统教育的影响，中国的教学长期以来一直是以教师讲授为主的。弗莱雷的"对话式教学"传到中国时，正值中国进行教学改革之时。"对话式教学"的新颖思想和方法立即引起中国教育界的关注和思考。

弗莱雷的对话式教学以一种师生平等交流的方式来开展教学。对话式教学是教师与学生之间双向的交流，而不是教师对学生的简单的单向的教学。对话式教学传播一种民主精神，有助于培养学生的批判意识和创新精神。对话式教学强调提问、强调对话、强调交流，彰显了一种教育的价值取向：民主与平等。提问产生思考，思考产生对话，对话产生交流，交流产生合作。只有师生双方进行有效地合作，才能完成教学的任务。传统教育中的讲授式教学与解放教育中的对话式教学的最大区别是，前者通过传播固定的知识来建立教师的权威；而后者要求师生一起讨论，一起学习，共同来认识、揭示、批判、改造这个现实世界。[7]

在改革传统教育中的讲授式教学的过程中，中国学校主要运用了弗莱雷的对话式教学。对话式教学这种民主的、平等的、相互交流的、相互激励的教学方式，已为广大的中国教师所接受，并被大量运用于学校的教学过程中，也取得了一定的成果。

三、弗莱雷仍然"生活"在中国

弗莱雷的一生是战斗的一生，是为民主社会和民众教育的理想而战斗的一生。正如弗莱雷所说："我从来没有停止过战斗，无论是在哪里，我将会致力于为民主、民众的教育而战斗。"[8]

弗莱雷的一生是伟大而平凡的一生。当被问起他对自己一生的评价时，弗莱雷坦然地说："我认为我去世后可以得到这样的评价：保罗·弗莱雷是一个活着的人。他懂得生活和人类的存在是因为他具有对爱和知识的追求。保罗·弗莱雷活着、爱着，并不断地在探索。正因为如此，他是一个具有强烈好奇心的人。这就是我希望的对我一生的评价，即使我的所有的教育论述不再引起人们的关注。"[9]

虽然弗莱雷的故乡远离中国，虽然弗莱雷在世时没有来过中国，但是弗莱雷的思想来到了中国，引起了中国教育界的欢迎和关注。中国的学者们已经开展了一些基础性的对弗莱雷的研究工作,发表和出版了一些弗莱雷的文章和著作;中国的学校也实施了有关弗莱雷教育思想的一些课程与教学的实验,并取得了明显的成果。

在未来的中国,弗莱雷仍然会"生活"在中国。这是因为中国学者、华东师范大学国际与比较教育研究所黄志成教授正在筹建"保罗·弗莱雷研究所(中国)",这个在中国即将成立的机构,将与美国加利福尼亚大学"保罗·弗莱雷研究所"建立合作研究单位,并将加入由美国加利福尼亚大学"保罗·弗莱雷研究所"所长卡洛斯·阿尔贝多·托瑞斯教授(Carlos Alberto Torres)领衔的"世界保罗·弗莱雷研究运动(PFI Movement)"。这会逐渐加强中国的弗莱雷研究与国际弗莱雷研究的合作与交流,扩大弗莱雷在世界的影响。

由此可见,弗莱雷"来到"了中国,影响了中国,并将仍然"生活"在中国,不断影响中国教育的改革和发展。

■ 参考资料

[1] 黄志成.被压迫者的教育学——弗莱雷解放教育理论与实践[M].北京:人民教育出版社,2003年,第227页。

[2] Carlos Alberto Torres Novoa. La Praxis Educativa de Paulo Freire S. A. México: Editores Genika. 1978. p.114 – 119.

[3] Paulo Freire. Pedagogía del Oprimidos S. A. México: Siglo Veintiuno Editores. 1970, p.73.

[4] 同上 p.74.

[5] 同上 p.75.

[6] Paulo Freire. Pedagogia del Oprimidos S. A. México: Siglo Veintiuno Editores. 1970, p.108 – 109.

[7] Ira Shor and Paulo Freire. A Pedagogy for Liberation. Bergin and Garvey Publishers, Inc. Massachusetts, 1987, p.99 – 108.

[8] Paulo Freire. Pedagogy of the City New York: Continuum. 1993, p.140.

[9] 同上,p.136.

系列三

拉丁美洲高等教育

18

拉丁美洲高等教育大众化探析

一、拉丁美洲高等教育大众化的背景与理论

拉丁美洲高等教育大众化的发展出现在20世纪60至70年代,之所以发生在那个时代,是有其广泛的社会政治和经济发展的原因的,并与拉丁美洲盛行的理论有关。

从"二战"后到20世纪60年代中期,争取政治民主、谋求经济发展成为拉丁美洲发展的一个总趋势。在争取政治民主的过程中,拉丁美洲国家的军事独裁政权相继垮台。原有军人执政14个国家,到20世纪60年代初只剩下4个。但从20世纪60年代中期到70年代中期,由于内外的多种原因,拉丁美洲国家又出现了大批军人政府。这些军人政府较注重发展民族经济,虽然在政治上仍采用高压政策,但在经济发展上取得了较大的进展,较为典型的如20世纪70年代的巴西和80年代的智利。然而,不管军人政府在国家经济发展中的作用如何,军事独裁对民主的侵犯激起了社会各阶层的极大不满。从20世纪70年代后半期开始,拉丁美洲国家又出现了大批军人政府将政权"交还"于民选政府的情况。至20世纪80年代末,拉丁美洲国家基本恢复了民选政府,民主化已成为拉丁美洲国家发展过程中的主潮。

在这种社会民主潮流的冲击下,拉丁美洲国家重新对教育制度与民主政治之间的关系加以审视,出现了教育民主化的发展过程,促进了教育的发展,尤其是高等教育得到极大发展,越来越多的人要求有上大学的机会。拉丁美洲各国为了扩大受高等教育

的机会,采取了许多措施,促使高等教育从精英化走向大众化。20世纪70年代拉丁美洲国家的高等学校扩张和高校注册人数剧增,充分体现了其高等教育大众化的进展。

拉丁美洲是一个开放的大陆,经济具有外向型的特征。为了使产品在国际市场上具有竞争力,有的拉丁美洲国家吸收直接投资,引进了大量的先进技术;有的国家借外债,兴建了一大批基础设施和工程;有的国家注重外贸,逐步促使出口产品多样化和外贸对象多样化;还有的国家建立了开放程度更大、对外资更优惠的综合开发区、自由贸易区等。这种外向型经济需要大量受过较多教育、有一定技术水平、懂外贸、懂管理的人员,这促使拉美高等教育向多元化方向发展,开设许多实用型的课程,大力培养经济发展所需要的实用人才。外向型经济增强了拉丁美洲的经济实力,拉丁美洲地区的工业总产值已超过农业产值的一倍以上,现代化水平有明显提高。经济结构的变动要求培养出更多的能适应现代技术发展的人才,并促进传统高校的变革,促进更多新型高校的产生,进而促进了拉丁美洲高等教育大众化的发展。

拉丁美洲高等教育大众化的进程,主要受到拉丁美洲盛行的两大理论的支配。一是发展理论;二是民众教育理论。发展理论是具有拉丁美洲特色的发展经济学派的理论。该理论批判了传统的国际贸易理论,揭露了发达国家对落后国家的剥削,创立了"中心—外围"论。在此基础上,拉丁美洲也出现了反"依附论",主张拉丁美洲国家的发展应同资本主义的国际经济体系"脱钩",而不是"结合进去","去争取改善"发展中国家的地位,以防出现"越发展越依附"的后果。发展理论提出了拉丁美洲发展政治、经济、文化、教育等方面需要思考的许多重大问题。发展主义的教育观以人力资本理论为依据,主张加大对人的教育投资,很多国家视教育为经济发展中的一种投资形式,并根据预期的收益率来制定发展高等教育的政策,从而促进了拉丁美洲高等教育大众化的进程。

民众教育理论认为,拉丁美洲国家的统治者和有产阶级与广大的贫苦民众之间存在巨大鸿沟,社会贫富差别很大。要改变这种状况,应通过教育,使广大的民众了解自己所处的环境,运用所学的知识来改造世界和创造自己的未来。拉丁美洲的民众主义者主张大力发展有助于改变民众状况的教育,既包括加强基础教育的普及化,又包括促进高等教育的大众化。在民众教育理论的影响下,拉美许多国家先后采取了一些民众教育的措施,将上大学从过去是一小部分人的一种特权逐渐转变为一种大众的权利,并为此提供了更多的机会来满足民众上大学的愿望,从而使拉丁美洲的高等教育走向了大众化。

二、拉丁美洲高等教育大众化的政策与模式

1. 改革公立高等教育,建立多样化的高等教育体制

长期以来,拉丁美洲高等教育的一个特点是将大学作为唯一的高等教育机构,而且大学往往集中在首都或设在大城市里,其规模都相当大。在20世纪60年代末和70年代,拉丁美洲开始走高等教育大众化的道路,发展的政策之一是改革公立高等教育,建立多样化的高等教育体制。

首先,拉美各国大力发展地方性大学。以前,拉丁美洲国家的重点大学都设在首都,并在各地开设其分校,成为一种"连锁大学"。在高等教育大众化的过程中,各国大学总部设在首都的大学,纷纷将设在各地方的分校改建成自治的、独立的地方性大学,并在原先没有大学的地区建立了地方性大学。地方性大学的发展极有利于高等教育大众化的发展,主要是因为读大学的学生可以不用远离家乡,可以节省费用,有利于更多家境贫困的学生上大学。

其次,拉丁美洲各国大规模地改革高等教育体制和结构,建立了包括大学、专业学院、技术培训中心三个层次的多样化高等教育体制。以前,拉丁美洲国家是大学"一统天下",在高等教育大众化的过程中,与大学平行的独立的专业学院的发展极为迅速,许多国家专业学院招收的学生人数超过了大学的。

最后,拉丁美洲各国实施开放性的高等教育政策,大力发展开放式的远距离高等教育。有的国家是建立独立的开放大学;也有的国家是依靠名牌大学,设立名牌大学的一个机构来实施远距离教育。远距离高等教育为那些以前没有机会上大学的人提供了第二次机会,从而也促进了高等教育大众化的发展。

拉丁美洲大多数国家的宪法规定公立教育是免费的,包括高等教育,因而拉丁美洲国家的公立大学教育费用几乎是由国家全包的。在这种情况下,如果允许公立大学大规模地扩展,那么国家就会面临不堪承受的财政压力。这种状况也促使拉美国家通过发展私立大学来实施高等教育大众化。

2. 发展私立高等教育,建立多层次的私立高校

纵观拉丁美洲高等教育发展过程,从 19 世纪初拉丁美洲国家获得独立到 20 世纪 50 年代,公立大学被确定为国家的代表,在很长时期内几乎垄断了高等教育。直到 20 世纪 60 至 70 年代,由于拉丁美洲政治、经济的快速发展,拉丁美洲国家实施了大力发展私立高等教育的政策,私立高等教育才异军突起,其发展势不可挡,并且呈现出各种不同的模式。到 20 世纪 70 年代末,私立高校的学生数已占拉丁美洲高校学生总数的 1/3,有一些国家的私立高校的学生数已超过公立学校的学生数,达 60% 至 70% 之多。在拉丁美洲高等教育大众化的过程中,私立高等教育的发展起到了举足轻重的作用。

拉丁美洲的私立高校有三种类型:教会大学、精英型大学、满足需求型大学。教会大学的发展大多发生在 20 世纪 30 至 50 年代,主要是因为拉丁美洲天主教的强大势力旨在重新介入高等教育。精英型大学的发展主要是因为公立大学的扩充导致教育质量有所下降,再加上 20 世纪 60 年代大学中激烈的政治运动,促使拉丁美洲的精英阶层退出公立大学转而进入具有社会威望的私立大学。在拉丁美洲高等教育大众化发展过程中影响最大、所起作用最大的还是满足需求型大学。在拉丁美洲,尽管公立大学已有很大的扩展,但公立大学的名额数还远不能满足要求上大学的需求。私立的精英型大学由于其自身的封闭性和排他性,不会容纳太多的学生。教会大学虽吸纳了一部分学生,但远不能缓解就学的压力。满足需求型私立大学的发展恰好填补了公立大学、教会大学和私立精英型大学留下的缺口,从而为高等教育的大众化作出了贡献。

3. 创建新型办学模式,实施公私立学校趋同制

为了促进高等教育的发展,拉丁美洲国家的办学模式有了很大的变化。从过去的公立大学一统天下到后来的公私立高校并存,在高等教育大众化的过程中,拉丁美洲国家也发展出了一种新的模式,即"私立公助"。在拉丁美洲,私立精英型的大学通常是由实力雄厚的私营企业资助的,而大多数满足需求型学校的教育经费捉襟见肘。为了促进和维持私立学校的发展,缓解公立大学的压力,拉丁美洲一些国家也对私立学校进行资助。与此同时,拉丁美洲国家也要求公立大学能自筹资金,解决教育经费不足的问题。拉丁美洲公私立高校的区分已有些模糊,两者甚至有趋同的趋势。毫无疑问,国家对私立高校的资助极大地促进了高等教育大众化的发展。

三、拉丁美洲高等教育大众化的问题与启示

1. 拉丁美洲高等教育大众化中存在的问题

拉美高等教育大众化的成果是明显的,经过十多年的发展,实现了高等教育大众化的若干目标。例如,在高等教育入学率方面,拉丁美洲 18 至 23 岁年龄段青年的高等学校入学率几乎每隔 10 年就翻一番——1960 年入学率为 3%,1970 年为 6.3%,1980 年为 13%,1990 年为 18.7%。实际上,拉丁美洲有些国家的高校入学率已超过 20%,有的甚至达到 40% 之多。然而,拉丁美洲高等教育大众化的问题也是存在的,主要是以下两个方面。

(1) 高等教育大众化产生的分层化问题。拉丁美洲高等教育大众化的主要目标之一,是满足更多的人上大学的需求,以实现教育民主、平等之理想。在某种程度上,拉丁美洲高等教育大众化的发展也基本达到了这一目标。然而,高等教育大众化仅代表了高等教育的一种"低层次"目标,只是做到了大家有学上。至于上怎样的学、学的又是什么、毕业后就业前景如何、能否适应社会的发展等,仍存在很多的问题。

拉丁美洲满足需求型的私立高校大多是小规模的学校,在市场经济运行中,为了能生存,只得提供基础较差、花费不大、水平不高的专业课程,招聘的教师大多是其他学校的兼职教师。在这种条件下,学校的教育质量是可想而知的。随着大学毕业人数的增加和劳动力市场竞争的加剧,这些学校的毕业生找不到工作或就业不足的情况日益严重。拉丁美洲高等教育大众化产生了高等教育的分层化,而高等教育的分层化又导致职业的分层化。名牌大学的毕业生可以得到较好的职位,而一般学校的毕业生则从事层次较低的职业。拉丁美洲的高等教育仍在维持中上阶层的地位,强化了社会不平等的状况,从而也受到人们的指责。

(2) 高等教育大众化产生的效益问题。拉丁美洲高等教育大众化发展的另一个问题是效益问题,这主要牵涉公共资金用于私立学校以及所产生的效益等。拉丁美洲国家基本实施公立教育免费制,但由于在体制和教育管理上存在的问题,公立大学投入大而产出少。这里面就存在很大的效益问题。因此,现在也有些国家主张公立大学要实行收费制以取得更大效益。随着高等教育大众化的发展,拉丁美洲国家也开始对私立大学进行资助。但国家对私立高等教育的资助受到社会上一部分人的反对,他们

认为公共资金应该只用于公立教育,用公共资金资助私立教育既不公平又是一种浪费。因为许多私立学校的教育质量很低,毕业生大多数人找不到工作。

2. 拉丁美洲高等教育大众化对我国的启示

(1)高等教育发展的多元化趋势。纵观拉丁美洲高等教育大众化发展的过程,拉丁美洲高等教育发展的政策、体制发生了很大的变化。在传统的高等教育体制中,拉丁美洲盛行机能性集权制(organic statism)。这种体制强调国家的作用,限制私人的活动,主张国家进行强有力的干涉,在追求其确认的公共利益时发挥"建筑师的作用"。因而,国家在实现公共利益的目标过程中,常会导致对私人利益的"合法性"的轻视。为改变这种强制而僵化的体制,拉丁美洲高等教育也实施了协作制(corporatism)。协作制的特征主要是高校得到国家的认可,国立学校在教育中占垄断地位。高校的数量由中央规划,国家对高校提供资金,高校则接受国家监督;国家对高校领导人的选拔具有很大的控制权,而高校内成员的活动则由学校领导决定,国家与高校是分工协作的。

随着高等教育大众化的发展,拉丁美洲国家在逐渐建立一种多元制(pluralism)。多元制的主要特征是,许多公立高校并不像以前那样是根据国家的意愿而建立的,而是应学生、地区或其他要求建立的,然后国家再作出反应。国家对私立高校创办的限制减少,私立高校的办学模式与现行的办学规范偏离更大。私立高校的发展使公立高校的垄断地位不复存在,公私立高校之间有了竞争。虽然国家资助公立学校,但已不再插手财政分配和其他政策制定,私立高校也能获得国家的资助。国家对公立高校领导选拔的控制减弱,对私立高校的控制几乎没有。

拉丁美洲国家高等教育大众化的发展过程表明,拉丁美洲高等教育的体制已从集权制转变到协作制,又从协作制走到了多元制。这种政策和体制上的变化是拉丁美洲高等教育大众化发展中很重要的一个因素。没有政策和体制的变化,就不可能有高等教育的大众化。

(2)公私立高校的趋同性。从拉丁美洲高等教育大众化的发展过程中,我们还可以看到,拉丁美洲国家的高等教育存在着这样的一种趋势,即公私立高校的趋同性。在拉丁美洲一些国家,现在公私立高校的区分已有些模糊,公私立高校走向了趋同。这主要表现在以下几个方面:一是在政策上,拉丁美洲国家教育在向私有化方向发展,鼓励私立学校的发展,打破了公立学校的垄断局面,使私立高校能够与公立高校相互竞争,尤其是在一些经济发展较快的国家;二是在财政上,以前拉丁美洲公立高校几乎全靠国家的资助,现在私立高校也能从国家那里获得一部分资金补助,而且国家规定公私立高校都应自筹资金;三是在管理上,拉丁美洲公立高校已由国家的严厉控制转变为大学的自治,而私立高校则更为独立。

公私立学校趋同的原因,从政治方面看,是国家尽可能地采取了有利于满足人们上大学需求的措施,在办好公立高校的基础上,也扶持私立高校,使公私立高校的差距逐步减少,这有助于社会的稳定。从经济方面看,光靠公立高校的发展来满足人们上大学的需求,显然国家是负担不起的;而国家资助私立高校,投资少而见效快,也进一步促进了公私立高校的竞争,双方都在努力争取更多的资金。

我国私立高校的发展也较快,但还不厚实,主要也是资金的问题。要想在短期内争取到大量私人的投资是不现实的,因为我国的私有经济发展时间不长。在这种情况下,我国的私立高校是很需要国家进行资助的。如果国家能够按一定标准资助私立高校,这将对促进我国高等教育大众化发展是极为有益的。

(3) 高等教育发展的适度性。从拉丁美洲高等教育大众化的发展过程中,我们还应当看到其中的经验教训。拉丁美洲高等教育大众化的发展虽然取得了巨大成果,但是代价也是巨大的。这主要表现在高等教育的发展速度和投入的比重与发展基础教育的不相匹配,过度重视了高等教育的发展而忽视了基础教育的发展,以至于到了20世纪90年代,拉丁美洲许多国家仍在为实现全民教育的目标而努力。拉丁美洲基础教育中的留级率和辍学率已成为一种痼疾,严重地阻碍了教育的发展。这也使人们认识到,应该优先发展基础教育。为此,拉丁美洲许多国家在其教育发展规划中重新确立了优先发展基础教育的策略。

高等教育大众化的发展是当今社会发展的必然。但这种发展应按照事物发展的本身规律来办,而不应人为地去追求不切实际的目标。拉丁美洲教育发展的这一教训应该引起我们的警觉。

19

拉丁美洲国家高校招生考试制度

一、拉丁美洲国家高校招生考试发展过程

拉丁美洲公立高等学校基本上实施大学自治,由大学自主地管理学校。即使没有实施自治的学校也具有很大的自由度。国家对公立大学没有行政管理权,只有预算分配权和项目拨款权以及对学校选出的校长候选人的任命权。

拉丁美洲国家也没有由国家规定的统一的高等学校招生考试制度,而通常是通过考试委员会来进行选拔,由各个学校自主地根据各自的情况来招生。各学校有权选择是否参加考试委员会,如不愿意,也可以自主进行招生考试。但从拉丁美洲大多数国家的情况来看,绝大多数学校是通过考试委员会来进行招生考试的。

从拉丁美洲国家高校招生考试制度的发展过程来看,可以说,大的改革不多,小的变化不断,其较明显的特征是基本保持一种相对稳定的招生考试制度。

拉丁美洲国家高校招生考试制度基本上有两种。

第一种是学生报考大学必须具有中学毕业证书和学士学位文凭(bachillerato)。此外,各高校分别对报考者进行专门的入学考试来决定是否录取。报考大学的中学毕业生,首先要通过综合性考试,然后要通过专业考试,才能取得学士学位。通常这一学位都是由大学颁发的。各高校各自规定招生考试要求,除进行笔试外,也有的学校还要求进行面试和其他各种考试。这一种招生考试制度在20世纪60年代前较盛行,但

也暴露出许多弊端。最主要的是各大学没有统一的招生考试要求和选拔标准,招生考试的范围太广,既要评价考生的普通文化水平和口头表达能力,又要测试考生的智力、个性和特长。面对各大学极其不同的专业所使用的复杂繁多的考试,报考大学的学生无所适从,很难明确报考大学涉及的程序,因而也很难作好充分的准备。例如,某学生报考某大学的某个专业,他必须要在三个月内至少应付中学毕业考试、学士学位考试和大学入学考试这三种考试。如果报考不止一个大学或专业,那就要参加更多的考试。面对这种情况,加之不断增长的要求上大学的需求,拉丁美洲国家从20世纪60年代起,对高校招生考试制度进行了改革,即产生了第二种高校招生考试制度。

第二种高校招生考试制度生产于高等教育大发展之时。围绕着报考大学的条件和入学考试这两个方面,拉丁美洲国家进行过激烈的争论,也进行过各种研究和试验。许多研究得出的结论是,需要对全国高校的招生考试进行协调;需要统一招生标准;需要使用客观、可靠、有效的测试工具。

在报考大学的条件方面,拉丁美洲许多国家取消了中学毕业生要获得学士学位作为报考大学的必要条件,取而代之的是只要求具有中学毕业证书。但这并没有解决大学如何选拔优秀学生的问题,相反,扩大了想要报考大学的人数与大学所能提供的名额之间的差距。因此,拉丁美洲高校招生考试改革中重要解决的问题仍然是要制定一套合适的选拔方式,以便挑选更合适的人进入大学学习。

在入学考试方面,拉丁美洲许多国家的大学入学考试增加了"大学入学学术能力倾向测验",以测试报考者对大学学业的基本能力倾向。从20世纪60年代起一直到现在,拉丁美洲国家都将学术能力倾向测验作为高校选拔学生的基本方式之一。与此同时,拉丁美洲国家也逐步确定了一套统一的选拔学生的方法:既测试学生的学术能力倾向,也考查学生掌握专业基础知识的水准,还要看中学的学习成绩。这种"三合一"的招生考试方式能较全面、客观地选拔出适合上大学的人。

二、拉丁美洲国家高校招生的选拔与录取

(一) 高校招生办法

拉丁美洲国家的高校基本上实施大学自治,教育部不负责管理高等学校,因而一

般也不干涉高校的招生考试工作。拉丁美洲国家的高校以及高校中的各专业均按各自学校和专业的具体情况,独立制定各自招生的标准和要求。如有些学校和专业,只要求进行统考,成绩达到规定的标准即可;而另一些学校和专业规定,除了统考外,还要进行专业和其他科目的考试;有的学校还要进行面试。总之,各高校有权决定各自招生的标准,各高校专业招生的要求及标准也不尽相同。

在选拔学生方面,拉丁美洲国家各类大学实行的方法也不一样。拉丁美洲国家高校既有公立学校,也有私立学校。在公立学校间,往往建有"高等教育协会"或"大学校长理事会"等组织。加入这些组织的公立学校,基本上实行的是统一的招生制度,经过统考来选拔学生。没有参加这些组织的公立学校和私立学校,既可按统一招生制度来选拔学生,也可自己制定招生的办法。因此,从这种意义上来说,拉丁美洲国家实行的全国统考,并非是指全国所有学校都进行的统一高考,而是大部分公立学校的统一高考。但是,每年进行的统考具有很大影响力,各学校或参加统考或参照统考进行选拔。

(二) 高校招生的组织机构

在拉丁美洲国家,高等教育的一个明显特点是一两所著名大学会对整个国家的高等教育发展产生重大影响。在高校招生工作中亦是如此。例如,在智利,最著名的高等学府是智利大学。从其建立至今,智利大学在智利高等教育发展过程中一直发挥着特殊的作用。在高校招生改革和选拔学生方面,智利大学就起了主导作用。20世纪60年代以前,具有智利大学颁发的学士学位(高中毕业生)是报考大学的必要条件。在20世纪60年代的改革中,智利大学首先在若干系的招生考试中试行大学入学能力倾向测验,后来在全国进行推广。这种新的学术能力倾向测验也是在智利大学制定、组织、批阅、统计和评价的。

在高校招生组织机构中,主要的大学也发挥着重大作用。拉丁美洲国家高校招生考试工作通常是由高等教育协会下属的招生协调委员会负责。招生协调委员会的宗旨是尊重各大学的自主权,促进各大学在招生工作中人力和物力的联合,使各大学的招生工作建立起密切的联系。招生协调委员会成员由各大学派出的代表组成,通常由主要的大学牵头,很多国家招生协调委员会就设在主要的大学里。

(三) 高校招生的考试形式

作为通常的高校招生考试，拉丁美洲国家实行的主要有以下几种选拔方式。

1. 中学的平均成绩

中学评定的平均成绩是拉丁美洲国家高校选拔学生的一个重要参考依据。由于中学使用的评价标准不一，所以中学的平均成绩并不是表明以前获得的知识的一种可靠指数。但中学的平均成绩可以成为衡量学生按照学校要求所完成的程度的一个指标，因而能间接地反映学生学习的态度与能力。

招生协调委员会下属的报名管理处在学生报考登记时，负责汇集中学的成绩。该管理处将报考者在中学四年的总平均分数折算成一种标准分数等级。由于报考者来自使用不同评价标准的各类学校，要将各类学校的平均成绩分别折算成等值的标准分数等级。同样的平均分数由于学校类型不同就会出现不同的标准分数。招生协调委员会负责公布标准分数转换表，使每个人能查看自己的平均分数。

2. 学术能力倾向测验

学术能力倾向测验主要测试学生在语文和数学方面的思维能力，因为这两方面可以反映出继续学习任何高等学业必须具备的一般状况，包括高等学业必不可少的基础能力，如理解力、逻辑思维能力等。学术能力倾向测验的主要目的是从学生解答一些能代表能力的问题中，评估出他的未来发展。为了使这类测验成为有效的工具来测试一般能力而不是测试所掌握的知识，这类测验的试题不以中学中惯常的形式出现，也不与专业课程的内容紧密相关，并不要求报考者具有较高的知识水平。总之，这是测试语文方面和简单数学方面思维能力的一种测验。它力图抵消外部因素对报考者一般能力的影响，将测验中的难点集中在规定的思维过程上，而不是把重点放在掌握语文和数学内容的程度上。

学术能力倾向测验包括语文和数学两个方面。语文的测试主要包括反义词、近义词、填充、阅读理解和写作五大类，旨在测试学生对字词句的掌握、理解和运用能力。

数学部分的测验主要是运用数学符号来测定学生理解与推理的水平以及在解决问题中的运用能力，测试学生的思维能力并将其看作预测学生学习高等专业能力的一种指数。

3. 专业知识测验

进行专业知识测验的目的是要了解考生掌握某些学科知识水平的情况,因为中学的成绩并没有提供这方面的情况。在初期,专业知识测验仅在生物、物理、数学、化学专业报考人数多而名额又有限的情况下使用;后来逐渐扩大到自然科学的其他学科,如医学、牙科、工程、经济,并作为入学的一种必要条件。因此,实际上,现在自然科学领域的绝大部分专业都要求对考生进行专业知识测验。

从 1970 年起,在一些学术团体的要求下,也实施了社会科学专业知识测验,并将其作为人文领域的专业以及自然科学领域中的某些专业的入学必要条件。社会科学专业知识测验包括的内容有本国历史与地理、世界历史与地理、公民教育、政治与经济。由于社会科学专业知识测验包含不同的学科内容,所以各部分测试的比例也不相同。

4. 专业能力倾向测验

以前,专业能力倾向测验只在艺术专业进行,测试内容包括专门领域中的某些方面,如特殊的形象与思维能力等。与其他考试一样,该测验也使用选择题。后来,很多专业也纷纷使用专业能力倾向测验。由于制定这类测验的工作十分繁杂,招生协调委员会主张取消大量使用这类测验。现只有少数几所大学按自己的需要进行这类测验。

5. 其他一些测验

拉丁美洲有些大学的心理专业用能显示学生极大不同特性的方法系统地进行一系列一般智力或个性的测验。然而,对这类测验预测的有效性还没有进行过系统的研究。此外,有些大学也临时性地使用一系列专门的测验来测试学生的体育、音乐、外语的能力倾向。

总之,拉丁美洲国家招生协调委员会的政策是避免专业测验增多,因为除了费时、会延误注册外,增加考试也会增加考生以及学校的费用。

(四) 报考高校的条件与手续

拉丁美洲国家的招生工作主要有三个环节:选拔考试,选报学校专业和学校录取。从法律层面上看,只要中学毕业都有资格报考高校。但要进入高校,最关键的仍是看高考的结果和中学的成绩。在公布了高考成绩以及中学成绩后,考生按各自的分数,对照各学校专业的要求,选报学校专业;学校根据名额,按学生志愿从高分到低分录取学生。

报考高校的具体条件主要有：

1. 学术能力倾向测验的分数要达到规定的标准；
2. 必须通过历史和地理专业知识测验；
3. 考生的高考总分要达到规定的标准。

在选报学校专业这一环节中,考生首先要计算出自己报考某专业的总分数。因此,考生必须仔细阅读每年出版的《入学指导》。在《入学指导》中,有如何将自己各门考试分数折算成标准分数的方法。

考生将自己各门考试成绩按各个专业对各门考试规定的比例(各专业规定的比例不一样)进行加权,得出各门考试的分数,然后将各门分数加起来,就得出考生报考某专业的总分数。

第二步,考生要查阅各高校及专业的招生条件和标准。在《入学指导》中,提供了详尽的资料。

最后,考生决定自己选报的学校与专业并选排志愿。《入学指导》中提供各高校和专业的入学标准以及招生名额和学费等情况。考生根据自己的实际情况,衡量各学校的要求,填写申请表,排列第一志愿、第二志愿……最多可填报十二个志愿。志愿填好,不得更改。

(五) 高校录取的程序和办法

各高校都可以独立地确定各专业招生的规定和要求、考试的种类以及各类考试占总分的比例等。因此,高校的录取工作只是各学校严格执行这些规定和要求以及满足高教协会的要求的过程。为了使各高校录取工作协调一致,不延误注册时间,各高校商定出了一套统一录取的办法。如果申请者的第一志愿被录取了,那他的名字就会被从其第二志愿到第十二志愿的名单上取消;如果第一志愿没有录取,就将其名字划入等待名单上,并将其转到第二志愿去竞争。如第二志愿录取了,就取消其以后志愿的名字,如此类推。

申请进入某一专业的全部考生都被列入一张名单,名单按考生的分数高低逐一排列下来,然后根据提供的名额来录取。因此,录取名单的数额一般与提供的名额数相一致。但也有录取名单数超出名额规定的情况,如最后几名申报者的分数相同或决定超额招生。超额录取的学生可直接到校注册,不必在等待名单上登记。第一志愿没有录取的,都要在等待名单上登记,从高分到低分,再逐个按志愿进行录取。在开学前一个月,通过报刊公布学校录取名单。

三、拉丁美洲国家高校招生考试制度的特点、问题和改革动向

(一) 拉丁美洲国家高校招生工作既有统一性,也有独特性

由于拉丁美洲的大学实行自治,因而各大学能够独立地确定其招生标准和要求,使大学具有各自的独特性。然而,实际情况迫使各高校商定出一些统一的要求,如无论是公立学校还是私立学校,在选拔学生时,基本上都遵循:第一看中学成绩,第二考历史和地理,第三考学术能力倾向测验,做到统一试题和评阅。这样,既有统一的选拔标准,又节省了人力、财力和物力。所不同的则是各学校以及各专业对各门考试成绩所占比例的规定不尽相同。此外,对应否加考其他科目,各校各专业也没有统一规定。

(二) 拉丁美洲国家高校招生工作透明度较高

在现行招生制度实施后的许多年间,拉丁美洲国家招生工作的透明度都较高,其表现是:1.学生的选拔和高考试题都经过有关组织的审核。2.考试结果均张榜公布。3.各学校各专业的招生标准与要求都公开发布。

(三) 拉丁美洲国家高校招生工作具有相对的稳定性

从拉丁美洲国家的招生改革过程来看,结构性改革不多;即使改革,也是在经过大量论证、试验的基础上进行的。招生制度的稳定,有益于学生的准备,也可减少人力、物力的开支。

(四) 拉丁美洲国家高校选拔考试预测的有效性问题

在拉丁美洲各国,对高考预测的有效性问题,各学校都进行了研究,其中智利大学和智利天主教大学进行的研究更为系统和广泛,已出版了五辑专门论述大学招生的专

题论文集。从这些研究中得出的结论是，高考预测基本上是有效的，其有效性已达到国际水平。在某些情况下，变量可解释的比例达到近50％。

高考预测没有取得最大成效的原因是技术性的问题。例如，对高考预测的有效性进行研究的对象仅仅是入学的那部分学生，这自然就限制了研究的范围，因为研究预测的有效性并没有包括参加考试而未被录取的那部分学生。另外，预测的有效性只能在大学的头几年里反映出来。因为学生在专业上取得进展，在学习成绩方面趋于相似，尤其是在淘汰率较高的专业（如工程系，学生注册数很高，以后学习不好逐渐淘汰，继续学习的学生成绩都差不多）。此外，学生的学习成绩在很大程度上也取决于高等教育的教学质量。因此，拉丁美洲国家今后对高考预测的有效性研究会加强对上述几个方面因素的分析。

（五）拉丁美洲国家高考与中等教育的关系问题

许多研究通过高考，揭示出中等教育与高等教育之间的连接存在大问题，也就是说，高考对完成中学目标后如何向高校所期望的要求发展没有产生任何影响。实际上，中学毕业生所获得的知识和能力与大学所期望的一直相差甚远。例如，智利医学专业招收的学生历来都是中学的高才生，即使在对他们的测试中也显示出中学与大学的教育缺乏联系。因此，如何通过高考来促使中等教育将高等教育所要求的知识与技能传授给想上大学的学生，也成为今后招生工作所要考虑的一个方面。

20

拉丁美洲高等教育一体化建设：目标、路径及困境
——联合国教科文组织参与区域治理的视角*

联合国教科文组织在推动发展中国家的高等教育发展中所起的作用越来越重要，对跨国层面、区域层面的治理工作日渐频繁。拉丁美洲一直是教科文组织重点关注的区域，1997年教科文组织特别成立了拉丁美洲及加勒比地区国际高等教育研究所，致力于完善该区域高等教育体系、提高高等教育质量、鼓励高等教育系统专业人员流动等方面，以缩短拉美国家与发达国家的差距，推动该地区高等教育一体化的发展。联合国教科文组织在推动拉丁美洲高等教育一体化建设取得一定成效的同时，存在资金不足、政策实施不力、对不同地区支持不均衡等问题。此外，在拉丁美洲高等教育一体化建设过程中，拉美还应该进一步改善自我认同缺失、凝聚力不足、国别异质性显著等自身问题。

联合国教科文组织是进行全球教育治理和区域治理最重要的一个国际组织，其倡导的理念不仅在世界范围内得到广泛认同，制定的教育发展指标和标准也逐步成为世界各国衡量自身教育发展的准绳。它也为各国尤其是发展中国家的教育提供技术和资金支持。联合国教科文组织致力于通过国际合作促进教育发展，尤其强调支持和加强对发展中国家高等教育的研究工作。[1]拉丁美洲及加勒比地区（以下简称拉美）作为

---
* 2018年发表在《比较教育研究》，作者：胡昳昀、刘宝存，北京师范大学国际与比较教育研究院。

世界上拥有发展中国家数量最多的地区,同时也是教育异质性和不公平性问题最为凸显的地区,自然得到了联合国教科文组织的高度重视。1997年联合国教科文组织成立了拉丁美洲及加勒比国际高等教育研究所(Instituto Internacional para la Educación Superior en América Latina y el Caribe,以下简称"拉美高教所"),该研究所是联合国教科文组织唯一一个参与拉美高等教育治理和改善工作的机构,致力为拉美搭建一体化的平台,推动该区域高等教育的发展。本文以拉美高教所为研究对象,研究教科文组织如何推动拉美高等教育一体化的建设和发展。

一、拉丁美洲高等教育一体化建设的背景

拉美高等教育一体化建设是拉美国家高等教育应对教育全球化的竞争,以及联合国教科文组织扶持发展中国家教育发展双重因素推动下的产物。

一方面,拉美地区受新自由主义的影响,在20世纪80年代进行了高等教育"自由化"改革,教育市场逐渐开放,高等教育从传统的精英教育向大众化转型。联合国教科文组织统计的数据显示,拉美国家高校注册学生数量从1980年的493.04万人增加到1995年的812.14万人。[2]拉美高等教育学者罗德里格·阿洛塞那(Rogrigo Arocena)在《拉丁美洲高等教育改革和发展困境》(*Las Reformas de la Educación Superior y los Problemas del Desarrollo en América Latina*)一文中提到,20世纪后期学生入学人数不断增加,拉美各地区出现了"开办大学潮"的现象。但是由于高等教育管理能力不足、缺少合格师资、基础设施薄弱等问题,出现了教学质量不佳、学生辍学现象严重、人才培养与社会需求严重不符等现象。[3]与此同时,由于受到新区域主义的影响,欧洲一体化的示范作用,加之国际化的竞争压力,拉美各国也开始寻求高等教育区域合作,试图突破该区域内各国间教育制度零散、教育水平差异显著的发展困境,以共同提高区域高等教育水平。然而,拉美各国也逐渐意识到,它们在教育治理方面经验不足,仅凭国家层面、政府间的管理已经不能应对高等教育全球化的挑战。因此,1996年拉美各国教育代表在古巴召开的哈瓦那会议(Conferencia de la Havana)上发出了改变拉美地区高等教育现状的呼声,并且希望国际组织机构能协调和整合该地区高等教育系统出现的需求,提出相应的改革举措。[4]

另一方面,联合国教科文组织于1995年发布《高等教育变革与发展的政策性文

件》，并指出包括拉美地区在内的发展中国家存在高等教育起点低、教育资金短缺、教育质量监控体系脆弱、国际化背景下人才短缺等高等教育危机。鉴于此情况，联合国教科文组织在该份文件中表示将会全面履行对发展中国家高等教育机构的责任，帮助它们缩短与发达国家的知识差距，并提高它们参与高等教育和科学发展的能力。[5]在此背景下，联合国教科文组织决定进一步加强对拉丁美洲高等教育领域的扶持工作，并于1997年颁布相关文件，将1978年成立的下设于教科文组织秘书处的拉丁美洲及加勒比地区高等教育中心（Centro Regional de Educación Superior de América Latina y El Caribe），升级为具有行政、学术和职能自主权的拉丁美洲及加勒比地区国际高等教育研究所，并常设独立理事会。改组后的拉美高教所与国际教育局、终身学习研究所、国际教育规划研究所、欧洲高等教育中心、教育信息技术研究所、国际非洲能力建设研究所、国际职业技术教育培训中心被并称为联合国教科文组织下的八大一类教育机构。[6]

联合国教科文组织在通过拉美高教所推动拉丁美洲高等教育建设的过程中，将区域合作和一体化视为核心任务，[7]并力求通过平台的搭建，以促进拉美各国区域间和国际合作的开展，建立全体参与者之间公正的合作伙伴关系，确保拉美区域高等教育发展的适切性、质量、效率和公正。[8]

二、拉丁美洲高等教育一体化建设的目标

推动拉美高等教育一体化建立是联合国教科文组织推动拉美区域高等教育质量提升、教育能力发展、以应对高等教育国际化发展的主要路径，也是保障其社会、经济以及文化稳定且持续地发展的基石。基于上述理念，教科文组织作为推动者，与拉美多方协商，形成了拉美高等教育一体化发展的如下目标。

（一）加强拉美地区高等教育合作

在当今高等教育发展中，各国教育仅凭国家之间的高等教育合作，已经不能应对国际化发展带来的挑战。加强区域合作是实现高等教育发展的重要路径之一。联合国教科文组织在拉美高教所的章程中提到，通过拉美高教所推动拉美区域内部的合作，首先是促进拉美地区各成员国、高等教育机构及专家之间的合作，扩大知识和文

化交流的范围,为彼此发展提供便利条件。其次是丰富学生、教师和科研工作者的交流活动,特别是大学生、大学教师和专业人员的流动;缩短拉美地区各国之间高等教育的水平差距;完善拉美地区各国之间和与其他地区的高等教育学历、文凭和学位互认体系。再次,搭建便于本地区和世界其他国家高等教育机构、专家和学者之间沟通和交流的信息与经验交流平台,加快信息的传播以及技术方面的援助与合作。[9]

(二) 提高拉美地区教育竞争力

提高教育竞争力是拉美地区高等教育建设过程中需要解决的首要问题。伴随新自由主义在拉丁美洲的兴起,该地区出现了高等教育入学潮的现象,为满足学生入学需求,原有的公私立大学不断扩招,新的私立大学不断涌现。与此同时,世界经济重心从发达国家向新兴经济体流转,拉美地区作为新兴经济体的代表,必须抓住这次"财富转移"的时机,进行针对性的改革以促进更加广泛且包容性的增长。而高等教育则被视为经济的助推器,社会包容性发展的引路者。[10]但是,拉美高等教育扩招带来的问题也随之显现。在管理方面,大学缺少适应规模性发展的现代化管理制度,协调发展的管理能力有待提高和完善;在教师队伍建设方面,教师数量不足,受教育程度普遍偏低,缺少系统性培养政策;在教材方面,教材数量短缺,内容过时等。上述问题导致了拉丁美洲高等教育质量偏低,制约了该地区教育、经济以及社会的发展。因此,提高教育机构的教学质量、决策能力、学术水平,建立质量保障体系,从而提升国际形象及知名度,防止人才流失,吸引人才流入,促进高等教育的稳定发展。

(三) 促进拉美地区多元文化理解

亨廷顿在《文明的冲突与世界秩序的重建》中提出,在这个新的世界里,最普遍的、重要的和危险的冲突来自不同文化实体的人民之间。[11]因此,通过教育增进本土民众对文化和价值的了解,是拉美地区发展的关键。拉美高教所的工作范围共涉及33个成员国,其人口结构及文化构成复杂,其中包含5种官方语言,人口近6亿。[12]拉丁美洲大陆原有的印第安文明与后来的欧洲天主教文明和非洲文明,以及欧洲启蒙运动影响下的盎格鲁-撒克逊文明的碰撞之下,形成了该地区独特的多元文化形式。在拉美地区的发展过程中,文化的冲突从未停止,一是欧洲天主教文化教条主义和盎格鲁-撒克逊文化自由民主的冲突，另一是印第安土著文化和殖民者混血种族文化的冲突。联合国教科文的《组织法》提道："通过教育、科学及文化来促进各国间的合作，为维护世界和平与安全作出贡献，增强正义感和法治观念，对联合国宪章所指出的世界人民不分种族、性别、语言或宗教均享人权与基本自由的普遍尊重。"[13]因此，通过教育一体化平台的搭建，拉美地区增进了不同文化间民众的相互理解及尊重，促进了印第安民族和非洲后裔等少数民族的社会融入，减少了民族间冲突，保证了拉美地区社会经济的稳定发展。[14]

三、拉丁美洲高等教育一体化建设的路径

为了实现上述目标，拉美高教所主要从促进学术交流、改善教育质量、提高跨文化理解等方面入手，推动拉美地区高等教育一体化的发展。

（一）建立信息交流平台，以实现学术共享

信息网络技术打破了国家和区域的界限，跨越不同语言和文化，为高等教育"无国界化"的交流提供了沟通渠道和平台。在此情况下，知识可以跨越国界实现共享，大学成为"一个国际性的学术共同体"，高等教育系统在信息技术的支持下，逐步走向开放。[15]但是，拉丁美洲及加勒比地区在信息技术应用方面相对落后，尤其是在教育领域的应用。为了提高该区域高等教育信息技术的发展，促进高等教育国际化发展，联合国教科文组织借助现有的地区网络平台系统（RESALC），为拉美地区搭建了一个免费公开的教育信息平台——拉丁美洲及加勒比高等教育空间（Espacio de Encuentro Latinoamericano y Caribeño de Educación Superior，以下简称"拉美高教空间"）。拉美高教空间成立于 2009 年 6 月，为人员流动和学术合作提供了交流的平台，增进拉美地区各国之间对其他国家教育特点、发展趋势、存在问题等方面的了解。[16]拉美高教空间主要从推动机构发展、促进学术交流、推进知识生产和管理、提供帮助服务以及信息和传播五个方面推动拉美地区的高等教育发展。拉美高教空间站的核心思想仍然是以"科尔瓦多大学改革"所倡导的大学自治为原则，在此基础上开展互惠性、包容性、共享性、平等性的多边合作，促进拉美地区高等教育一体化的发展，促进拉美地区人类可持续发展。[17]

拉美高教空间还推出被誉为"拉丁美洲高等教育排行榜"的拉丁美洲及加勒比地区高等教育地图项目（Mapa de la Educación Superior en América Latina y el Caribe, MESALC）。拉美成员国的297名研究员参与该项目，对拉美地区的33个国家高等教育系统进行研究，完成了250多项国别高等教育研究，并对20多项教育专题项目进行了专题研究，[18]介绍各国高等教育政策和发展目标，对国家及区域间的合作项目进行考察，建立起机构、国家和区域间的三个层面的高等教育网络，分享各国高等教育成功经验，为高等教育政策制定提供数据和理论支持，进而加深了区域内部之间的了解，推动了各国之间的合作，缩小了区域内高等教育发展差距。2010年，为了进一步加强国际上的合作，拉美高教所与欧盟合作，将高等教育地图资源与欧盟的INFOACES资源整合，使之成为欧盟在拉丁美洲开展的阿尔法三期（América Latina Formación Académica, ALFA Ⅲ）项目的一部分。资源的整合，完善了22个国家（其中17个国家来自拉丁美洲，5个国家来自欧洲）的高等教育数据。两个机构的资源整合扩充了各自的数据库，为人们提供至今为止最全面的拉丁美洲高等教育资料。

与此同时，为了满足拉丁美洲高等教育发展的需要，该空间成立了4个专题性观察站，分别是致力于促进该地区高等教育流动的学术和科学流动观察站（Observatorio de Movilidades Académicas y Científicas），了解对拉丁美洲教育产生重大影响的思想家、教育家及决策者重要思想的拉丁美洲大学思维观察站（Observatorio de Pensamientos Universitarios），研究大学社会责任的大学社会责任观察站（Observatorio de Responsabilidad Social），和促进社会多文化共识的文化多样性及跨文化性观察站（Observatorio de Diversidad Cultural e Interculturalidad）。

信息平台的建立，在某种程度上打破了拉美地区沟通的屏障，降低了拉美地区高等教育的成本，提高了效率。

（二）建立质量保障体系，以促进人员流动

在拉美高等教育一体化建设过程中，质量保障在文凭、学位互认等方面具有特殊意义，并促进人员的流动。具体来看，为推动拉美地区高等教育质量保障体系的建立，拉美高教所利用自身在国际层面的资源优势，积极推动和组织国家、次区域、区域及国际组织间的合作。拉美高教所与拉美地区已有质量评估经验的组织进行合作，如伊比

利亚美洲①高等教育质量认证网络（Red Iberoamericana para la Acreditación de la Calidad de la Educación Superior）、中美洲高等教育认可委员会（Consejo Centroamericano de Acreditación de la Educación Superior）以及南方国家大学学位认可项目（Acreditación Regional de Carreras Universitarias del Sur），并建立拉美地区高等教育质量的参考对比指标。这些合作旨在促进拉美地区跨国学位互认，教师、科研工作者、学生的流动。

其中，拉美高教所与伊比利亚美洲高等教育质量认证网络合作比较紧密。该认证网络成立于2003年，共有28个会员，除西班牙外，其他均是来自伊比利亚美洲的国家和机构。伊比利亚美洲各国之间高等教育评估水平发展不均，有些国家属于刚刚起步阶段，有些国家像西班牙已经建立了完整的教育评估体系。于是，2007年两个机构共同开展了内部教育质量认证和评估计划（Calidad Interna de las Agencias de Evaluación y Acreditación），旨在缩短各国质量评估能力水平的差距。在该计划实施过程中，西班牙负责编写了质量保证评估指南，指导会员国根据质量标准结合各国情况制定质量保证方案。另外，拉美高教所与伊比利亚美洲高等教育质量认证网络、阿根廷大学评估和认证委员会（Comisión Nacional de Evaluación y Acreditación Universitaria），以及巴西国家高水平人才委员会（Coordenação de Aperfeiçoamento de Pessoal de Nivel Superior）合作，推出了拉丁美洲及加勒比研究生评估和认证项目（Proyecto Sistema de Acreditación y Evaluación de Postgrado en América Latina y el Caribe）。该评估分为两个阶段，共有13个国家参与：一是对各国现行教育体系的评估，了解各国硕士和博士研究生的项目质量情况；二是根据调查情况编制指导手册，从23个维度找出参与国家之间相似以及差异之处。[19]

拉美高教所还在一直为推进该区域学历、文凭和学位认证体系的建立而努力。目前大多数拉丁美洲及加勒比国家都签订了子区域层面的高等教育学历、文凭和学位认证协议，如南方共同市场（MERCOSUR）国家、中美洲高等教育平台国家、北美自由贸易区（NATFA）国家等。但是由于拉美地区各国情况差异较大，整个区域层面的学历、文凭和学位互认制度尚未建立。1974年，拉美各国曾签署《拉丁美洲及加勒比地区高等教育学历、文凭和学位承认协议》（Convenios Regionales de Convalidación de

---

① 伊比利亚美洲是指使用西班牙语和葡萄牙语的所有美洲国家和地区的总称。它们曾经都是西班牙或葡萄牙的殖民地，由于西班牙和葡萄牙本土都位于欧洲的伊比利亚半岛，伊比利亚美洲由此得名。

Estudios, Títulos y Diplomas de Educación Superior),但后来由于阿根廷和智利两国中途退出而被迫搁置。拉美高教所重新对该协议进行研究,并于 2015 年 8 月在巴西举办的政府层面高等教育会议上,推动拉美国家对该问题进行讨论。通过讨论,拉美各国达成共识,一致同意共同推进该地区学历、文凭和学位认证事宜。拉美高教所还出版了《有关 1974 年联合国颁布的〈拉丁美洲及加勒比地区学位、文凭和学历认证协议〉现实分析和展望》《拉丁美洲双学位和联合培养学位研究》《法国和墨西哥博士研究生交换项目研究》等书籍,为拉美区域内及与拉美寻求合作的海外院校和机构提供参考。

(三) 建立多文化和跨文化项目组,以形成相互理解

对于一个涵盖 33 个国家、文化构成相对复杂的拉美高等教育区域来说,加深区域内各成员国之间的文化认知是开展教育合作的前提,是消除歧视、建立理解的基石。

2007 年 7 月,在拉美高教所的主持下高等教育文化多样性与跨文化性项目组(Proyecto Diversidad Cultural e Interculturalidad en Educación Superior en América Latina)成立,共有来自 12 个国家的 70 名专家参与该项目。[20] 到 2016 年为止,该项目共完成了三个阶段内容:第一阶段为准备期,拉美高教所对已有的资料进行整理和编辑,2008 年出版了该项目的第一本报告《高等教育的文化多样性和跨文化性:拉丁美洲的经验》。第二阶段开始于 2008 年 8 月,其中一个任务是对第一阶段的报告进行更加深入的研究,分析多文化背景下高等教育的特点、发展趋势和面临的挑战;2009 年汇总出版了《拉丁美洲跨文化高等教育机构:构建过程、成就、创新和挑战》。另一项任务是采用实证研究方法对区域内的民族文化认知、生活质量等方面进行调查,对调查结果进行分析,并出版了《高等教育、跨文化合作与可持续发展/美好生活:拉丁美洲的经验》。另外,2009 年在巴西举办了"拉丁美洲高等教育跨文化及文化多样性区域会议",与拉美高教区合作成立了文化多样性及跨文化性观察站,对该区域内的民族文化进行研究合作。[21] 第三阶段继续加强文化多样性及跨文化观察站的建设工作,丰富网络图书馆资源,加强信息交换工作,为土著和非洲后裔高等教育开设视频课程。对土著民族和非洲后裔的高等教育公共政策、科学技术及创新进行研究,2012 年出版《在拉丁美洲的土著和非洲后裔高等教育——法规、政策和实践》。[22]

从一般性的文化认知到广泛的文化传播,拉美高教所为拉美地区建立了一个可靠

的文化交流平台,促进了沟通交流以及共同文化认知的构建。

四、拉丁美洲高等教育一体化建设的困境

联合国教科文组织为拉丁美洲各国政府搭建了商讨教育、科学和文化事务的区域性平台,其中,质量保障、信息共享和跨文化理解等相关项目也已起步。在取得一定成果的同时,联合国教科文组织在推动拉美高等教育一体化建设过程中也遇到了不少问题和挑战。

(一)研究所发展经费不足,缺少对拉美一体化建设的长期发展规划

资金匮乏制约了拉美高教所各项工作的正常运行。每年,研究所除了得到联合国教科文组织的110万美元固定拨款外,[23]为了维持研究所活动的正常运转,还需要各国政府及基金会的额外捐款。由于受到金融危机的影响,额外捐款金额不断下降,2008至2009年双年度捐款额367万美金,2010至2011年双年度捐款额下降到285万美金。[24]在此情况下,研究所不得不裁员和减少项目数量,从而造成人手不足,项目进展缓慢。2014年拉美高教所还提出了研究所章程修改建议,将理事会成员由原来的13名缩减到9名,取消执行委员会。[25]而且拉美高教所管理人员流动性较大,频繁更换管理者对该研究所的可信度和稳定性产生影响,项目碎片化现象严重,这导致联合国教科文组织对拉美高等教育的区域治理缺少长期可持续发展的战略目标。

(二)政策推行自上而下,缺少区域高校的积极响应

现代拉丁美洲高等教育体系受到1918年科尔瓦多大学运动的影响,大学自治是该地区的主要特点,每所学校根据各自的需求制定课程标准,校内专业间学分设置不统一,校际间同一专业课程设置也不尽相同,这给拉丁美洲跨区域和区域内部合作都带来了不小的阻力。另外,大学自治形成了拉丁美洲教育政策自下而上的制定模式。然而,联合国教科文组织对拉美地区高等教育的区域治理的相关举措和措施,其路径全是自上而下的,主要是通过与地区组织、国家机构进行合作。因此,虽然各国政府与教科文组织签订了合作协议,但是各高校对此意见不尽相同。缺少高校的支持,导致联合国教科文组织对拉美高等教育的区域治理效果欠佳。墨西哥高等教育质量认证

委员会(Consejo para la Acreditación de la Educación Superior)主任哈维尔·安吉拉(Javier de la Garza Aguilar)认为,虽然提高教育质量成为了全世界高等教育改革的头等大事,联合国教科文组织也在不断努力推进拉美地区的学位、学历认证制度的建立,但是在制度建立过程中,遇到了来自大学"自治"派人士的反对——他们认为这是对拉美悠久大学自治传统的威胁。[26]

(三) 缺少对非西语葡语国家的关注

从实践中不难看出,拉美高教所与拉美地区讲西班牙语和葡萄牙语国家合作较为频繁,但缺少对非西语葡语国家的关注。在拉美地区的 33 个成员国中,非西语葡语国家数量占到 14 个,但不管是在国家层面还是国际组织层面的合作中,都未涉及非西语葡语国家。目前只进行了两次加勒比地区高等教育会议,达成了一项加强青年人之间交流合作的声明《加勒比共同体青年未来声明》(Declaration on the Future of Youth in the Caribbean Conference)。墨西哥前教育部部长阿雷克斯·迪德里克森(Alex Didriksson)认为,在联合国教科文组织推动拉丁美洲地区高等教育发展过程中,从中受益最多的是拉美地区具有影响力的高校,即教育资源优质的高校。对那些偏远地区、最需要帮助的高校关注力不足,这加剧了拉美地区高等教育水平的差距。[27]这说明联合国教科文组织对拉美地区高等教育的区域治理的不全面性和局限性,在某种程度上阻碍了拉美高等教育一体化建设进程。

五、结论与反思

尽管拉美独立之父西蒙·玻利瓦尔(Simón Bolívar)早在 19 世纪初就提出了拉美一体化思想,认为拉美这个新世界拥有共同的经历、共同的语言、共同的风俗习惯和宗教,因此主张使用统一渠道使各个部分与整体相连,建立一个"平等的、永久性的一体化联盟"。[28]然而时至今日,拉美地区也未能像欧盟那样建立起正式的区域合作制度和相关议程,真正实现区域一体化以及高等教育的一体化发展。诚然,一体化建设不是一蹴而就的短平快工程,但在拉美高等教育一体化建设过程中存在着内力不足而过分依赖联合国教科文组织等国际组织的外部推动的问题,在很大程度上延缓了其进程。这种内力疲软现象与以下几方面因素有着密切的关系。

首先,拉美国家缺少文化认同。作为区域一体化典范的欧盟,在 1988 年欧委会的文件中提到文化归属感是团结的基础。[29]拉丁美洲的发展从殖民地到民族国家的建立,在经济上从初级产品出口到自主性进口代替工业化发展模式,经历了从依附性自由主义到自主性民族—民众主义,再被迫回归依附性新自由主义的历程。[30]进入 21 世纪,美国和欧盟通过贸易、投资、援助和外交对拉丁美洲及加勒比地区的发展产生了重大影响;拉丁美洲在和欧美的合作中扮演政策听从者的角色,依附性更加强烈。一直以来美国和欧盟对拉美地区具有绝对的影响力,许多拉丁美洲人丧失了社会归属感及文化认同感,产生了"认同危机"。

其次,拉美国家缺少内部凝聚力。在区域一体化建设过程中,拉美地区缺少能在高等教育区域建设过程中起到凝聚作用的"领袖型"国家。巴西虽是拉美地区中在国土面积、国民人数、经济实力、高等教育方面水平最强的国家,但因其是葡萄牙语美洲国家,与其他西班牙语美洲国家存在文化差异,很难得到拉美内部的认同。另一个拉美强国墨西哥,虽然在经济体量和教育发展水平上也处于拉美领先地位,但是因其与美国特殊的地缘政治关系,也无法得到拉美其他国家的认同。

最后,拉美国家在高等教育的发展水平和制度方面的异质性大于同质性,协调难度较大。联合国教科文组织 2013 年的报告数据显示,拉美地区高等教育生均投入占人均国内生产总值的平均值为 29.57%,除古巴(65%)国情的特殊因素外,比例最高的两个国家是牙买加 50% 和尼加拉瓜 50%,最低的国家是秘鲁,不足 10%。[31]拉美地区 25 至 29 岁之间人口中获得高等教育学历的平均比例为 10.28%,在阿根廷这一比例最高,达到 23%;而最低的为危地马拉,不足 2.5%。[32]在教育制度层面,就课程设置而言,由于拉美各大学保持着大学自治的传统,同一专业的课时和内容设置在不同学校和国家不尽相同,同一专业在同一国家不同大学间名称也具有叫法不一的特点。这种课程设置的制度和口径,同样对拉美地区高等教育一体化提出了挑战。

联合国教科文组织作为一股外部辅助力量,在不干涉拉美国家主权的前提下,长期以来为拉美地区提供资金、技术支持,搭建区域教育信息平台,对其教育质量的提高、人员流动、文化认同等起到了积极的推动作用,并以区域治理者的角色推进了拉美高等教育一体化建设的进程。然而一体化建设归根结底是拉美地区自己的"家事",更重要的是成员内部之间的共识与合力。仅靠联合国教科文组织的外力推动是无法实现拉丁美洲高等教育一体化建设的。

■ **参考资料**

[1] [5] 联合国教科文组织. 高等教育变革与发展的政策性文件(1995)[EB/OL]. [2017-05-22]. http://www.zyfb.com/jgsz/2015/0609/437.html.

[2] 王留栓. 从联合国教科文组织统计数据看今日拉美国家高等教育[J]. 拉丁美洲研究. 2005,27 (6):52-56.

[3] Rodrigo Arocena. Las Reformas de la Educación Superior y los Problemas del Desarrollo en América Latina [J]. Educación y Sociedad. 2004,25(88):915-936.

[4] UNESCO. Conferencia Regional sobre Políticas y Estrategias para la Transformación de la Educación Superior en América Latina y el Caribe, CRESAL/CRES [R]. Caracas. 1996:7.

[6] UNESCO. Draft Statutes of the UNESCO International Institute for Higher Education in Latin America and the Caribbean [R]. Paris. 1998:2.

[7] UNESCO. Review of the International Institute for Higher Education in Latin America and the Caribbean (IESALC) [R]. Paris. 2013:2.

[8] [9] IESALC. Estatutos del IESALC [EB/OL]. [2017-05-22]. http://www.iesalc.unesco.org.ve/index.php?option=com_content&view=article&id=4&Itemid=428&lang=es.

[10] 经济合作与发展组织发展中心、联合国拉美经委会、CAF-拉丁美洲开发银行. 2015年拉丁美洲经济展望——面向发展的教育、技术和创新[M]. 北京:知识产权出版社. 2015:2.

[11] [美]塞缪尔·亨廷顿. 文明的冲突与世界秩序的重建[M]. 周琪,等,译. 北京:新华出版社. 2009.6.

[12] Wikipedia. Comunidad de Estados Latinamericanos y Caribeños [EB/OL]. [2016-04-03]. https://es.wikipedia.org/wiki/Comunidad_de_Estados_Latinoamericanos_y_Caribe%C3%B1os.

[13] 联合国教科文组织. 大会手册[R]. 巴黎. 2002:8.

[14] IESALC. Sobre el IESALC [EB/OL]. [2017-06-06]. http://www.iesalc.unesco.org.ve/index.php?option=com_content&view=article&id=3&Itemid=1406&lang=es.

[15] 吴坚. 当代高等教育国际化发展[M]. 北京:人民出版社. 2009.9.

[16] UNESCO. Report by the Governing Board of the Unesco International Institute for Higher Education in Latin America and the Caribbean (Iesalc) on the Institute's Activities for 2010-2011 [R]. Paris. 2011:8.

[17] III Encuentro de Redes Universitarias y Consejos de Rectores de América Latina y el Caribe. Declaración de Lima 2009 [R]. Lima. 2009:1-2.

[18] UNESCO. Report by the Governing Board of the Unesco International Institute for Higher Education in Latin America and the Caribbean (IESALC) on the Activities of the Institute for

2004-2005 [R]. Paris. 2005:1-2.

[19] UNESCO. Sistema de Evaluación y Acreditación de Posgrados en América Latina y Caribe: Análisis Crítico de la Información Obtenida [R]. Colombia. 2008:4.

[20] [22] UNESCO-IESALC. Proyecto Diversidad Cultural e Interculturalidad en Educación Superior en américa Latina [EB/OL]. [2016-10-31]. http://www.unesco.org.ve/index.php?option=com_content&view=article&id=22&Itemid=405&lang=es.

[21] UNESCO. Report by the Governing Board of the Unesco International Institute for Higher Education in Latin America and the Caribbean (IESALC) on the Activities of the Institute for 2008-2009 [R]. Paris. 2009:2-3.

[23] UNESCO. Approved Programme and Budget (2012-2013) [R]. Paris. 2012:16.

[24] UNESCO. Review of the International Institute for Higher Education in Latin America and the Caribbean (IESALC) [R]. Paris. 2013:26.

[25] UNESCO. Proposals for Revision of the Statutes of the International Institute for Higher Education in Latin America and the Caribbean (IESALC) [R]. Paris. 2014: Annex 1.

[26] [27] Carlos Tünnermann Bernheim. La educación superior en América Latina y el Caribe: Diez Años Después de la Conferencia Mundial de 1998 [M]. Colombia: Sello Editorial Javeriano. 2008:26,28.

[28] 洪国起. 玻利瓦尔主义与拉丁美洲一体化[J]. 南开学报. 1999(5):131-141.

[29] 伍贻康. 多元一体:欧洲区域共治模式探析[M]. 上海:上海社会科学院出版社. 2009:31.

[30] 曾昭耀. 拉美国家的现代化与拉丁美洲文化[A]. //韩琦. 拉丁美洲文化与现代化[C]. 北京:社会科学文献出版社. 2013:1-11.

[31] [32] UNESCO. Situación Educativa de América Latina y el Caribe: Hacia la Educación de Calidad para Todos al 2015 [R]. Paris. 2013:43,137.

21

拉丁美洲高校教师培训研究[①]

一、拉丁美洲高校教师培训问题的背景

随着1960年至1980年间拉丁美洲大学入学人数的增加导致现存学校的迅速扩充和一些新学校的建立以及其他各级教育中教师队伍的扩大,出现一种所谓在第三世界国家中被认为是不正常的师生比率。

教师数量的急剧增加导致一些上课的老师在教学领域缺乏应有的训练和经验。

这一形势要求采取不同方式为大学教师提供一些培训方案。有些是长期的,如在教育学科和他们各自的专业学科上进行研究生教育;有些是正规的或非正规的在职培训,目的在于提高大学教师教学水平。

大学一级的人力资源培训方案主要包括以下两个方面:

1. 广义的:从广义上讲,它指所有正规或非正规、认可的或非认可的目标在于促进大学教师在学科教学方面的发展的方案。

[①] 该文系墨西哥瓜达拉哈拉自治大学教授格拉乌迪奥·法斯盖兹博士(Dr. Claudio-Rafael Vasquez-Martinez)参加在北京召开的"第二届亚洲比较教育年会"递交的论文。原名为 The Training of Instructors for Faculty Members, Modernity, Education and Experiential Learning in the Context of Lifelong Education。法斯盖兹博士于1995至1998年入选"世界名人录",曾多次参加世界比较教育大会。征得作者同意,现将该文译出,以便我们了解拉美高校教师培训的情况。本文译者杨西强,审校黄志成。

2. 狭义的:从狭义上来看,它指在教育学和各专业学科领域内的研究生教育方案(硕士、博士或主修课程),把到国外(美国和欧洲)培训和在国内培训结合起来。

进行人力资源培训可划分为以下几种不同层次:①宏观的;②教育系统的;③学校的;④微观的。

第一,在宏观层面,培训活动是一些国际组织的产物,如联合国教科文组织、国际劳工组织、联合国国际儿童基金会等,它们根据专家咨询机构的意见提出总的行动方针。这些组织也为成员国制定一些有指导性的政策。它们遵循从上到下的模式。

第二,在教育系统层面,集中力量进行培训被看作政治机构的行为,如教育部或者国家科学技术顾问委员会(National Advisors of Technological Sciences),在墨西哥为"教育部教师培训中心""国家科技委员会"等。它们遵循从上到下的模式,具有政治官僚性质。

第三,在学校层面,鉴于迫切的需要,大学的反应是显而易见的迅速的。面对日益增加的学生要求接受更多更好的教育的问题时,学校必须采取紧急措施。遗憾的是,它们刚开始只能雇佣到年轻、不成熟、未充分培养好的教师去满足这种需求。

第四,在微观层面,教育行为这一特殊教学现象发生在我们的教室里。它包括各种老师和不同学生的相互作用,及多种多样的教和学的方式。

事实上,即使有一个高素质、积极、成熟、稳定的教师队伍,教师培训计划也是必不可少的,因为对其学科有高深造诣的专业人员也需很好掌握教育学和教学法理论。

由于各学校的差异性,各种培训方案也相应地彼此不同。有的(如阿根廷、墨西哥、委内瑞拉)主要注重教学方面的培训;而有的(如巴西)注重学科方面的培训。

根据各自的起因,培训方案可划分为三种类型:①创新型;②接纳型;③调整型。

在第一种类型看来,若学校的人力资源和知识储备足使其正视和解决自己独特的问题,独创方案是可以接受的。

在第二种类型看来,培训方案是"舶来品",并且在应用过程中没有考虑本地实际情况与产生此方案的原产地的情形是否相同。

第三种类型认为,通过对其他方案的加工改造使其与特定地区存在的实际情况相符合这一知识转化是可能的。从各种类型实施的程度来看,任何绝对、孤立的观点,即极端的创新、极端的接纳、极端的调整都是不可取的。

培训方案的内容主要包括教学、管理、科研和教师队伍发展等几方面的课程。

培训方案也被认为有一个发展过程：①初期阶段，刚确立广泛目标但没有课程实现它们；②发展时期，在变化过程之中；③制度化，经过几年的实践经验，得到长足发展并正式得到学校认可。

如果在微观层面上以本质上与"师生"关系不同的方式形成"师徒"模式，那么有争议的方面似乎是教学技巧和真正的教学才能的区分。根据这一人文倾向，教学技巧的掌握不能代替教学才能。研究结果可能会证实之。

最后展望一下未来。国际组织（联合国教科文组织）的专家提出的规划使人不禁感到即使以保守的观点来看，大学入学人数激增的浪潮还会继续高涨。这就意味着必须雇佣更多的教师才能满足这一需求。

通过对文献的研究可以对大学教师在职培训的原因达成共识。文献中一致指出至少有以下三个基本的共同方面：

1. 高等教育的变化，为在第三级教育中入学人数的增加；

2. 在教学的基本方面，教师虽有全面的专业知识却倾向于"单凭经验、不做充分准备以及只依赖他们原先老师"的模式，这就导致教学质量低下；

3. 缺乏专业知识和教学经验的年轻教师大量涌现。

除此之外，实施培训计划的原因还有另外两条需要提及，尽管它们在关于此问题的已有出版物中很少出现：

4. 教师的需求；

5. 学生团体的不安定性。

二、拉丁美洲高校教师培训研究的开展

分析教师培训的起点也许是要确定一些社会期望的教师的作用。但这一起点在某种意义上又是经常变化的，因为那些期望不是作为一个完整的统一整体而存在的。特伦特（Trent）和科恩（Cohen）曾明确指出，起作用的是那些对大学教师培训者的作用有明确观点又有不同意见的人的一些见解。这使兰德舍尔（Landsheere）认为教师对他们的培训者的评价更多地依靠后一种价值体系而不是具体的教学。另外，科内普（Knapp）指出人们希望大学教师培训人员从根本上起到传授知识、进行研究和培养教师首创精神的作用。根据他的观点，这些作用因其各自特性的差异不仅不相同而且很

难结合到一起。他指出,关于大学教员培训中教师作用的特点的研究结果有些混乱但给人深刻印象。

尽管科内普的观点表明了作用的复杂性,但并不能把它理解为各种功能是水火不容的。巴蒂斯塔(Batista)认为不能把它理解为各种功能是水火不容的。巴蒂斯塔和布兰德波格(Branderburg)制定了一个分类表,充分考虑了彼此间的区别和评价的功能,结果并没有显出大异其趣且难以结合。奥利沃(Olivo)针对各高校中大学教师培训人员的作用提出了一个评价体系。

以上分析有助于我们部分地解释该领域中大部分研究的本质,它有时是那么地难以定论或太一般化。这使一些作者如伊萨克松(Isaacson)等人通过不同调查得出所有与良好大学教师培训者有关的特征都有一个共同要素,这一要素与在社会中有积极意义的品性有关。另外,培理(Perry)指出,对大学教师培训人员能力的评价缺乏普遍接受的方法是由于他们的素质鉴定是那么复杂以至于目前没人明确知道什么东西可以构成一个优秀高效的大学教师培训人员。必须指出这一观点并不准确并且现在已受到有例证的质疑。

但是,伊萨克松等人的观点存在这样一个问题,那就是当人们谈到某人某物有效时已作出一种评价,而这种评价在社会上是以正面的方式得到尊重的。这种情况是不足为怪的。

格奥亨(Goheen)表明曾试图界定"良好教学"的人们现在都已感到束手无策。对此他并不感到惊讶。这是因为有些"良好教学"要取决于各种不同的标准和环境。这就是格奥亨为什么说良好教学重要的是不要形成公式而是要识别其原因。这一观点类似于兰德舍尔的看法,突出强调这一事实:绝对意义上的优秀高效的大学教师培训者是不存在的,而且对在不同的环境中工作的大学教师培训者进行比较评价是很不公平的。

巴蒂斯塔和布兰德波格指出人们可以接受这样一种事实,即重要的是不要把大学教师培训者的有效性形成为某一特定公式,而是要能够识别它,并要知道在什么时候,在什么条件下以及有哪些因素限制或促进其产生。尽管对如何识别它仍存疑问,但并没有阻止人们试图发现及理解大学教师培训人员的决定因素的方法。最初识别这些因素的方法是要确定与良好大学教师培训人员有关的特质。

除了关于良好教学的构成成分以及与此相关特性的争论以外,有些研究者也对什么是优秀大学教师培训人员提出了一些看法。例如,斯内夫理(Snavely)把良好的训练与良好的个性品格联系起来。按照他的观点,一位大学教师培训人员需要的个性品质是他必须有优美动听的声音、心情愉快、个人对教师学员确有教授的兴趣、大公无私、能鼓舞教师成员、衣着整洁,最重要的是要有很强的幽默感。他的这一观点一直受到人们的关注,因为人们发现他当初特别强调的一些特性五十年后被视为优秀高效大学教师培训人员必备的特征。

布朗(Brown)和桑顿(Thornton)指出,相信培训过程中的活动对个人和社会都极具重要性并对此认真准备这二者是优秀高效大学教师培训人员的关键必备因素。然而,有足够的证据表明,渊博的专业知识确实对优秀大学教师培训人员的特质起着根本作用。

除了关于什么是良好的大学培训这一难题的讨论以外,另一关于大学教师培训人员品格特点的研究领域也被提及。例如,布利斯(Bliss)发现一些优秀大学教师培训人员的"教师学生"认为他们的导师感情上稳定、柔和、精力充沛且能够符合最得力的大学教师培训人员的要求;他们对自己有非常实际的认识,他们也不根据吉尔福德—齐默尔曼量表(Guilfrod-Zimmerman Scale)把自己与别人在医学气质及性格特点上进行区分。通过使用金(King)的"调节与价值指数(Adjustment and Values Index)"和"个人取向量表(Personal Orientation Inventory)",可以看到在如何自我认可或者在自认的理想自我与真实自我的关系上,好的或不好的大学教师培训人员之间不存在明显的差别。

由此得出结论,有效的大学教师培训人员与他们的自我看待的方式无关,与他理想的自我和真实自我之间一致程度无关,与他如何自我接受,与他潜力的发挥程度,基本的安全、爱、自尊、归属需要的满足程度也无关。

埃尔莫(Elmore)和菲曼(Phimann)发现,大学教师培训人员的特质被教师们予以高度评价,他们认为在大学教师培训人员评价体系中应充分重视热情、有效、守时、责任感这些主要特质。

毫无疑问,大学教师培训人员积极或消极的态度,在培训他的"教师学生"的过程中或多或少地影响着活动。这些"教师学生"希望大学教师培训人员不仅能解决专业上的问题,而且还要对超出他的班级或职业上的问题表明其立场。作为一个专职人员,大学教师培训人员无法远离其他的活动和事件。因为环境的关系,这些特质会促进或妨碍大学教师培训人员与他人尤其是教师间的关系。

索雷(Sorey)、希尔德布兰德(Hildebrand)等人发现,不得力的大学教师培训人员所具有的一些特质在一些高效得力的大学教师培训人员身上也有所表现。这是由于对其作用的理解存在一种共同的看法。

一些研究表明,大学教师培训人员的实效性可能与一些因素如专业等相关。这是因为某些行为在普通教育课程的大学教师培训人员中间更为普遍,而且当那些应用领域中的教师更为宽容和有志于积极参与时,他们就显得更为紧张和不满。

巴蒂斯塔和布兰德波格指出,尽管一些基本要素是可能存在的,所有的大学教师培训人员也应更具实效性(作为榜样、传授学科知识及适当的方法等),但因环境的关系,某些与学科本质相关的更为具体的因素是以不同的方式混合在一起的。

三、拉丁美洲高校教师培训建议的提出

通过运用各种方案或重视其他类似方案,一个可交流的、程度不同的、协作平衡的系统或方案是可以制定出来的。按照莫里斯(Morris)和菲茨·杰本(Fitz Gibbon)的说法,有些方案是专门用来测定决议用的。如,斯达福尔比姆(Stufflebeam)等人提出的目前广泛传播的方案。有些方案注重对教师的进步和教育革新进行评价,如布鲁姆(Bloom)、玛斯汀兹(Mastings)和麦道斯(Madaus)提出的方案;还有泰勒(Tyler)、皮尔沃斯(Provus)、考夫曼(Kaufman)分别提供的表明目标和成就差异的方案;一些方案注重更多方面的研究,换句话说,其目的是解释情形、原因和结果的,如凯贝尔(Campbell)和库利(Cooley)描述的方案;有些方案专注于评价在设计和程序目标中未被考虑的方面,如斯科瑞温(Scriven)提供的方案;有的方案则以控制有用信息开始的程序的价值问题而把两种矛盾的解释导向对抗("对手评价"),正如斯提克(Stake)、列文(Levine)和德瓦也内(Dwyeny)的方案描述的那样。

每种方案只关注主要要素而忽略了其他方面,这是不确切的。每种方案基本目标的不同导致变量设计的不同,这是由于手段、提供信息者的人数、对自身搜集的材料的分析等因素的影响。目的决定着行为。然而,一些方法可以在特定情境下结合起来。欧文斯(Owens)于1971年在纽约召开的美国教育研究协会会议上提交的一篇论文中提到,建立在听取对立双方意见的公正程序原则基础上的"对手评价程序"在斯达福尔

比姆·斯提凯(Stakey)和皮尔沃斯三人的方案实施中显得特别重要。

以下实施程序试图解释某一情形及原因并对大学教师和终身教育情境中经验性学习指导人员的培训方案进行评价。

四、拉美高校教师培训方案的实施

在对高校教师培训问题的研究的基础上,我们认为高校教师培训方案的实施有以下几个步骤:

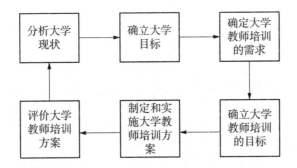

对大学现状进行分析就是要对过去、现在和未来的有关资料进行研究。这些资料可为进行大学教师培训提供基础。

大学教师培训需求取决于大学对目前教师技能情况的比较分析。

大学目标的确立以及对教师技能的调查有助于大学预见大学教师培训人员所需的独特的技能和特定的品性。在此基础上大学才能确立大学教师培训方案的目标。

这一整套方案包括培训大学教师的许多种计划。如:大学教师和终身教育情境中经验性学习指导人员的培训计划;大学管理发展计划;在大学教师和终身教育情境中经验性学习指导人员培训中听取建议和进行改正的计划;等等。

完成大学教师培训方案之后,还要对大学的状况、大学的目标与大学教师的具体培训目标进行定期分析和评价。

五、结论

——对大学教师培训的分析始于一些社会期望,这些社会期望确定了大学教师的作用。

——成为一名有实效的良好的大学教师培训人员的关键是要掌握专业领域内的高深知识,并确信培训活动具有重大的个人和社会意义,对此教师必须认真准备。

——大学目标的确立以及对教师技能的调查有助于大学预见培训人员所需的独特的技能和特定的品性。这样大学才能确立大学教师培训方案的目标。

——在实施大学教师培训方案的过程中,必须对大学教师培训的具体目标进行定期评价,而且必须根据大学状况的分析进行反馈。

22

拉丁美洲私立高校的发展与特点[①]

拉丁美洲的高等教育开始于殖民地时期,当时西班牙殖民地当局和教会的协作性致使高等教育同时服务于政教两个方面,没有公私之分。

19世纪上半叶,拉丁美洲国家先后轰轰烈烈地获得了独立。摆脱殖民阴影和建成强盛国家成为各国的奋斗目标。发展教育成为各国发展战略中的一个重要内容。各国首先确立政教分离的原则,把办教育权收归国有。在高等教育领域,公立大学被确定为国家的代表,在很长时期内几乎垄断了高等教育。

随着时间的推移,私立高校悄然兴起,日益发展壮大。特别是20世纪60年代以来,私立高校更是异军突起,势不可挡。到20世纪70年代末,私立高校在校生人数已超过拉美高校在校生总数的1/3。1988年,拉美有四国私立高校在校生超过公立高校。私立高校的兴旺已成为不容忽视的现实。

拉美的私立高校可分为三种类型:教会大学、世俗性的精英型大学和世俗性的满足需求型大学。它们赖以形成的社会原因不一,在各个国家私立高校中的比例也各有不同。同时,政治经济和文化环境的差异导致了各国对私立高校在政策上的差异,各国私立高校也呈现了不同的模式,其中最具代表性的国家是智利、巴西和墨西哥。本文将探讨拉美私立高校的兴起;比较三类私立高校在财政、管理和社会影响等方面的

[①] 作者:姚小蒙,同济大学外语学院。该文为姚小蒙在读华东师范大学国际与比较教育的硕士学位论文。

异同;以三国为典型来分析三种私立高校的模式;探讨私立高校的发展对高等教育和社会的影响。

一、拉丁美洲高等教育的历史轨迹

1. 殖民地时期:公私融合型的大学

拉丁美洲是指美国以南的美洲地区。1492年哥伦布发现美洲以后,一些欧洲国家先后来此殖民,如西班牙、葡萄牙、法国和荷兰等国都在拉美拥有过殖民地,但西属美洲外的拉美地区,在殖民时期并没有发展高等教育。

在西属美洲,在征服与殖民的约300年中,天主教会扮演了非常重要的角色。殖民者的首要目的是掠夺黄金,其次便是传播福音。当时西班牙是狂热的天主教国家,教会极力扩张势力,宣称要把异教徒从黑暗世界中"拯救"出来。殖民者以剑和十字架开始了征服,天主教神甫从一开始就走在士兵的后面,殖民地政府和教会的关系是和谐一致的。

高等教育的开展要同时服务于政府和教会的利益。高等学校基本上是按罗马教皇训谕或根据西班牙国王特许开始组建的,或者两者共同组建。最早的大学是1538年根据教皇训令而建的圣托马斯·德阿基诺大学(即于1914年重建的圣多明各大学的前身),最早得到王室特许而建的是秘鲁的圣马科斯大学(1551年),而最早投入运行的是墨西哥的皇家教廷大学(1553年,为墨西哥国立自治大学的前身)。到殖民地时代结束时,拉美共建有25所大学,其中10所为综合性大学,其余15所为各类高等学校。

拉美殖民地大学的特点是:

(1)受到宗主国大学模式的强烈影响。如秘鲁和墨西哥的第一所大学都极力效法西班牙的萨拉曼卡大学。当时,西班牙的大学在欧洲大学中占有重要地位,在西班牙兴盛时尤其如此。而萨拉曼卡大学就是教会和国家融合型的。

(2)国家对这些大学有合法的所有权,但宗教的权威显而易见。在大学和教会之间有一位联络官,他在考试方面的权力超过校长,在其他事务上的权力仅次于校长。而且,几乎所有校长都是教士,教会还任命几乎所有的学校行政管理人员和教师。在开设的专业中,神学的地位最高。学校把对学生进行宗教上的训练列为首要任务,学生的毕业典礼既是学术典礼也是宗教典礼。学生毕业后主要从事两种工作:国家的官员和教会的教士。殖民地大学体现了总督—主教—校长,即权力—教义—知识三位一体的模式。

(3) 教会和国家在对大学的控制权上也有冲突。国家的权力逐渐上升,教会的影响逐渐降低。教学内容也逐渐发生变化,近代哲学、自然科学等新学科的比例不断上升且受到青睐。

2. 独立以后:公立大学的垄断

拉丁美洲的独立运动受到法国大革命的巨大激励,法国的新思想广泛传播,法国的很多制度也成为拉丁美洲各国独立后仿效的榜样。在高等教育上,法国大革命摧毁了延绵数世纪之久的教会垄断大学的局面,拿破仑创建了以自己名字命名的具有中央集权特点的公立大学。这深刻地影响了拉美国家。

殖民地后期,拉美国家和教会的关系已经十分紧张,冲突也激烈起来。1767 年西属美洲下令驱逐耶稣会,教会势力大跌。在高等教育中,人们的公私意识产生,宗教权威受到挑战,大学的学术自由有所增加,但更主要的现象是国家大大加强了对大学的控制。在选择行政管理人员、设置课程和选用教材上,国家的权力加大。高等教育朝标准化、集权化和行政组织制度化的方向发展。大学和神学院分化成为泾渭分明的两种系统。

独立运动的胜利使拉美高等教育的公有化更加势不可挡。在理论上,拉美的自由派和保守派围绕着"世俗化"问题展开了交锋。自由派深受启蒙运动和法国、北美革命的影响,推崇理性而不是信仰,提倡由国家控制教育、消除教会影响,用公立大学取代神学院和公私融合性质的大学。而后来风行拉美的实证主义哲学更是强调了"科学的进步和宗教的干涉是水火不相容"的观点。在斗争中,试图保存宗教影响和维护国家—教会—大学关系的保守派通常以失败告终。

拉美国家政府支持教育的世俗化。一时间,公立高等学校的创建遍及拉美。如在厄瓜多尔,三所由不同教派创建的殖民地大学被合并成一所公立大学;在危地马拉,由西班牙王室特许、罗马教皇授权成立的公私融合型的圣卡洛斯大学于 1832 年被转变为公立大学;阿根廷、尼加拉瓜和洪都拉斯等国也不甘落后,纷纷建立了公立大学。

为了消除宗教影响,拉美各国公立大学纷纷取消神学系,从教师中开除教士,财政上也转由国家拨款和控制。大学所设专业也以未来的职业为定向,世俗性专业(如民法)占主导,不再以神学为中心。同时,国立大学逐步发展成为国家高等教育的职能部门,拥有很大的权力。如在中美洲,哥斯达黎加、危地马拉、洪都拉斯和尼加拉瓜等国的公立大学逐渐垄断了专业认可权和学位授予权,其他职业学院都要依赖其承认专业和授予学位。而且,国立大学常常像国家教育部一样,如乌拉圭共和国大学(1833年建),有权监督全国各级教育。

在独立后的一百多年中,公立大学在拉美高等教育中占据着绝对的垄断地位。早期的公私融合型大学被彻底摧毁,神学院和私立大学数目极少,可以说不构成挑战。"国家办大学"的口号深入人心,至今仍然具有很大的号召力。

在一百多年的发展过程中,拉美国家的大学逐渐形成了这样的特点:

(1) 脱离民众的"精英"教育性质。高等教育向来是上层阶级的天下。殖民地时期大学生一般具有宗教或社会阶级的背景,独立以后大学生则主要来自上层社会。只有一小部分人能进入大学。直到1950年,每10万人中只有167个大学生。大学是上层社会维持和再生产本阶级的工具。这一点从大学生源可以看出。很多家长出高昂的学费让孩子进私立中学,而不入免费的、教学质量较低、学生成分复杂的公立中学,却乐意他们进入公立大学就读。如在哥伦比亚,私立中学在校生比例不到20%,却提供了大学的绝大部分生源,国立大学60%以上的学生毕业于私立中学。大学培养出来的人才一般也进入上层社会,高居政府部门和各主要社会行业的要职。

(2) 在教学内容和课程安排上,注重文科,轻视理工科。教学内容主要是文学、修辞、法学、医学、百科知识等,而不注意培养科技人才和生产技术人员。这使得高等教育与各国生产经济的发展存在距离。直到20世纪以后,科技专业才有缓慢发展。

3. 20世纪60年代以后:高等教育的膨胀和私立大学的异军突起

长期以来拉美国家的公立大学一直占据着高等教育的垄断地位,但这种情况随高等教育的大发展而告终。20世纪初,拉美只有零星几所私立大学。20世纪30年代开始,在长期被排斥后,天主教会重新找到了介入高等教育的机会,兴办了一批教会大学。它们是由天主教会控制的高等学府,重视学术,可以被称为拉美第一批现代私立高校。但它们为数不多,重要性也远远不能和公立大学同日而语。到20世纪50年代末,公立大学仍占压倒性优势。

从 20 世纪 60 年代初起,拉美高等教育进入大发展时期。由于适龄人口的激增,中等教育的扩大和中学毕业生的增加,造成了社会对高等教育的极大需求;同时,多数拉美国家在发展主义政策的指导下,推行替代进口工业化发展战略,这就需要更多较高文化层次、具有较高文凭的劳动者;而在理论界,人力资本理论和经济主义教育模式风靡一时,很多国家视教育为经济发展中的一种投资形式,并根据预期的收益率而制订出优先发展高等教育的政策。

20 世纪 60 年代以来,拉美高校的发展可见表 1。

表 1 拉美高校 20 世纪 60 至 80 年代后的大发展

	1960 年	1970 年	1980 年	最近年份
学生人数(单位:万)	57.3	164.0	487.2	697.8(1988 年)
18—23 岁青年入大学率	3%	6.3%	13%	18.7%(1990 年)
高等学校的数目(单位:所)	161	272		422(1985 年)
入大学人数的年均增长率	1960—1970 11.1%	1970—1980 11.5%	1980—1988 4.6%	

资料来源:《战后拉丁美洲教育研究》第 11 章,江西教育出版社,1994 年版。

高等教育的突飞猛进带来了教育系统内的重大变化。公立大学首当其冲。由于大量适龄人口获得入学资格以及学生的社会阶级背景发生了变化,来自精英阶层的学生成为少数。而公立大学猛然加重的教学任务又使教学质量受到影响。这是拉美私立的世俗精英型大学广为创建的一个主要诱因。同时,尽管公立大学扩大了招生量,国家又创建了新的公立大学,但就学需求仍无法完全满足,于是大批的满足需求型私立大学应运而生。国家为了减轻财政压力,也鼓励私立高校的发展。1960 年拉美的私立综合性大学共有 50 所,占全部综合性大学的 31.1%;1970 年则有 124 所,所占比例为 45.6%;1985 年已达 193 所,所占比例为 45.7%。从入学人数上看,1960 年私立高校人数为 83 783 人,占高校生总数的 16.4%;1970 年已有 432 499 人,占总数的 31%;而 1985 年,私立高校人数已达 1 832 751 人,所占比例上升为 32.6%。随着高等教育的私有化趋势逐渐加强,私立大学的重要性也逐渐增加。

高等教育中另一个引人注目的变化是专业结构比例的改变。拉美高等教育历来偏重法律和医学专业,20世纪50年代末,这两个专业的注册生人数占了总数的40%。与此形成鲜明对照的是,科技专业的发展滞后,教学力量薄弱。在高等教育大发展时代,许多拉美国家大刀阔斧地进行了机构改革,在原有的大学中增设了新的专业,同时还兴办了大批的专科技术学院。如秘鲁1960年只有11个大学共35个专业,1988年已增加到46所大学共96个专业。各国还力求使专业设置与本国经济背景相适应,注重科学研究和解决实际问题。如秘鲁农业大学创办了现代化放射性同位素实验室,把农业科学的研究和促进本国现代农业技术的发展作为自己的主要任务。如今在拉美大学中,选修理工、农科的人数增多,法律和医学等传统学科的人数则在下降。

20世纪80年代以来,拉美经济发展遇到了很大的困难,受此影响,高等教育也受到很大的冲击,国家财政的困难直接影响到高等教育经费的到位率。为了维持庞大的高教体系而筹措足够的资金已变得日益困难。为此,国家采取了支持私人资金办学的政策,这使得在经济危机中私立高校仍然勃兴。但经济萎缩和就业困难使人们对高等教育的社会收益和个人收益的信心有所降低,流行一时的教育与发展理论受到反思与质疑。20世纪90年代,虽然拉美经济开始逐渐复苏和好转,但高等教育中存在的问题并没有随之消失,各国仍在探索适合自己的高等教育发展方向。在办学体制上,公私双方或单独或合作兴办高等学校的趋势仍然在发展,高等教育的私有化程度日益加深。在教育内容上,科技教育大力发展,以与国家发展合拍。

二、拉丁美洲私立高校的形成和发展

在20世纪前,整个拉美只有两个国家(哥伦比亚和智利)拥有私立大学。20世纪30年代以来,兴办私立高校的趋势萌生,并随高等教育的发展而发展。20世纪30至50年代是天主教会兴办高等学校的高潮时期,也是拉美私立高等教育发展的开始。20世纪60年代以后,高等教育因公立高校的大扩充,产生很多难题,因此相当一部分精英阶层人士退出公立高校体系,选择自创私立大学;而大众阶层对高等教育的向往和现有高等教育的容纳能力产生很大矛盾,使得大批满足需求型的私立大学应运而生。几十年中,私立高校的绝对数目和在校生比例都不断上升,目前几乎可与公立大学分庭抗礼。

1. 私立高校发展的开始：教会重新介入高等教育

20世纪初尚残存的零星几所私立大学不足以构成拉美高教的重要一隅，私立高校势力的真正发展要从20世纪30年代算起。拉美国家第一批私立高校大多数是由天主教会办的。除了神学院外，天主教会在拉美独立后的一百多年中与高等教育几乎无缘，直至20世纪30年代以后才得以重新介入。其中的原因有：在教会方面，政教的分离难以逆转，在经历了国家在政治等方面对教会的排斥和冲击之后，教会把活动重调整到社会生活领域，尤其是文化方面；在国家方面，世俗国家已牢固建立，尽管教会有足够的力量开办和维持大学，却不再对政权构成威胁；同时，国家内部的保守派依然支持教会。这样教会的势力略有恢复。在高等教育体系内，当时风起云涌的大学自治运动也间接地促进了教会大学的建立。1918年阿根廷科尔多瓦爆发了要求彻底改革大学的学生运动，波及拉美很多国家。该运动要求大学自治，提倡人们对高等教育拥有选择权和推崇高等教育自身的多元化。天主教大学应运而生，因为几十年来，"选择"往往就意味着上天主教大学。

天主教会在很多国家创办了独立的大学。如在厄瓜多尔，国家独立后政教分离，宪法规定了教育的世俗性原则，反对私立教育。但1945年通过宪法修正案，采纳了科尔多瓦的改革条款，在1946年宪法中规定了父母有权为孩子选择学校，允许教会在中小学扩大势力，允许用公共资金资助私立学校。该国还于1946年建立了厄瓜多尔天主教大学。

在哥伦比亚，国家独立以后虽宣布政教分离，但由于教会和保守党势力十分强大，保守党执政期间极力维护教会—国家—大学的原有协作关系，对此，自由派人士十分不满，转而建立了一所私立大学，即1887年创建的爱克斯坦内德大学，以期与教会势力强大的公立大学相持，因而哥伦比亚第一所私立大学由自由派人士创办。但是1930年自由党政府上台，废除了1886年宪法中促进教会控制教育权的条款。天主教会很快有了反应：创办自己的大学。哈维利亚纳大学在耶稣会被驱逐后停办了150年，又重新开办，把教神学和教规、为宗教服务作为宗旨。此外，教会还新建了玻利瓦尔大学，它声称："哥伦比亚亟须建起完全以天主教为中心的教育。今天，渎神和错误铺天盖地，威胁到和平、社会安定甚至社会的存在。这将使哥伦比亚成为血泪之湖。"从1933年到1936年，哥伦比亚私立高校入学率从12%猛增到35%，并保持了近20年。

除了哥伦比亚、墨西哥和哥斯达黎加以外，其他所有拉美国家的第一所私立大学都是天主教大学。至今，巴拿马、玻利维亚和乌拉圭唯一的私立大学仍是天主教大学。

天主教在各国创办大学的时间大多集中在20世纪30至50年代。厄瓜多尔于20世纪40年代创办了2所教会大学，委内瑞拉在1953年创办了1所，阿根廷到1959年创办了7所，巴西到1962年创办了12所。这段时间可称为天主教创办大学的风行时期。20世纪60年代以后，就几乎没有新的天主教大学创办。

2. 世俗精英型大学的创建：精英阶层退出公立大学

教会大学在拉美各国的绝对数目不多，世俗性的私立大学才是拉美私立高校的主体。拉美世俗性的私立大学的兴起是和20世纪60年代高等教育大膨胀时公立大学的变化息息相关的。

拉美大学传统上的精英性质使它成为上层阶级维持和再生产本社会阶层的工具。但大学极力地扩充招生使这种精英性质衰退，只能容纳精英阶层的机构成为中产阶级占大多数的地方。教学标准日益下降，社会互动增加，社会背景不同的人在大学里相混合。文凭因增多而"贬值"，不再能确保好的社会地位。因而，公立大学逐渐失去了保持阶级分化和选拔精英的功能。精英阶层只得转而寻求新的工具来进行阶级分化和保持自身社会优势地位。同时，进入大学的学生上大学前的学术水平有所降低，师生比率扩大，教育资源相当紧张，大学的教育水平也有所下降。于是精英阶层转而退出公立大学，进入小规模的严格的精英型私立大学。如在哥伦比亚，当中产阶级甚至中下层阶级开始大量涌入公立大学时，精英阶层却离开公立大学，转而就读于无可争议的、具有社会威望的私立大学。中美洲国家在20世纪60年代和70年代也建立了几所精英型的私立大学，但经济条件背景不佳的学生极少能在此就读。

政治运动也是精英阶层创办私立大学的重要原因。拉美大学政治运动的起源为1918年阿根廷的科尔多瓦学生运动，这次运动极大地推动了整个拉美的大学政治化。它不但要求大学的彻底改革，而且要求整个社会的彻底改变。第二次世界大战后的20世纪60年代是全世界大学生政治运动的活跃时期，拉美的学生政治运动也十分激烈。但学生政治运动往往偏左，要求激进的社会变革，与国家政策特别是私营企业界的观点相差很大。许多企业界人士认为大学里充斥着无政府主义、共产主义、激进思想和游击队活跃分子，大学里也有很多激进行为，有时（如在墨西哥），学生运动激烈到连学生组织都无法控制住暴力的程度。这也刺激了上层或中上层家庭及其学生退出政治运动激烈的公立大学而进入政治上保守的私立大学。

20世纪60年代拉美的经济发展很快,这要求高等教育提供高质量的劳动力和专业人才。但大学里风起云涌的学生政治运动有损大学发挥技术训练和职业准备的经济职能。对就业市场而言,学生的就业准备不足。由于罢课,课堂教学大大减少,激进分子有时竟声称大学最主要的作用不是教育而是改变社会。经济界人士认为这种混乱局面有损经济的现代化,认为这是激进派和中间派改革的结果,并批评公立大学的课程和教学方法也没能适应经济的发展。

社会互动和各阶层融合的现状使精英阶层的地位受到威胁。大学中的政治运动使现在的大学与早先的大学大相径庭,学生的正规学习和社会化过程受到破坏。文凭持有者增多,威胁到精英阶层在职业和社会地位上的优越性。而私立高校对政治较为冷淡,重视学术标准,同时还能与大众阶层保持距离,这些使得私立大学成为精英阶层合乎逻辑的选择。20世纪60年代是拉美大学政治运动最激烈的时期,也是私立"大学"兴办最多的时期。新建的私立大学有58所,甚至超过了新建的公立大学数(50所)。如秘鲁,1960年只有1所私立大学,1970年增加到12所。

对精英型私立大学的建立,国家采取了支持、至少是默许的态度。20世纪60年代是拉美政局动荡的时期,主要国家的左、中、右三派力量逐鹿政坛,彼消此长。右翼势力代表新兴企业界、金融界和大庄园主的利益,支持精英阶层与教会,自然也支持具有政治压力的精英型私立大学。中美洲创立私立大学就得到了政府的支持,如尼加拉瓜的索摩查就提出种种理由并资助了尼加拉瓜创建私立大学。在秘鲁,独裁者拉多和日趋保守的APRA党(美洲解放民众联盟党)都扶助了私立大学的发展。民族主义政权执政的国家虽然没有直接支持,却间接地鼓励了私立大学的发展。它们没有采取措施阻挠私立大学的不断创建,而听之任之的政策实际上使有权的社会阶层以选择自由的口号进入私立大学。而且,私立大学在政治上的冷漠和在财政上减少国家负担的情况,也使得政府对之亲善。如阿根廷在推翻庇隆后以及秘鲁在贝朗德政府期间(1965—1968),私立大学的发展很快。

3. 满足需求型的私立大学的建立:扩大高等教育的容纳能力

在高等教育的大扩充过程中,还产生了另一类私立大学,它们的建立缘由和开办目的是为了满足广大民众对高等教育的需求。和精英型私立大学一样,它的根源也在于适龄人口的骤增、中学教育的扩大和对高等教育需求的加大。

面对公立大学大众化的局面和公立大学教学质量的下降,一些国家制定了很多限制措施,如控制公立大学的招生人数,严格质量要求等。同时由于资金有限,国家无法承担起新建很多公立大学的任务。同时,公立大学又具有了传统的排他性,这使满足需求型的私立大学发展很快,甚至在数量和入学人数上超过了公立大学。如巴西,1980年私立高校学生的比例已达63%。在哥伦比亚,1980年有201所高等学校,其中私立高校有145所,占72%。

更多的国家允许公立大学史无前例地扩充,但仍然无法应对兴旺不衰的需求。"中学毕业生充分接受高等教育"沦为表面的言辞。有时国家控制大学扩大招生,有时则是大学或一些系制定入学要求,限制招生,医学就是入学要求最多最严格的系。此外,在一些"开放招生"的地方,尽管学生报了名,但往往要等几年才会有一个空缺。因此,虽然公立大学在扩充,很多人仍然不能进入大学或不能按照个人的学习计划来按时入学。

也有国家起初听任公立大学大扩充,几年以后加以控制。最明显的例子是在那些军人政变建立专制主义军政权的国家,如秘鲁。而政治气氛宽松,被喻为"拉美民主橱窗"的委内瑞拉也从放任的政策转为限制政策。

巨大的就学压力居高不下,天主教大学承担了一部分学生,但远远不能缓解压力。而私立的精英型大学由于其自身的封闭性和排他性,也无法容纳过多学生。世俗的满足需求型私立大学的产生恰好填补了公立大学、教会大学和精英型私立大学无法容纳的缺口。

这三类私立大学的发展只是拉美的一个大致情况。需要强调的是,这三个阶段在发展中往往互有重叠,并没有严格的先后顺序。此外,有的私立大学属于精英型还是满足需求型,甚至还有点难以分辨。例如,有的技术和商业学院初创时把满足现代资本主义大企业的人才需求作为目标,但并没有能吸引到大多数的精英阶层背景学生。在满足需求型大学大量兴建时,一些学院所设专业大部分是传统专业以便满足高数量低质量的需求,但有的专业也集中在内容较新、花费较高的研究领域。

这三类私立高校在拉美各国表现的程度也不一样。1980年时,它们在各国所占的比例如表2所示。

表2 拉美国家不同类型的私立高校

没有私立高校的国家	只有教会大学的国家	精英型大学占主体的国家	精英型和满足需求型都重要的国家	满足需求型大学占主体的国家
古巴 海地 乌拉圭	玻利维亚 智利 巴拿马 巴拉圭	阿根廷 厄瓜多尔 萨尔瓦多 危地马拉 洪都拉斯 墨西哥 尼加拉瓜 委内瑞拉	哥伦比亚 多米尼加 秘鲁	巴西 哥斯达黎加

三、拉丁美洲三类私立高校的比较

1. 财政

国家拨款是公立大学最主要的资金来源,如阿根廷,国立大学年收入的99.75%来自国家。而私立大学的资金来源渠道则广泛得多,私方的资金十分重要。拉美三类私立高校各有特色。

(1) 教会大学

教会大学主要的资金来自:①学生的学费;②教会和教徒的捐助,后来企业界也开始捐助;③早期,教师和管理人员自愿只接受少量报酬而工作,减少开支,这是一项隐蔽的资助;④来自国外的资金,主要是欧洲天主教机构的捐助。

国家是否资助天主教大学,各国之间有很大不同。有的国家不给直接的资助,如墨西哥、阿根廷、巴拿马、委内瑞拉。有的国家天主教大学相当多地依靠公共资金,如智利、厄瓜多尔、秘鲁、一些中美洲国家和加勒比地区的国家。但天主教大学一直在请求国家资助。理由首先是"选择自由",即学生有权选择进入天主教大学就读。阿根廷第一所天主教大学校长就曾要求国家无条件提供资金,因为阿根廷是天主教徒占人口大多数的国家,应鼓励学生上教会大学。更重要的是,教会大学也服务了社会,在客观上缓解了高等教育的需求压力,一旦倒闭,国家的负担反而更重。再者,"质量"也是一个有利的理由。教会大学的学术水平较高,毕业生也能学有所长。20世纪50年代以后,很多国家开始或增加对教会大学的资助,如秘鲁和巴西。

(2) 精英型大学

精英型私立大学的财政最为宽裕。它们最主要的资金来源是企业界和财团、基金会的资助。精英阶层退出公立大学,创办了自己的私立大学,并与之保持紧密联系,定期或不定期地为它们提供购买设施经费、奖学金和日常费用。如委内瑞拉,以工业界要人为支柱的蒙多萨基金会一直资助首都大学。在秘鲁的太平洋大学年收入中,43%来自这些捐助和资金。墨西哥、哥伦比亚和中美洲国家的情况也很类似。最好的大学能够吸引最多的资金。它们具有优异的教学质量和很高的学术威望,有些学生的家长和亲戚非常富有,在企业界很有势力,毕业生也很富有,社会地位也很高。这些大学得到的捐助十分丰厚充裕,以致有的大学声称它们无需政府的资助。

精英型私立大学也是国际上财政援助的主要受益者。有的大学初创时得到的国际资助比国内捐助还多。如多米尼加共和国的母亲与教师大学,就获得了美国的国际发展机构(AID)、福特基金会和联合国教科文组织的援助。这些大学具有较高的质量,比其他大学更为重视和关注新兴学科和应用领域,能够满足国际组织和跨国企业的要求。而且,外援机构往往对公立大学有不满倾向。在有的国家,如哥伦比亚,即使国际机构愿意资助公立大学,它们也不满意大学中的政治意识,不愿自讨苦吃招致学生运动对"依附"和"帝国主义"的恶感。

精英型私立大学往往收取高昂学费。学费收入也是一个重要的资金来源,在所有资金中占有相当大的比例,如墨西哥。

国家对精英型私立大学的资助很少。有的国家如阿根廷和委内瑞拉,国家没有补助。有的国家有一点补助,但少于给天主教大学的资助,而且往往是隐性补助,如免税等。

(3) 满足需求型大学

三类私立大学中,满足需求型大学的财政是最不充裕的,主要资金来源是学生的学费。在秘鲁,学费收入占这类大学总收入的99%。哥伦比亚的安第斯大学总收入的2/3以上来自学费。在巴西、墨西哥,情况也如此。由于通常学费要维持年度支出,它们往往把支出压到最低。因而这类学校设施简陋,很少有像样的图书馆、实验室和大楼。它们得到的国内外资助很少。国家也很少补助,即使有,也往往是隐性补助。但由于条件有限,它们又不可能对学生收取很高的学费。

国家对满足需求型的私立大学采取两个间接的财政支持,一是免税,二是这些大学的教师和职员往往是公立大学的教职人员,主要从公立大学领取工资。免税是针对所有私立学校的,但对满足需求型的私立大学最必要。如秘鲁,在20世纪60年代政府就制定了通过扩大免税范围鼓励私人办学的政策,特别是免去土地租金。

拉美三类私立大学的财政收入情况可见表3。

表3 拉美三类私立大学的财政收入情况比较

	国家资助	各方捐助	学费
天主教大学	最多	一般	较多
精英型大学	较少	最多	最少
满足需求型大学	最少	最少	最多

2. 管理

在管理上,虽然20世纪以来,公立大学极力争取自治,但并没能摆脱国家的控制。国家立法严格限定了"自治"的内容,并对学生入学资格、教职工聘用、课程、学位等事务有明确的规定。特别是国家提供主要资金的公立大学,必须与国家的要求一致。但在校内,权力相当分散,校一级、系和教师协会、学生机构都拥有相当大的权力,并互相牵制。与此相对照,国家对私立学校则较为宽松,往往局限于法律约束或保留学位认可权和监督权,但私立大学校内权力通常较为集中。

(1) 国家对私立大学的管理

拉美国家一般都有法律上的规定:私立大学要受国家的监督。实际上,这种监督往往只停留在名义上,私立大学在日常活动上往往我行我素,相当自由。这很明显地表现在人员的聘用上。国家无权干涉私立大学校长的任命,而且很多私立大学在政局不稳定时期敢聘用被公立大学开除的教师。如在阿根廷,1955年庇隆政府清洗了大学,开除了很多教授,但不到几年,有的就已在私立大学任职。1966至1967年间军政府执政,也有大规模的政治清洗,大部分清洗对象都是左派人士,很多人都转到私立大学工作。在拉美政局动荡期间,私立大学往往在各种政治清洗中成为教师和学生的保护网。

国家对私立大学的控制主要是创建时的审批和创建后对其学术标准的认可和监督,但很多国家政策十分宽松,特别是在早期。20世纪70年代以前,在巴西要求开办私立大学的申请在90天内没有遭到反对便自动生效。在墨西哥,规定私立大学必须附属于一所公立大学或国家机构,其他规定很少。这也是私立大学骤增的原因之一。后来,这种放任式的政策得到修改,但往往是禁止新的私立大学创办,而不是依次评价各个申请单位的情况。即使制定了比较正规的规定,往往也做不到。

私立大学创办后接受的国家监督的程度也不一样。极端的情况是,私立大学无须遵守国家的任何基本规定,自由制定对其实际工作有用的政策和标准。但有的国家法律规定较多,如巴拿马规定所有课程必须与公立大学的课程具有"可比性",教育部保持对私立大学的教师资格、考试系统等"评价"的权力。在阿根廷、巴西等国,开设新课程、新专业和聘用教职工也应受国家和公立大学的认可,但实际上这些规定往往流于形式。

随着满足需求型私立大学的增多,要求加强国家对私立大学管理的呼声日高,国家监督的可能性加大。在哥伦比亚,从1980年开始,高等教育发展学会不但有权限制新的私立大学创建,而且有权评价已有私立大学的新课程。同时,有的私立大学也愿意在学术上受到国家监督以便更好地获得公众认可,使自己免受指责、少负责任。

(2) 私立大学校内的管理

私立大学内部的权力相当集中,大学倡办者和私方资金提供者发挥极大的作用。在大多数拉美国家的私立大学中,通常设有一个位于大学"之上"的董事会,由它制定并指导大学政策;或是一个管理董事会,董事代表主要是外部力量,但参与校内管理工作。董事会的权力很大,涉及资金使用、人事聘用、课程设置、学校服务方向等各方面。校长由董事会任命并向董事会负责,其他行政管理人员也与董事会保持密切联系。

在不同的私立大学中,董事会代表的外部力量也不同。教会大学和世俗大学的区别显而易见。教会大学往往受到教会权力的影响,董事大多数由教士担任,很多城市的主教是最核心的董事,如智利、巴西、阿根廷和巴拿马等国。但随着宗教在社会生活中影响的改变和宗教自身的改革,教会的权力在减弱,现在很多教会大学中教会的势力只表现为任命最高层次的行政人员、制定泛泛的学术标准和社会服务任务。世俗性私立大学主要受企业界人士的影响。在大多数国家,如墨西哥,声名显赫的企业家通常与精英型私立大学合作。在基金会或企业家协会等倡办的大学中,协会的负责人和成员往往担任最重要的董事职务,在哥伦比亚就是如此。而在满足需求型的私立大学,当地生意人的影响很大,倡办者和出资人通常担任重要职务。

校长一职在私立大学十分重要,拥有很大的实际管理权力。在拉美的公立大学,校长往往被频繁更换,但私立大学的校长职务具有很高的稳定性,任期往往很长。其中一个原因是校长是由相对稳定的董事会任命,而不太可能由学生和教师推选。而且,选择校长人选时,管理经验和资历比学术资格更受重视,而他们的管理能力又使他们能牢牢把握住管理权力。中层行政管理人员服从于校长但与外部权威有密切关系。

教师和学生很少参与校内管理。对于教师来说,教师是由校方直接聘用的,续聘与否的权力掌握在学校(不像公立大学的教师拥有国家公务员的身份),而且教师当中有很多是兼职教师,来去匆匆,组织起来的难度比较大。对学生来说,来上私立大学的学生具有明确的目的,有的意在避开公立大学的政治运动,有的意在获得安身工业的文凭,个人对政治比较冷淡。而且校方对学生的控制严格,注重考查出勤率、坚持严格的课程考查、举行更多必须参加的考试并要求学生达到一定的学术水平(有的满足需求型大学除外)。有的学校设有专门管理学生的职位,如在哥斯达黎加的中美洲自治大学,每个学院都有一个主任专门负责学生事务,只有在他的许可下,学生提案才能提交,书刊、报纸等宣传品才能进入校内流通,新闻机构才能参加学生会议。他还可以不予解释地开除学生。

3. 社会作用和社会影响

(1) 宗教方面

世俗性的私立大学不把维护宗教影响列入它们的计划,在宗教方面几乎不发挥什么作用。而教会大学则天然地与宗教有联系,但它们的宗教使命已逐渐式微了,其中既有市场因素(天主教大学不再能凭学生和教师对天主教教义的热忱而吸引他们入学或工作),也有较广泛的社会因素(随着现代化的发展,教会本身和整个社会生活的世俗化)。

按对待宗教的态度,教会大学可分为三种:第一种是把大学作为教会的教育助手,把神学和宗教知识作为核心知识领域,把培养优秀教徒作为根本任务。不但通过正规课程学习,也通过环境熏陶,如让学生不断与宗教界人士和事件接触来进行宗教教育,并禁止传授反对宗教的内容,为此可以牺牲部分学术自由。第二种是不直接培养宗教精神,而着力于把宗教价值观和一般文化整合起来。尽管大部分管理人员是教士,但他们首先以个人身份而不是宗教身份行事,对他们的评价也根据学术标准而定。大学中也允许部分行政人员、教师和学生是不信教者。但教会可以监督大学的精神教育。第三种是忽视宗教使命,甚至不把培养宗教精神写入学校宗旨。它们不主张在信仰和科学之间有确定联系,而强调追求真理要有充分自由。它们不再强调知识和信仰的合一,而积极探索两者交流和互动的最大可能性。教师和管理人员可能是教士,但这只是偶然事件，不是刻意要求的结果。

在实际运行中，大多数教会大学接近第二种态度。有的大学仍坚持把宗教精神的培养列在首位，如阿根廷天主教大学，但在实际工作中却无法做到。教会虽然有正式管理权，但不可能强求全体师生都有强烈宗教信仰。一个方法是只接受信教的师生，但这已很少实行。因为有的教师是同时在几所大学兼职，而学生因虔信宗教而入学的已为数很少。大多数教会大学保留一些宗教色彩，坚持一些必修课或在其他课里保持一些宗教内容。也有一些大学，如阿根廷由耶稣会创建的萨尔瓦多大学，一开始就没把宗教任务列入宗旨。在玻利维亚天主教大学，宗教也很淡化——神学很少教、课程中几乎不再看到天主教教义的痕迹，甚至高级行政管理人员中教士也很少，以致玻利维亚教会声称不知"它的"大学为它作出了什么贡献。

教会大学的宗教色彩已日益淡化，很多时候，宗教使命只是象征性的。

（2）政治方面

公立大学在政治上显得很积极，而私立大学则比较冷淡，很少参与严重的意识形态争论。但这并不说明私立大学与政治无关，事实上，它们往往具有自己的政治倾向，发挥着特殊的政治作用。

一般说来，拉美的精英型私立大学在政治上是保守的。它们受到精英阶层的意识形态的强烈影响，反过来也强化了这种既定的政治意识形态，并助长等级结构的再生。这从它们开设的课程、对学校管理的结构和对左倾活动的禁止可以看出，从送自己孩子入学的家庭的意识形态背景也可以看出。在广泛的社会政治、经济发展方向上，精英型私立大学支持及主张让企业自由发展、国家只发挥有限的社会福利作用、强烈限制左派或民众主义政治活动和采取亲西方的外交政策。甚至，当国家政权由左派政治势力控制，这些私立大学还会变成这些势力的对立面。实际上很多精英型大学，如委内瑞拉的首都大学、秘鲁的皮乌拉大学、墨西哥最主要的私立大学、中美洲的几所私立大学，都可以贴上右倾的标签。

满足需求型私立大学的政治倾向不可一概而论。它们一般都比精英型大学要左倾一些，因为它们的阶级基础不是特权阶层，它们与国家中有势力、有影响的企业界人士也缺少联系。

教会大学的政治倾向也各有不同。一般固守教会大学传统教育宗旨的大学在政治上较为保守，而追求开放、极力淡化宗教色彩的大学在政治上比较激进，倾向中间派甚至左派,但大多数的教会大学在政治上则徘徊于中间派和右派之间。

从私立大学和不同党派的关系上可以看出它们的政治倾向。教会大学的创建得到了保守党、有时还有自由党的大力帮助,因而也支持它们。教会大学也是基督教民主党的有力后盾。精英型私立大学较少与具体党派接触,它们常支持它们的企业界资助人的政治、经济意图,但有时也帮助中间派或右派的政党(尽管有可能是心照不宣的帮助)。满足需求型的大学支持它们的资助人的政治意向,但常常也支持那些声称提倡扩大高等教育机会的政党,不论它为何派别。

(3) 经济方面

从私立大学开设的专业和课程类型以及毕业生的就业情况,可以看出私立大学在经济上的作用和影响。拉美各类专业占私立高校开设专业总数的百分比是,经济、行政管理和社会科学占 34.6%,教育和人文科学占 30.6%,艺术和建筑占 6.0%,精密科学和自然科学占 19.2%,医药保健学占 7.6%,其他占 1.9%。

拉美私立大学在开设专业时,通常要考虑到费用和学生出路两个方面。在费用方面,由于私立大学对自己的收支负责,它们便尽可能地减少支出,特别是资金不充裕的大学,否则它们就必须多收学费或得到更多的企业界、教会或个人捐赠,或自己得到较少的收益。因此私立大学的专业课程往往集中在几个学习领域,主要是经济、人文类。另一方面,从毕业生的出路考虑,私立大学经济、企业行政管理专业占大多数也是理所当然的。毕业以后,私立大学毕业生往往在企业界找工作,而国家机构聘用的大多是公立大学的毕业生,这样私立大学的学生也只好选择这些专业。

在三类私立大学中,教会大学所设专业的种类与公立大学最接近,数量也比其他两类私立大学多。如阿根廷 20 多所私立大学中只有 2 所的系在 10 个以上,而这两所都是天主教大学,即阿根廷天主教大学和萨尔瓦多大学。这是因为,改革后的或后期建立的教会大学受宗教的牵制已少得多,它们乐意开设社会广泛认可的专业,而早期的天主教大学为了争取"合法性"往往也采取开设公立大学已有学科的做法。而且,教会大学不像精英型大学那样以经济为导向,因而不是全力关注资助者和学生的意图,却把争取合法性置于费用的考虑之上。反之,一旦合法性问题得到圆满解决,费用问题也会因国家支持迎刃而解。秘鲁的教廷大学就是如此,它之所以不寻常地注重精密科学专业,就是基于上述考虑。

精英型私立大学的中心任务是有效培养经过"完满训练"的毕业生,这使它们必须在一些甚至费用很高的专业领域开科目。由于这类大学与制造业的密切关系,工程类比医药类更常见。同时由于费用上的考虑,它们也必须开设一些经济上需要但又不那么"昂贵"的专业,如会计学、企业和行政管理等。在一些前景良好的"新兴"专业上,精英型私立大学处于领先地位,如委内瑞拉的电子技术学、阿根廷的企业行政管理和通信等。满足需求型大学最重视费用问题。在这类大学占私立大学主体的国家,如巴西、哥伦比亚、哥斯达黎加和秘鲁,费用低的专业尤其多。它们有的在开设课程时兼顾费用和学生就业问题,也有的把省钱、营利等考虑置于首位。而且,尽管很多国家在高等教育大扩充时允许高等院校大批兴建,但新建的公立大学往往位于某一地区,为当地提供与首都的公立大学近似的专业,而满足需求型的私立大学大多建在大城市中心地区,没有类似的责任。

私立大学的就业市场从整体上看集中在私营企业界。这与公立大学形成鲜明对比,很多公立大学毕业生进入政府机关工作而且政府机关也倾向于聘用公立大学的毕业生。私立大学的毕业生要进入国家机关就有困难。天主教大学由于和公立大学在专业课程上相似,学术声望高而且一直在争取"合法性",少数毕业生能进入国家机构,但大多数进入私人企业界。精英型私立大学由于课程、学术声望和与精英阶层特别是私人企业界的密切关系,其毕业生通常成为企业界高层人士和国家级技术人才。满足需求型私立大学的毕业生大多就职于就业市场中档次较低的单位,他们在就业市场中处于不利地位,如哥伦比亚有的报纸上招聘广告明确把毕业学校作为求职标准,通常是要精英型私立大学的毕业生。这与这类大学的教学质量及学术声望有关。

四、拉丁美洲国家典型私立高校的模式

1. 墨西哥:精英型私立大学占据重要地位

墨西哥领土面积居拉美第三位,人口居拉美第二位。1981 年的国民生产总值居拉美第二位,是拉美重要的经济大国。墨西哥还是拉美文明的摇篮和重要的文化教育中心,拥有绚烂多姿的文化。

墨西哥的高等教育始于殖民时期,独立以后形成了公立大学的垄断局面。私立高等教育是从 20 世纪 30 年代发展起来的,1935 年至 1981 年间,私立大学在校生数一直占全国大学生数的 15% 左右,相对稳定。墨西哥私立高教的特点是,精英型私立大学

占据着重要地位。它们虽然数目不多,但规模大,墨西哥7所主要私立大学在校生数占私立高校学生总数的一半以上。其资金来源、生源和就业、开设课程都与精英阶层密切相关,而且社会威望和社会影响很大。

墨西哥的第一所私立大学(瓜达拉哈拉自治大学)创建于1935年,它不是一所教会大学,而是由一些知识分子、精英阶层和右翼政治势力创建的。当时执政的卡德纳斯总统在高等教育中极力推广"社会主义教育",采取优先照顾工农子弟和国立综合技术学院的方针,而亲卡德纳斯的教师、学生进步组织也提出非常激进的全面社会改革和教育改革主张。公立大学内的骚乱和政治化导致了瓜达拉哈拉自治大学的创建。第二所私立大学是1943年建的伊比利亚美洲大学,由教会主办。同年还兴办了一所最重要的以经济为定向的私立大学即蒙特雷高等技术学院,政治和社会阶级的保守势力是它的重要推动力,但最主要的动因是经济方面的,即为处于国家的工业中心地位的企业培养重要研究领域的受过良好培训的可靠的毕业生。它由一群企业家模仿美国麻省理工学院的模式建立。这三所大学是墨西哥最重要的私立大学。另外四所略逊一筹的著名私立大学是墨西哥自治技术学院、拉萨耶大学、美洲大学和安那瓦大学。这7所大学的学生总数占了墨西哥私立高校学生总数的一半以上,见表4。

表4 墨西哥7所私立大学学生数

	创建年份	突出的创建诱因	学生人数(单位:个)	
			1978年	1981年
瓜达拉哈拉自治大学	1935	社会政治	15,047	15,555
伊比利亚美洲大学	1943	宗教	4,363	4,446
蒙特雷高等技术学院	1943	社会经济	9,348	12,555
墨西哥自治技术学院	1946	社会经济	1,289	1,734
拉萨耶大学	1960	社会经济	6,803	7,844
美洲大学	1963	社会经济	1,172	2,298
安那瓦大学	1964	社会政治	2,945	4,061
总数			40,967	48,493

资料来源:ANUIES, Anuria estadistico 1978&1981。

这些大学体现出极强的精英性。从生源上看,20世纪60年代前极少获得高等教育机会的民众阶层逐渐占了学生的大多数,他们自然主要进入较为"开放"而且完全免费的公立大学就读。只有特权阶层才会退出公立大学,成为占据私立大学的主体。在财政方面,公立大学收入的95%以上来自国家拨款,而私立大学则靠自理。私立大学的一大部分收入来自学生的学费,学费很昂贵。1975年当公立大学的学生每年只付象征性的10至50美元时,私立大学学生已要付500多美元了,而且通常要接近或超过1000美元,并且费用在不断上涨。私立大学还和私人企业主集团和大财团联系紧密,特别是有名望的私立大学。这些大集团对它们的创建、扩充和迁址以及购买和维修教学楼、实验室和计算机等提供巨额资助。如安那瓦大学在创建时得到了玛丽街詹金斯基金会约250万美元的建设校园资助,1975年又得到差不多的数额用于建立图书馆、计算机和医学院。墨西哥的蒙特雷企业家集团是墨西哥最有势力的群体,它体现了墨西哥的企业和工业定向的发展模式,也体现了发展中的极大不平等。这个集团中的约200个家庭至少拥有墨西哥总产值的15%以上。它对蒙特雷高等技术研究学院的捐助很多。而美洲大学则经常得到另外的主要企业家群体蒙德克苏玛集团的资助。这些大学也把为企业界服务作为中心宗旨,专业集中在重要的技术、经济和管理类领域,而且很多私立大学有声名卓著的专业:蒙特雷高等技术研究学院的工程学、墨西哥自治技术学院的经济和行政学、伊比利亚美洲大学的建筑法学和人类学、拉萨耶大学的医药、安那瓦大学的商业等。精英阶层背景的学生往往通过在这些大学就读而加入经济和企业圈。毕业生的职业地位也往往很高。

除了这7所大学以外,墨西哥还有115所私立高校,但它们的规模很小,平均学生数只有这7所大学平均数的1/10(616人)。从20世纪70年代后期开始,由于入学人数继续增长,而公立大学和特别有声望的私立大学人数趋于饱和,经济危机又促使学生涌入商业专业的缘故,满足需求型大学的发展加快,但它们在整个私立大学体系中所占比例一直相对稳定,不占优势。

墨西哥私立高校的特征与墨西哥的广泛社会政治经济背景密不可分。墨西哥的政府—私营部门关系复杂而微妙,构成这样的悖论:墨西哥的国家政权十分强大和活跃,但私营企业在国家的发展中享有中心的优势的地位,发挥着十分重要的作用。这种关系起源于1910年资产阶级革命。这次革命产生了一个强大的国家政权。经过二十多年的暴力、混乱,政治权力重新集中起来,国家控制事务的权力加强了。国家宪法规定,民众有权参与国家决策,总统由民主选出但拥有相当集中的权力。在经济上,国家拥有主要的工业如石油,对许多重要的资源和债务关系有控制权,对私人的经济活动有广泛的规范和调整的权力。国家成为经济活动的强大干涉者,墨西哥宪法也规定国家可以直接地活跃地推动社会整体的福利。但革命也带来了一个对私营企业持保守态度的国家政权。墨西哥的发展模式强调,政治稳定和经济发展应置于一切因素之上。通过确保政治稳定,国家为私人企业提供了一个安全的可获利的环境。国家还通过一些控制"民众部门"的政策来推行有利于企业的政策。例如,低工资政策、与其他具有类似经济发展水平的拉美国家相比都滞后的社会福利政策,以及富有吸引力的条件,吸引国内外的私人投资和私人储蓄。但国家对私营企业常保持一定距离,有时采取冷淡甚至敌对的态度。私人企业得到保护,作为回报,国家期望它们促成对自身和对国家政治稳定都有利的经济发展。可以说,在国家—私人企业之间存在着一种深层的联盟,这种联盟还受到国家政策(有时是模糊的政策)的支持。

  从国家对私立高等教育的政策中可以看出这种支持。国家在私立大学的管理上没有发挥积极的作用。从表面上看,墨西哥法律一直规定国家对私立学校有监督管理权,1973年的"联邦教育法"再次确定了国家对私立高校及其教学方案有法律上的学位认可权。法律还再次强调,对任何不合格或违反规定的学校,国家有权收回对其学位的认可。公立大学自创建时便自然拥有制定教学方案和颁发学位的权力,但私立大学却必须依赖于国家的认可,这使人形成了国家与私立高校协作的印象。但深入地分析一下便会发现不然。自1935年第一所私立大学创办以来,国家对私立高校一直采取宽松的姿态,这实际上鼓励了它们的创建。有人调侃地说,"开办私立大学就像开烤玉米饼店一样容易"。获得国家的学位认可主要克服两个困难:一是私立大学必须依附于一个国家机构(通常是教育部)或一所公立大学,二是申请可能要几年才能审批下来。这使私立大学在课程上与公立大学的课程设置有相似之处,但对私立大学的整体情况影响不大。国家既不阻止以满足需求为目的的低质量学校的创建,也不阻止精英型私立大学追求社会分化和学术质量上(而不是内容上)与公立大学的差异。而且,尽管国家制订了控制大学学术政策的规则,却没能实施而往往流于形式。尽管墨西哥国立自治大学为私立大学制定了正式的详细的课程计划,连合适的阅读材料也列了进去,但计划却不受重视、不被实施、也不受监督,以至于有时墨西哥国立自治大学自己也忽视了它。在财政上,国家虽然没有直接的资助,但允许"非营利"身份的私立高校免除税收和以自定的方式获得资金。国家还信任私人群体和精英阶层对私立大学的管理,听任私立大学按自定目标发挥社会作用,以服务于私人利益的方式间接地服务于国家。

2. 巴西:庞大的满足需求型私立大学

巴西是拉美领土面积最大、人口最多的国家,资源丰富,具有极大的发展潜力。巴西也是拉美的一个经济大国,第二次世界大战后30年来,巴西国民经济平均年增长率为7%,是世界少数几个经济发展最快的国家之一。

巴西的高等教育规模在拉美最为可观,它的大学生人数占拉美大学生总数的30%左右。20世纪60年代,巴西大学生数超过阿根廷,从此一直遥遥领先,1980年巴西拥有1 345 000名大学生。巴西还是拉美高等教育中私立高校比公立高校规模大的一个国家,3/5以上的大学生就读于私立高校(63%,1983年)。而巴西私立高校的学生人数占了拉美高校总人数的一半以上。

巴西私立高教的特点是,高数量低质量的满足需求型大学占主体。它们已达数百所,但绝大部分是较低层次的"学院"。财政上,国家对私立高校的补助总数很少,资助的对象也为数不多。1979年以前,国家只资助从事科研和研究生教育的私立大学,现在也只有约10%的私立高校列在政府资助名单上。而且巴西的私人企业界缺少赞助的传统,它们一般不为不能产生确实的、近期收益的单位捐钱,只有为数极少的几个基金会为少数最好的学校提供资助。合作开发也很少,跨国公司大多依靠发达国家的研究成果,重要经济领域由国家控制和开办公司(如石油),由公立大学从事科研。因而,私立高校的收入主要靠学费。但由于条件有限和国家规定,学费不能定得很高。很多大学的学费甚至比精英型的私立小学低。在专业上,大部分的学生学习自然科学和应用科学。私立高校大多数教育质量不高,有的学校为了营利而尽量减少开支,教学条件也不好,但仍竭力扩大招生。国家对私立高校的管理也较宽松,没有直接任命行政人员的权力。私立高校在学术政策上也十分自由。这些导致了私立高校的毕业生在就业市场上处于不利地位。他们往往找不到工作,或找不到满意的工作。

巴西的高等教育之所以是这种格局,是与它的社会、政治、经济背景密不可分的。巴西的国家政权发展较晚,教育体系(包括高等教育)也起步较晚。巴西独立以后大权仍掌握在地方寡头手中,中央权力微弱。

1930年,代表新兴资产阶级利益的瓦加斯总统通过革命上台执政,着力加强中央政府的权力,国家上升到所有主要经济和社会活动中的有力领导者的地位。广泛的社会政治变革也鼓励了高等教育的发展。1920年三所专业学校(分别是法律、医药和工程专业)合并成的里约热内卢大学是巴西第一所大学。到1937年,巴西拥有4所公立大学,也是当时仅有的4所大学。

与此相比,巴西的私立高校则发展较早。私立高校几乎是紧跟着公立高校而创办的。第一所私立大学是里约热内卢天主教大学(1940年),它与第一所公立大学创建的时间只相隔了20年。在巴西,公立高校从未占有过垄断的地位,里约热内卢天主教大学创建时,整个巴西的公立高校在校生也不过3万人左右。而当时巴西的大学生比例是每10万人中不到5个。教会此后又创建了几所天主教大学,到20世纪50年代,巴西已有5所教会大学。到1955年,巴西大学生中有约4/10的人在私立高校就读,在高等教育的需求猛增和高等学校大扩充之前,巴西的私立高校已有相当规模。

20世纪50年代后,政府采取了民众主义政策,顾及下层群众和贫穷偏远地区的需求,社会流动加快加深,这招致了保守群体的不满。1964年巴西军人发动政变,建立军政府,开始了对巴西21年的统治。军政府着力于改变现存制度,在政治上采取一系列强硬措施,但对"私有化"持保留态度。在经济上,国家加强了对国民经济的参与,经济发展很快。当时,由于多方面原因(经济的高速发展、中产阶级人数的增多和需求的提高、妇女地位的变化、基础教育的大力发展、中学文凭在就业市场中的贬值,以及当时流行的人力资本理论和发展主义教育观),巴西的高等教育处于飞速发展过程中,大学在校生人数猛增。1960年大学生人数还不到10万人,1968年已上升为近28万人,1975年时达到了100万以上。1968至1974年间增长速度最快。1960年巴西的大学生人数占总人口数的比例只及拉美平均比例的一半,1975年就已基本相当了(巴西为11.2%,拉美平均为11.7%)。

大学需求的猛增使军政府面临着很大的社会压力和财政压力。巴西大学设有入学考试,人们普遍认为入学考试难度很大,但由于大学的容纳能力有限,很多中学毕业生即便通过了入学考试仍因大学人满为患、没有空缺而不得不滞留在外。上大学人数的扩大已成为一个重要的政治问题。另外,拉美的公立大学在财政上几乎是由国家全包的,如果允许公立大学大规模创建和扩充,国家将面临不堪承受的财政压力。在这种情况下,巴西军政府请专家再次分析高等教育在资本主义现代化进程中的作用,采取了在公立大学中尽量维持原状减少精英阶层流出的政策。不允许公立大学在政治上、社会经济背景上、学术水平上有多大的改变,不允许国家财政负担过重,不以开放的姿态允许公立大学容纳巨大的高教需求。事实上,这"保护"了许多著名大学,使其得以维持现状,用新设公立学院来容纳加入到公立高校的新学生,同时努力把大部分人纳入私立高校。

巴西军政府采取了很多政策来鼓励私立高校的发展。它不光对开办私立高校的申请十分宽松,还制定了免税、信贷和其他激励政策。私立高校的发展比同期公立高校的发展快得多,1955 年私立高校学生人数占巴西大学生总数的 42.3%,1969 年已达 46%,1972 年达 59.6%,而 1974 年竟达 63.6%。很多私立高校还新建或改建了,以满足需求,1968 年至 1974 年间,私立高校净增 388 所,同期公立高校净增 88 所。

20 世纪 70 年代以后,这种教育政策带来了一些负面的效应,国家开始采取让高等教育发展减慢的政策。私立高校是一些批评的主要对象。这些高校的教学质量不高,毕业生的失业率显著上升(尤其在 20 世纪 80 年代经济危机期间),而且很少有私立大学从事科研活动。此外,教育的发展集中于高教而对基础教育投入不足的问题也开始引起人们关注。1972 年和 1974 年,巴西都制定了减慢高等教育发展速度的政策。教育部强烈要求监管私立高校的联邦教育委员会发挥作用,制定实施开设新课程和开办新高校的规则。这有些效果但没能阻止这些学校继续扩大招生。1981 年的总统政令又宣布了更广泛、更明确的限制条款,对公、私立高校的新创课程和它们的在校生数都作了规定,巴西高教的发展才慢慢趋于缓和,趋于稳定。1975 年至 1980 年,入学人数的年均增长率从 14% 下降为 4%。新建高校的增长率也在减少,在新建高校中,学院占大部分。公立高校增加了 10%;私立高校中,私立大学增加了 4%,而私立学院则增加了 12%。但是,这些措施并没有改变巴西高等教育的总体面貌和特征。

3. 智利:私立高校与公立高校的趋同

智利位于南美洲西南部沿海,是拉美经济和文化教育都比较发达的国家。在 1950 至 1980 年间,它的国民生产总值年均增长率为 4%,20 世纪 80 年代其他拉美国家受经济危机的冲击经济很不景气时,它仍依靠新自由经济政策而稳定发展。智利的成就已引起国际上其他国家的瞩目。在教育事业上,1980 年它的小学儿童入学率已达 100%,大学入学率占适龄青年(18—23 岁)的比例为 22.2%。

智利的高等学校为数不多,1982年共有46所。智利是拉美公立高校和私立高校最为相似的国家,公私的区分已有些模糊,两者甚至有趋同的趋势。这表现在两个方面,一是私立高校表现出很大的"公共性",这是由于教会大学影响很大,但另外两类私立高校则不很普遍,没有形成明显的公私之分。二是公私立学校的发展方向趋同。在财政和管理上,两者都被国家向私有化推进。在财政上,以前公立高校几乎全靠国家资金,私立高校的大部分收入也来自国家。但军政府执政以后,极力推动高教系统的私有化,规定公私院校都应自筹资金。在管理上,在军政府上台前,公立大学受到国家的较强控制,私立高校受到政府的一些干涉但比较自由。军政府执政以后两者都被推向自治,在专业开设和就业分布上两者的差别也不太明显。

这种状况与智利的政治、经济背景有很大联系。在智利的社会生活和经济发展过程中,国家政府长期以来一直发挥着不同寻常的积极作用,而长期的政治稳定又加强了这一点。20世纪20年代,资产阶级改革派取代了寡头政治,国家政权的活跃程度显著加强。第二次世界大战后的两届民选政府继续扩大国家的参与程度。弗雷总统当政期间推行"平等和发展"。私人企业仍发挥着重要的作用,国家采取措施改变资本主义物质上"不道德"的一面,有时也排挤私人企业和外国企业,如对铜矿的国有化。后来的阿连德总统有过之而无不及,他提出在智利建设社会主义,国家参与取代各个领域的私人活动。这种措施引起了很多争论,政治局势也因而不断紧张,最终智利发生军人政变,成立了军政府。

军政府上台以后彻底改弦易辙,竭力在各个领域消除国家影响。皮诺切特总统接受了"芝加哥学派"把国家影响降到最低的学说,使很多国营企业转归私人。"国家只应接手那些其性质和范围使个人或群体无法对付的任务。"[1]私有化起初集中在经济领域,后来也转向社会领域包括教育,反对国家参与成为主流意识。

在国家参与活跃的时期和后来的私有化时期,高等教育都是人们意识形态上关注的焦点。"在主导意识形态上,关于国家的一般作用,尤其是它在高等教育中的作用,很少有国家经历过比智利更迅速、更根本的变化。"[2]一百多年来"国家办教育"的观念

---

[1] Daniel C. Levy. Higher Education and the State in Latin America [M]. The University of Chicago, 1986:p67.
[2] Daniel C. Levy. Higher Education and the State in Latin America [M]. The University of Chicago, 1986:p68.

深入人心,也是根深蒂固的事实,军政府大刀阔斧的改革也遇到了一些困难,特别是在一些技术性问题上。因此,尽管高等教育的私有化有力地打击了传统模式,但未来怎样尚不可知。市场规律能否应用于高等教育、"芝加哥学派"的经济观能否推动国家的稳步发展,都将影响到智利高等教育的未来。

智利的高等教育最早起源于殖民地时期,独立以后,公立高校成了高等教育的主体。在公立高校垄断约半个世纪后,1888年智利天主教大学创立。当时宗教势力屈居国家权力之下已成定局,教会把活动转向社会生活领域。而在"选择自由"的口号下,教会又得到了保守派的支持。第一所世俗性的私立大学于1919年创立,叫康塞普西翁大学。它最初是由国家创办的,但由于国家缺乏足够资金,只好搁置一边。于是当地的私人群体,主要是商人们,筹集了资金按原先规划建起了大学。他们的主要目的是要为自己所在的城市创办一所大学。这所大学可视为精英型私立大学的开始。事实上,在智利高校的创建中,地区因素是一个重要的原因。1954年南方大学和1956年北方大学都是如此。到1956年,智利拥有8所大学,其中2所为公立大学,6所为私立大学。与其国家相比,智利实际上限制了大学的大量创建,但保持了大学内部的部分一致。在创建时,有的大学公立私立的区分不太显著,更受关注的是如何分散在各地区。大部分大学与公立大学都有或多或少的依附关系,这也为以后的公私趋同提供了条件,智利的公立大学和私立大学是在同样的压力下发展的。

20世纪60年代智利也进入了高等教育大扩充时期。1960年智利的大学生比例为总人口的4%,1974年已达16%以上。高校也从8个上升为1982年的48个。国家对私立高校的开办采取十分宽松的态度。1981年法律规定,开办一所学院的唯一要求是递交一份写有教育大纲的申请表,如果90天内不被否决则自动生效。在很多地方,大学的分校和一些职业学校变成了地区大学或职业学院。在私立高校方面,6个传统大学以外又加上了2所新的大学、6个新的职业学院和很多职业培训中心(见表5)。大学比学院等级高,可颁发文凭和从事职业的证书。学院不能发文凭,但可授予国家规定的12所职业以外的其他职业证书。职业培训中心则提供2至3年的学习。大扩充时期,智利私立院校的开办十分频繁。私立高校的学生数占大学生总数的比例相对稳定,在34%至38%之间。

表5 1982年智利高等院校的情况

类型	数目	性质
传统公立大学	2	公立
地区性大学	8	公立
职业学院	6	公立
传统私立大学	6	私立公助
新建职业学院	6	私立
技术培训中心	15	私立
新建大学	3	私立

20世纪70年代,国家开始对高等教育采取紧缩政策。军政府采取了完全反对国家参与的政策。突然改组了教育部,至少是暂时地禁止新专业的开办,然后宣布禁止新学院的兴办,并宣布将有新政策出台。在这种情况下,国家推行的自由市场政策将允许大量适龄人口选择上大学而导致大学生人数的猛增。任其自由发展和自由竞争,还是进行合理规划;是消除高等教育中的不规则局面,还是任其发展并可能导致高教质量的降低,都在长期的探索之中。

在智利,公私立的区分已变得很模糊,这也代表了私立高校发展的一种趋势。

五、拉丁美洲私立高校发展对高等教育和社会的影响

1. 对拉美私立高校的评价

(1) 成功的一面

就初创目标的实现程度来看,私立高校整体上十分成功。私立高校数量和规模的迅速扩大可以说明这一点。而两种外部因素更促成了它们的成功:一是一些人认为公立高校不尽如人意,公立高校普遍出现了政治化、大众化和学术质量降低等情况,这不但使赞同私人活动者,也使中立派甚至赞同国家参与者对公立高校产生不满情绪。二是私立高校的倡导者和推行者大多在社会中有钱或有势,如教会、私人企业主和精英群体。这有助于私立高校较容易地实现初创目标,也使它们容易获得政治上的肯定。

在三类私立高校中，教会大学的初创目标的满足程度似乎不够高。教会大学先天地与加强宗教影响有联系，但如今多数教会大学不再凭宗教来吸引师生，它们加强宗教影响的努力和活动大为减少，有的几近于无。但自教会大学把目标调整到服务于社会生活领域以来，它们已在社会生活中发挥着重要作用。对公立大学不满者在此可获得另一种选择，教会大学客观上也提供了不少高等教育机会。而且，在宗教任务衰退的同时，它们的学术声望却不断提高，许多大学转而强调自己的"大学"性质而非"教会"性质，把学术质量作为追求目标。教会大学也满足了它们的"消费者"（学生及其家庭）的需要，而国外对教会大学捐助的机构也对它们感到满意。

精英型私立大学则最为成功地实现了创建者确定的目标。它们满足了一个居于社会经济优越地位的阶层的排他性的需要，为学生提供了完满训练，为他们日后获得经济待遇好、社会地位高的工作铺平了道路。它们的校内纪律严明、表面上对政治论战持冷淡态度、学术声望很高还为企业界培养了大批高层人士，总之，它们是社会"精英"们的一个极好的选择。

满足需求型大学也成功地实现了初创目标。它们为那些不能在公立高校和其他私立高校获得入学机会的人提供了高等教育机会，它们为企业界和社会提供了许多中级人才；其中有的大学还把获得经济回报和为赞助人取得社会荣誉、提高社会地位作为自己的目标，这些也实现了。

（2）消极的一面

仅以特定组织及其群体所选择的目标的实现程度为基础作出的评价，是不全面的甚至是有偏见的评价。个人目标的满足不能说明从别的角度看结果也完满；一个旨在服务于特定个体、群体和组织的机构，并不一定也服务于社会整体。这正是多元主义受到的最主要批评：最活跃群体的利益并不能等同于整个社会的利益，并没有"看不见的手"来把不同的政治和经济利益调和成一个和谐的整体。当利益的不均衡状况涉及精英群体（能最有权势地把政策推向实现自身目标的方向的人）时，产生的问题尤其严重。私立高校人为地制造了精英阶层的再生，它们成功的背后也有极其消极的一面。

这种消极首先表现为某些重要的教育目标的缺失。它们把"选择自由"作为一个存在的理由和一个追求目标，而有意无意地忽略了"教育平等"的重要性。私立高校的创建者只选择适合部分人的目标作为自身的发展方向，这样的发展具有很大的局限性。例如有的大学极力保持较小规模，按自身制定的学术、财政标准来选择学生和发挥社会作用。但在它们的"高成就"的背后,学生的社会经济背景起了十分重要的作用。可以进入这类学校的往往是经过最好准备的学生,"高质进、高质出"使学校可以夸耀拥有最好的毕业生。而且学生个人的成就和外在的学校条件、学习环境包括同学们的能力相关,这类选拔性的学校由于拥有"最好"的而享有很高声誉。

私立高校的社会作用也有很大的局限。它们一般将专业集中于商业、经济、人文学科、法学和建筑学(一些通常只要有教师、学生和教室即可开课的领域),而将要求有实验设施的医药学和精密科学弃之不顾,尤其是数目众多的满足需求型大学更是如此。它们也不从事科研,至少不涉及花费高的领域。多数教师是兼职教师,在此的报酬为"外快"。这些大学的教学质量不高,随着毕业生总数的增多和工作市场竞争的加剧,毕业生失业或就业不足的情况日益严重。这正是这些大学自己也意识到并力图解决的问题。

而且,私立高校的成功在很大程度上是建立在公立高校承担了很多重要的高教任务的基础上的。私立高校能在自己选定的有限的范围内发挥良好,是因为公立高校承担了较多较难的工作,甚至是吃力不讨好的工作。在大多数国家公立高校提供了主要的高等教育机会,接受付不出高昂学费的学生,在更多更广泛的领域里培养人才。在公立大学领取工资的教师,又在私立高校承担额外的教学,把所得报酬作为"外快"。因此,当目标能被选择并按其费用、特定愿望等相关的标准来选择时,这些目标无疑更容易实现。公立大学必须向广大的公众负责,而在此基础上的私立高校获得了成功,也就是说,私立高校的成功依靠公立高校的存在,甚至在一定程度上依赖公立高校的过失。

2. 国家—高教关系的变化:从协作式到多元式

拉美传统上盛行着机能主义(organic statism)的国家观。根据这种观点,国家的作用十分强大而私人活动则受到严格限制。这样的国家具有十分强有力的干涉性,在追求其确认的公共利益时发挥"建筑师的作用"。国家对公共利益的追求会导致对"私人利益"合法性的轻视或反对。虽然国家允许私人组织的存在,但根据"附属的原则",私人组织附属于国家机构,甚至由国家机构合并而来。

与机能主义国家观相应的是协作式(corporatism)的国家—高等教育关系。一般而言,协作和多元式(pluralism)是国家—高等教育关系的两种理想类型。协作式认为明确的合作、中央集权和决策会最优地产生和谐的公共利益,而多元式则截然相反。

随着拉美高等教育的发展和私立高校规模的扩大,国家—高教关系正从协作式向多元式转化。

20世纪70年代关于拉美的著作把"协作式"列为该地区的国家—高教关系的类型。施米特归纳了协作式的10个典型特征:

(1) 组织(在此指高校)是得到了国家认可的(拥有官方的开办许可或特许证)甚至是由国家创办的,它们不是自发涌现的。

(2) 在国家范围内,这些组织是唯一获国家授权并认可的这种性质的机构,拥有垄断地位。

(3) 组织的数目由中央规划、受中央制约。

(4) 在这些组织的活动权限内,所有涉及此类性质活动的人都有义务参加这些组织。

(5) 组织之间不存在竞争。

(6) 它们是分工协作的。

(7) 国家对组织提供资金,并因而操纵它们。

(8) 国家对组织领导人的选拔具有很大的控制权,而组织内成员的活动由领导人决定。

(9) 国家也对组织的内部管理、政策和要求实行严格控制。

(10) 组织的管理方式是行政等级制的。

现在这些特征已发生了很大的改变,逐一对照可以发现:

(1) 虽然公立高校拥有国家的认可(甚至常被看作国家的一部分),近几十年来它们也有可能是应学生、地区或其他要求而创立的,然后国家才作出反应。但由于国家对私立高校的创办限制较少,私立高校的创办与已有的办学规范偏离更大。

(2) 虽然一些国家的国立大学曾经拥有国家授权的高教垄断地位,但在高等教育大扩充后,这种垄断局面几乎不复存在(尤其在大国家)。

(3) 由于高校数目不常因国家严密制约而受限制,私立高校众多,尤其是很多小学校。

(4) 高校的增多也改变了学生别无选择而被迫进入某些高校的情况,也改变了确保大学间协作的大学联合会的作用。

(5) 高校之间有了竞争但程度不一,国家并不对此持否定态度。由于私立高校努力把精英群体从公立高校中吸引出来,有时会有激烈的公私竞争。高校系统内的协调一致越来越不存在。

(6)虽然国家不断地号召和要求,但有计划地分配和协调地发挥高等教育的社会功能的情况已很少见,以往的"校长委员会"类机构已徒有虚名,在公立高校作用不大,在私立高校作用更小。

(7)虽然国家资助公立高校,但已不再能插手财政分配和其他政策。对私立高校,国家补助只是所需资金的一小部分,"消费者"付出了大部分资金并期待获得回报。

(8)国家对公立高校领导选拔的控制程度不一,校内人士也经常无视领导的意向行事,甚至逆之而为。私立高校校内人士与领导人关系则较为密切,但国家对选拔校领导影响很小或没有。

(9)在高校内部管理和学术政策上也是如此。即国家对公立高校的控制强弱不一,对私立高校则很少控制。但当国家在一些系统规范如课程标准上强化控制时,"协作式"的特征仍有体现。

(10)在一些公立高校,行政等级制的机构占主体,但在其他高校则不然。特别是在私立高校中,内部机构之间和学校与外部私人创办者之间往往是直线式管理。

可见,由于高等教育的发展特别是私立高校的兴办,"协作式"的概念与现实的国家—高教关系已越来越脱节,私有化和多元式的特征正在发展起来。

拉丁美洲私立高校经过几十年的发展,已形成了相当大的规模,对高等教育和社会都产生了深刻的影响。从发展前景看,一方面,由于它们本身存在着不足之处,特别是近期发展很快的满足需求型大学,如它们的教育质量不高和毕业生就业不足等,国家将采取较多措施来对它们进行整治和调整以便规范办学行为。另一方面,由于20世纪80年代以来面临巨大的财政难题,各国已无力承担人口和经济发展带来的高教压力,而公立大学受到的批评也时有可闻,各国必会鼓励私立高校的发展,以便在不带政治压力的前提下减轻国家的财政压力和公立大学在学术质量和社会声誉上的压力。拉美的私立高校将在规范中发展。

■ 注释:

[1] Daniel C. Levy. Higher Education and the State in Latin America [M]. The University of

Chicago, 1986:p35.

[2] 这些国家天主教大学在高等教育中占的比例较大，因而资金需求大。如厄瓜多尔天主教大学1965年的所有收入中有30%来自国家,秘鲁的天主教大学大约有一半年收入来自国家。

[3] Juan F. Castellanos et al. Examen de una década [J]. México. UDUAL, 1976.3.

[6] 同[1],p323.

■ 参考资料

[1] Daniel C. Levy. Higher Education and the State in Latin America [M]. The University of Chicago, 1986.

[2] Daniel C. Levy. Recent Trends in the Privatization of Latin America Higher Education [J]. Higher Educaton Policy, No.4, 1993.

[3] Thomas J. La Belle. Education and Development-Latin America and the Caribbean [M]. University of California, 1972.

[4] Laurence Gale. Education and Development in Latin America [M]. Routledge & Kegan Panl Limited, London, 1969.

[5] Colin Brock and High Lawlor. Education in Latin America [M]. Croom Helm, U.S. 1985.

[6] Thomas J. La Belle. Nonformal Education in Latin America and the Caribbean: Stability, Reform, or Revolution? [M]. Praeger, New York, 1986.

[7] Daviel C. Levy. University and Government in Mexico: Autonomy in an Authoritarian System [M]. Preager Publishers, 1980.

[8] Philip Sherlock and Rex Nettleford. The University of the West Indias: A Caribbean Response to the Challenge [M]. Macmillian Publisher Ltd. London, 1990.

[9] Arnold M. Gallegos. The Growing Education Crisis in Developing Countries [J], Educational Technology. No.1-3, 1982.

[10] 陈作彬等. 拉丁美洲国家的教育[M]. 北京:人民教育出版社,1985年版。

[11] (英)莱斯利·贝瑟尔. 剑桥拉丁美洲史(第四卷)[M]. 北京:社会科学文献出版社,1991年版。

[12] 陈芝芸、徐宝华等. 发展中的新大陆——拉丁美洲[M]. 北京:世界知识出版社,1990年版。

[13] 曾昭耀、石瑞元等. 战后拉丁美洲教育研究. 南昌:江西教育出版社,1994年版。

[14] 赵中建等. 印度、埃及、巴西教育改革[M]. 北京:人民教育出版社,1991年版。

[15] 张维平. 比较教育基础[M]. 沈阳:辽宁教育出版社,1993年版。

[16] 施良方. 国际教育展望[M]. 北京:人民教育出版社,1993年版。

[17] 国家教委. 世界教育发展新趋势(1988—1990)[M]. 北京:北京大学出版社,1993年版。

[18] (美)迈克尔·P.托达罗. 经济发展和第三世界[M]. 北京:中国经济出版社,1993年版。

[19] (美)斯蒂夫·H.汉克. 私有化和发展[M]. 北京:中国社会科学出版社,1989年版。

[20] 顾明远. 教育大辞典·比较教育[M]. 上海:上海教育出版社,1992年版。

[21] (法)加斯东·米亚拉雷、让·维亚尔. 世界教育史(1945年至今)[M]. 上海:上海译文出版社,

1991 年版。
- [22] 西蒙·施瓦茨曼. 拉丁美洲——失败的十年之高等教育. 教育展望[J]. 1992 年第 2 期。
- [23] 劳伦斯·J. 萨哈. 大学与国家的发展：发展中国家的问题. 教育展望[J]. 中文版 30 期。
- [24] 詹迪阿拉·B. G. 蒂克拉. 高等教育的私有化. 教育展望[J]. 中文版 30 期。
- [25] 何塞·华金布伦纳. 拉丁美洲新的教育多元化. 教育展望[J]. 1992 年第 3 期。
- [26] 黄志成. 80 年代以来拉美国家的教育发展、问题与对策. 外国教育资料[J]. 1995 年第 5 期。
- [27] 王留栓. 拉丁美洲国家公私立高等教育的主要特征. 外国教育资料[J]. 1995 年第 4 期。
- [28] 董建约. 巴西教育及其发展. 外国教育资料[J]. 1995 年第 4 期。
- [29] 曾昭耀. 论教育在现代化进程中的战略地位——关于中国和拉美国家教育改革经验的比较思考. 拉丁美洲研究[J]. 1994 年第 2 期。
- [30] 高建民. 拉丁美洲地区政府教育财政的比较分析. 比较教育研究[J]. 1993 年第 4 期。
- [31] 文进. 墨西哥高等教育现代化与墨西哥政治. 拉丁美洲研究[J]. 1991 年第 6 期。

23

拉丁美洲国家的成人教育

一、拉丁美洲国家成人教育的产生与发展

拉丁美洲国家的成人教育历史不长,较之于欧美国家,起步晚得多。拉丁美洲国家的成人教育虽出现于20世纪初,但真正发展成为各国教育体系中的重要组成部分,则是在20世纪60年代之后。

拉丁美洲国家成人教育的发展历程,大致可划分为三个阶段:

第一阶段,成人教育初创时期。

第二阶段,成人教育制度化时期。

第三阶段,成人教育新发展时期。

(一)成人教育初创时期(20世纪20—50年代)

拉丁美洲国家成人教育的产生和发展是与拉丁美洲国家的社会、政治、经济以及教育的改革和发展紧密相关的。拉丁美洲国家独立后至19世纪末,经济仍十分落后,受别国控制的单一经济矛盾较为突出。20世纪以来,拉丁美洲国家逐渐增强了民族意识,民族工业迅速兴起。墨西哥的资产阶级民主革命为以后的发展开辟了道路。智利的采矿业、哥伦比亚的咖啡生产、巴西的基础工业等都有一定程度的发展。在欧美国家经济发展模式的影响下,拉丁美洲国家的传统经济结构也发生了变化。随着社会

经济的变革,拉丁美洲各国对教育也进行了重大改革。教育改革的主要内容为着重加强国家对教育的领导,完善基础教育制度,普及义务教育等,其核心是建立和实行义务教育制度,普及初等教育。虽然这一时期还没顾及成人教育,然而,普及义务教育法律的颁布,无疑为成人教育的产生与发展打下了基础。

为了适应社会经济的新发展,在20世纪20年代前后,拉丁美洲一些国家开始要求对成人进行扫盲教育和初等教育。阿根廷于1905年就颁布了《扫盲法》,在全国范围内开展大规模的扫盲运动。智利于1920年颁布了《初等义务教育法》,规定职工有享受初等教育的权利,并确定了公民受教育的最低年限。秘鲁也在1920年颁布的新宪法中规定国家对所有儿童和成人实行免费初等教育。巴拿马在20世纪20年代也成立了几所成人学校,制订专门的课程和计划。墨西哥于1923年通过了《教育基本条例》,强调人民文化培养的重要性,随后开展了社会化的教育。

拉丁美洲国家成人教育在开创初期的一个主要特征是为成人扫除文盲。到了20世纪50年代,成人教育引起拉丁美洲国家的更大关注,并逐渐向成人教育制度化发展。墨西哥于1945年开始强调教育的民主性和民族性,成立了全国扫盲运动委员会,阿根廷在20世纪50年代中期建立了非正规教育并以成人教育为主。巴西于20世纪50年代在完善正规教育体系的同时,发展了非正规的职业技术教育,开展了成人补充教育和扫盲教育。总之,在这一时期中,尤其是在第二次世界大战后,拉丁美洲国家已充分认识到成人教育的重要性和建立成人教育体系的必要性。

(二) 成人教育制度化时期(20世纪60—70年代)

在拉丁美洲,教育通常被认为是各国政府的职责。在普及初等教育、发展中等职业技术教育过程中,各国政府施加了极大的影响。教育在很大程度上已被认为是社会发展过程中的一个组成部分。作为教育的一个部分,成人教育也日益受到各国政府的重视,并在社会发展中产生了深远的意义。

20世纪60年代以来,拉丁美洲一些主要国家在发展本国经济的过程中,采取了许多措施。许多国家制定了庞大的社会经济发展计划,促使陈旧工业向现代工业发展。产业结构的变化向就业市场提出了新的要求:需要大量有一定基础知识、专业技能的人员。这一状况,一方面促进了教育要向多样化的方向发展,另一方面也为成人教育提供了极好的机会。在拉丁美洲许多国家,成人教育逐渐成为各国社会发展过程中的先决条件。

在1967年举行的拉丁美洲国家首脑会议上,拉丁美洲各国一致赞同实施拉丁美洲地区现代化的发展计划。之后,为适应现代化发展需要,拉丁美洲各国积极实行全面改革,如土地改革、税收制改革、住房改革、卫生福利改革、教育改革等。在加速拉丁美洲地区现代化过程中,这一系列改革遂成为接受大量国际援助的先决条件。在这种情况下,拉丁美洲国家的成人教育也进入了一个具有迅速扩展特点的制度化时期。在建立成人教育制度化的过程中,有三股力量无疑起到了重大作用:

1. 各国政府的努力

拉丁美洲各国政府的努力,主要通过以下几个途径来进行:

(1) 通过立法来保障成人教育的实施

20世纪60年代末、70年代初,拉丁美洲大多数国家进行了教育改革。这些教育改革均是通过立法的形式来加以实施的。在这一系列的教育改革法中,也包括了实施成人教育的一些法律规定,如有关建立成人教育机构的;有关规定用于扫盲的专用资金的;有关发展成人普通教育与职业技术教育的;等等。有的国家在宪法中规定了成人教育的发展方针和原则,将成人教育计划纳入到国家发展规划中。为了发展成人教育,更多的国家单独颁布了成人教育法。

巴西于1967年底颁布了《青少年和成年人实用读写能力训练及终身教育法》。该法确定了扫盲教育应成为巴西政府教育和文化部的重点工作,授权政府建立巴西全国扫盲运动基金会并对基金来源作出了规定。

智利于1968年也颁布法令,开设成人文理中学,并具体规定了这类学校的教学计划、办学原则和相应的评价标准。

墨西哥在1975年底首次颁布了《全国成人教育法》。当时的教育部长在谈及颁布该法的目的时指出:教育成人是国家的职责,其教育水平必定会影响国家的发展。尽管一些成人教育中心已实施成人教育计划,但必须给这一计划带上一个合法性质的标记,因为这一标记能给墨西哥人民的经济、文化、社会和精神的提高和发展以及给所有墨西哥人民的团结提供保证。

通过立法,拉丁美洲国家将发展成人教育看作公民的一项基本权利和国家的一项重大决策,成人教育的发展在法律上得到了有效保障。

(2) 建立全国成人教育领导机构

为了使成人教育走向制度化,拉丁美洲大多数国家在教育部机构内设立国家成人教育局,如阿根廷、智利、玻利维亚、巴西、秘鲁、厄瓜多尔、哥伦比亚、委内瑞拉、危地马拉、巴拿马、洪都拉斯、萨尔瓦多、墨西哥、古巴等国。教育专家担任成人教育局局长,直接向教育部副部长报告。国家成人教育局的主要职责是,了解成人教育的需求、制定成人教育发展计划、制定年度预算、规定课程和教材、配备人员、为从事成人教育的人员提供在职培训、搜集和公布统计资料、保持与国际组织的联系以及与国内非官方组织的联系。

(3) 成立全国成人教育学术组织

20 世纪 70 年代初,拉丁美洲一些国家,如哥斯达黎加、洪都拉斯、萨尔瓦多、尼加拉瓜、巴拿马、哥伦比亚、委内瑞拉、秘鲁等国先后成立了全国成人教育协会。通常,全国成人教育协会的主席由这些国家成人教育领导人担任,成员由政府聘任的扫盲教师和成人基础教育的教师组成。

此外,1971 年在东京召开的世界成人教育大会之前,拉丁美洲地区已成立了成人教育协会联合会,吸收了各国的成人教育协会的成员参加。该协会的创立人和首任主席是委内瑞拉的凡利克斯·阿丹,秘书处设在委内瑞拉。该联合会的成员定期召开会议,让各国成人教育官员和教师共同讨论成人教育共同面临的问题,交流各国成人教育的经验。

在拉丁美洲,现已有三个地区性的组织:拉丁美洲成人教育理事会(CEAAL)、拉丁美洲广播学校教育协会(ALER)和成人教育协会联合会(FIDEA)。此外,在哥斯达黎加、智利、巴西等国均设有国际在职训练中心和教材中心。这些组织和机构,在促进拉丁美洲国家的成人教育发展中,起到了非常积极的作用。

2. 国际组织的援助

在这个时期,有两个国际组织对拉丁美洲成人教育产生了巨大影响:一是联合国教科文组织,另一是美洲国家组织。

联合国教科文组织在帮助建立拉丁美洲地区扫盲、成人基础教育培训机构并开展活动方面发挥了很大作用。例如,在联合国教科文组织、美洲国家组织和墨西哥政府赞助的支持下,墨西哥建立了"拉丁美洲地区成人教育与扫盲中心",该中心向拉丁美洲地区所有国家提供服务。该中心主要培训扫盲教师和成人基础教育教师,开设的课程从两星期到两年都有,也试图开设可授予学位的课程,受训人员全都脱产学习。该中心对拉丁美洲成人教育形成制度化和专业化方面产生了巨大影响,成为拉丁美洲地区成人教育师资培训的一个重要基地。

美洲国家组织在拉丁美洲成人教育的发展过程中也起了很大作用。1968年2月,美洲国家组织在美洲文化委员会第五次会议上,制定了拉丁美洲地区教育发展计划。该计划的主要目标是,鼓励和加强各国的力量来提高教育质量;加速发展各级教育,改善教育管理,调整教育体系以满足经济、文化、社会发展的需求;促进教育研究和运用现代化技术与方法;根据美洲国家组织宪章的原则以及各国有关的教育权限,促进拉丁美洲各国之间教育的合作。

在这个计划中,成人教育活动主要是通过四个项目来实施的:

(1) 各国成人教育实施计划(1968—1971年);

(2) 各国成人教育计划(1971—1977年);

(3) 各国成人教育联合计划;

(4) 地区扫盲培训和成人教育计划。

这些计划的总目的是要加强美洲国家组织成员国之间的教育合作和促进成人教育的发展。这些计划包括了向各种成人教育机构提供资金专用于教师进修,召开经验交流会议,对成人教育的研究,编写扫盲材料和成人教育教材,出版成人教育刊物等方面。参加实施这些计划的国家有智利、阿根廷、巴西、秘鲁、厄瓜多尔、哥伦比亚、委内瑞拉、哥斯达黎加、危地马拉、洪都拉斯、萨尔瓦多、尼加拉瓜、巴拿马、多米尼加共和国等。

3. 非政府部门组织的支持

在拉丁美洲大多数国家,天主教会通常也承担成人教育的责任。较有特色的是教会建立广播学校对成人进行各种教育。拉丁美洲地区当时共有23个广播学校,其中哥伦比亚的苏达台撒广播台最为有名。这些广播学校通过不同的播送方式和栏目进行扫盲、成人基础教育以及家庭教育等。

1975年,国际成人教育理事会制定了"拉丁美洲计划",该计划的目的是确定拉丁美洲地区的成人教育机构,促进各国成人教育的组织和活动,包括政府部门和非政府部门组织的活动。

在以后的几年里,较显著的发展是政府部门与非政府部门有效地增加了彼此之间的适当联系与合作。这种联系十分有助于提高成人教育的质量和促进整个拉丁美洲地区成人教育的发展。

(三) 成人教育新发展时期(20世纪80年代—至今)

拉丁美洲各国成人教育在建立制度形成体系后,于20世纪70年代末、80年代初逐渐进入一个新的发展时期。这一时期发展的特征是终身教育思想贯穿于成人教育的始终。

终身教育的思想在1965年举行的国际成人教育促进会上提出后,在20世纪70年代很快传遍全球。拉丁美洲许多国家在制定教育计划的过程中,已将终身教育作为一种主导思想并努力开始实践。巴西、智利、哥伦比亚、墨西哥、秘鲁等国已颁布了终身教育法和终身教育计划,将成人教育纳入终身教育的体系,并将终身教育的理论作为成人教育的理论和实践基础,不仅注重成人教育在数量上的发展,而且要求在质量上有所突破。

对终身教育思想研究的深入,不断推动着成人教育的发展。拉丁美洲国家的成人教育也形成了一些新的发展模式。如墨西哥建立了多功能现代化的培训中心,智利创办了综合性的成人教育设施,委内瑞拉建立了开放大学,等等。

在这一时期,拉丁美洲国家的成人教育逐渐从重视成人基础教育向职业技术教育方向发展,并向多样化、丰富成人生活、适应未来工作方向过渡。成人教育日益趋向与成人的日常工作与生活相结合,成为促进人类社会和人类自身发展的重要途径。

二、成人教育的理论模式与研究机构

随着社会经济的发展和科学文化的进步,20世纪60年代以来,拉丁美洲国家建立了成人教育制度并逐渐形成体系,使之成为在社会发展中起重要作用的、与正规教育并行的整个教育体系的一个部分。成人教育的不断发展,愈来愈迫使人们注重对成人教育的理论研究。过去依靠传统的教育理论来指导实践的模式已不能适应新的发展需要。因此,在拉丁美洲的一些国家,已建立了一些成人教育的研究机构,进行了许多探讨成人教育的研究。有的着重对成人教育的目的、目标进行分析;有的偏重对机构、政策、管理的研究;有的侧重对成人教育的教学方式和方法的探讨;有的着眼于宏观分析,也有的着重于进行微观研究。虽然绝大多数的研究仍摆脱不了经验总结性的痕迹，但也有一些研究较有深度，形成了理论，对拉丁美洲国家的成人教育发展产生了一定的影响。

(一) 成人教育主要的理论模式

拉丁美洲国家成人教育的理论研究，大致可归纳为以下三种主要理论模式。

1. 成人教育与社会经济发展模式

成人教育与社会经济发展这一模式最主要的特点是，试图将成人教育计划和拉丁美洲社会经济发展模式紧密相连并发挥其作用。

该理论模式与拉丁美洲发展主义的观点以及进口替代的发展有较大关系。发展主义者认为，教育已成为整个社会发展过程的一个组成部分，只有将教育与社会、文化、经济的发展相联系，才能解释教育。他们注重研究教育与社会发展的关系，强调教育对社会经济发展的作用，主张教育发展要适应经济发展的需求。因而，他们提出要加速人力资源的开发并将人力资源看作社会发展的源泉和经济增长的条件。在进口替代发展过程中，工农业生产部门的结构发生了很大变化，急需大量有文化知识、工作技能的劳动力和技术人员。成人教育在这方面可以极大地发挥其社会功能。

该模式将成人教育看作与发展相连的一个重要因素，主张对可以加入国家生产领域的这些成人进行培训，开发劳动力资源，这对经济发展极具价值。在这种模式的影响下，拉丁美洲许多国家已将成人教育作为社会经济发展的一种先决条件，各国在制定成人教育计划过程中，在很大程度上着重考虑了成人教育与经济发展的关系。在多次的拉丁美洲国家教育部长会议上，讨论到这种关系，并在制定教育发展计划时十分强调了这种关系。

从这一理论模式中产生的一些成人教育的研究，关注市场需求的预测、运用科学的方法设计成人教育计划并进行试验，然后作出评价，再行推广。

2. 成人教育与社会民主发展模式

成人教育与社会民主发展这一模式最主要的特点是将成人教育与拉丁美洲国家民主化进程相联系，通过成人教育计划来改善人民的文化生活和社会经济地位。

该理论模式受拉丁美洲人权教育思潮的影响很大。人权教育思潮认为，人具有天生受教育的权利，不能被剥夺。知识是力量的象征，人通过教育，掌握了知识与技能，可以改变人的生活。人权教育的倡导者主张，通过改善教育设施、扩大受教育的机会来加速和巩固社会民主化的进程,使穷人有机会改善生活条件,改变社会地位从而达到缩小贫富差别、实现社会平等的目的。该模式较注重整体分析拉丁美洲社会现存的不平衡问题,将重点放在解决城市中的中下层以及边远农村地区的成人教育上。在这种模式的指导下,对拉丁美洲成人教育的研究着重于两个方面。

(1) 对非正规教育的研究

拉丁美洲的非正规教育包括许多种类型的计划,如为边远地区民众制定的计划、校外的系列活动计划、使参与者增加决策权和提高社会经济地位的计划等。从这方面来看,拉丁美洲非正规教育,不仅通过提高成人的知识技能,而且通过在社会中培养新的行为方式,在社会变革中发挥了积极的作用。许多研究都指出了非正规教育的这一作用,其中托马斯·拉贝列(Tomas la Belle)的研究更为深入。他在分析研究了拉丁美洲非正规教育的许多计划后,总结了支撑非正规教育的各种计划的理论与思想基础,他指出,作为这些计划的理论基础并能解释不发达的原因有两个根源。

一是"依附论"。这种观点认为,在自主发展结构转变为围着别人转的依附结构时,可用依附论来解释经济与政治统治之间的关系。这种关系,在各个不发达国家内部都有所反映。从这个观点来看,非正规教育可以通过对受到影响的人们进行重新评价,使他们积极投入从强加的控制体系中解放出来的过程中。从依附中寻求解放,形成一种"依赖—解放"之模式。

另一是"贫穷论"。与前一种观点不同,贫穷论将极其相似的拉丁美洲各国的不发达原因归于拉丁美洲各国的传统价值、行为方式、科技和社会结构。按照这种观点,如果选定了发展指标和现代化指标的话,那么不发达的状况能够改变。非正规教育所承担的任务是要参与到能激发民众的各种计划中去以及参与到能提高人们物质生活的计划中去。扫盲计划、成人基础教育计划、社区发展计划等都与这一模式有关。要从贫穷中寻求发展,形成一种"贫穷—发展"模式。

(2) 对民众教育的研究

拉丁美洲的民众教育有很多种说法。一般来说,民众教育被认为是始于参与者历史的、具体的状况(现实)而进行的一种教育。这种教育与以改造现实为目的活动有联系。必须将整个教育活动与社会经济活动统一。这种教育注重发展个人与他人的关系(如教育人员与学习者的关系是相互平等的),注重个人与其生活条件的关系,并用由这种关系产生的知识来对那种现实结构进行改革。在这一类的研究中,前面已介绍过的保罗·弗莱雷较为著名。弗莱雷在成人教育研究方面作出了巨大贡献。

弗莱雷出版过许多有关成人教育方面的著作，形成了成人教育理论中的一个流派，在国际上产生了很大影响。弗莱雷的成人教育理论的中心思想是，扫盲教育不仅仅是为了识字、能够阅读和学会算术，更重要的是通过识字来识世，也就是认识所处的世界，从而改造世界。弗莱雷提出了扫盲要与"觉悟"联系起来。他认为，只有提高民众的觉悟，才有可能改变现存的不合理的社会结构并建立起新的社会来解放自己。因而，他指出教育乃觉悟之路，力主学习者要批判地了解社会并认识到自己有能力改造社会。

在教学中，弗莱雷主张将成人教育的内容、方法与上述目标联系起来。他认为不应纯粹地教人识字，而应把教人识字与唤起人们的觉悟联系起来，使人们从单纯的识字走向批判地理解社会，从而积极地参与到社会改革的进程中。因此，弗莱雷提出在成人教育过程中应使用对话方式的"问题法"来进行教学。通过对话，教师和学生共同从事学习活动，共同探讨现实社会问题。在这种教学过程中，人和人的关系是平等的。人们不仅能够阅读，也可以真正交流思想。弗莱雷的主要贡献在于他将成人教育与政治行动结合起来，利用教育来实现社会、政治、经济、教育的变革。他的理论得到了许多国家的重视。智利、尼加拉瓜等拉丁美洲国家都实施过他的教育思想和方法。

3. 成人教育与专业学科发展模式

随着各门专业学科的发展以及成人教育的不断扩展，越来越多关注成人教育的教学与研究人员纷纷从不同的角度、不同的专业学科来探讨成人教育的特点、规律、理论、原则等。有从心理学角度对成人发展的各个阶段的特点进行论述；有从社会学角度对成人教育与社会环境的关系进行分析；有从管理学角度对成人教育与开发人力资源的效益进行研究；也有从教育学角度对成人教育的原则、方式、方法加以探讨。

在众多研究的基础上，逐渐建立起了一门新的探讨成人教育规律的学科——成人教育学。该学科以专业学科的特点来揭示成人的特点、成人教育的原理，并指导成人教育的实践。在这类研究中，委内瑞拉的凡利克斯·阿丹(Felix Adam)博士较有影响。阿丹出版了拉丁美洲国家第一本论述成人教育的著作《成人教育学》。在该书中，他详细地阐述了成人教育学的概念、内容、原则、方法等。该书也不断地在拉丁美洲国家再版，在促进人们对成人教育作为一门学科的理解上起到了非常积极的作用。

(二) 成人教育主要的研究机构和刊物

1. 主要的成人教育研究机构

拉丁美洲国家成人教育研究主要由专业组织承担。许多国家都设有成人教育理事会这类专业组织来从事成人教育的研究和发展,如墨西哥、阿根廷、智利、秘鲁、哥伦比亚、委内瑞拉、哥斯达黎加等国。地区性的组织有拉丁美洲成人教育理事会、加勒比地区成人教育理事会等。拥有拉丁美洲地区 55 个成人教育组织的拉丁美洲成人教育理事会开展的研究项目众多。除举行研讨会、讲习班外,还大力开展成人教育的研究。1987 年进行的研究课题如下:

(1) 参与研究,由巴西负责;

(2) 在妇女中开展民众教育,由厄瓜多尔负责;

(3) 扫盲,由秘鲁负责;

(4) 民众教育试验研究,由墨西哥负责;

(5) 民众交流,由乌拉圭负责;

(6) 和平与人权教育,由智利负责;

(7) 民众教育与基本医疗保健,由智利负责;

(8) 民众教育与老年人,由智利负责;

(9) 民众教育与印第安地区的教育。

除了上述研究机构外,拉丁美洲国家的许多高等院校也承担了许多成人教育的研究项目,如智利的几所大学以及巴西的一些大学都承担了对印第安人教育的科研项目。

2. 主要的成人教育刊物

拉丁美洲地区及各国主要的成人教育刊物如下。

(1)《国际成人教育杂志》,1979 年创刊,由设在墨西哥的拉丁美洲地区成人教育和扫盲中心主办。主要内容为成人教育扫盲方面的会议报告、研究论文等。

(2)《巴西扫盲运动通讯》,巴西 1973 年创刊,刊登有关成人教育和扫盲的文章。

(3)《远距离教育简报》,智利 1984 年创刊,由远距离教育中心主办,刊登有关成人教育的信息。

(4)《终身教育》,哥伦比亚 1973 年创刊,主要刊登成人教育、非正规教育、教育研究、书评、文摘等。

(5)《成人教育杂志》,墨西哥 1983 年创刊,由国家成人教育研究所主办,刊登成人教育、扫盲、工农教育等方面的文章。

(6)《民众教育评论》,秘鲁 1981 年创刊,刊登非正规教育、教育技术、工人教育等方面的文章。

三、成人教育体系

20 世纪 70 年代,拉丁美洲各国的成人教育基本上已形成制度化,成为各国国家教育体系中与正规学校教育体系平行发展的一个重要组成部分。拉丁美洲国家由于各自的实际情况不同,成人教育的体系也有一些差别。20 世纪 60 年代前,拉丁美洲成人教育主要包括地方、地区、国家开展的扫盲运动;给成人提供的补习性初等教育;城市企业中进行的人员培训;为了社区发展的基础教育;农业技术教育;等等。20 世纪 60 年代后,拉丁美洲成人教育涉及的面更广了,包括非正规教育、基础综合教育、功能性成人扫盲教育、继续教育、工作培训、开放教育、民众教育等。然而,从拉丁美洲各国成人教育的对象、目的、任务、内容及设施来看,成人教育大体可划分为扫盲教育、成人基础教育、成人职业技术教育、开放教育等几种类型。

(一) 成人教育的对象与目的

1. 成人教育的对象

拉丁美洲成人教育的对象较为特殊。与发达国家相比,拉丁美洲成人教育对象所处的社会经济地位层次较低,所具备的文化技术水准也较低。在这样的一种特殊情况下,拉丁美洲各国成人教育的重点与别国不同也就不足为奇了。

阿根廷学者、成人教育专家卡洛斯·托雷斯指出,拉丁美洲国家成人教育的对象主要有以下几类:(1)农民;(2)土著居民;(3)城市贫民;(4)低阶层的个体职业者;(5)城市中竞争性较强的行业和服务行业中低工资的工人;(6)城市工业中的中下层职工。在墨西哥进行的一些调查研究,也表明了拉丁美洲成人教育对象的这种状况。

2. 成人教育的目的

根据拉丁美洲各国制定的成人教育计划来看,成人教育的目的主要有以下几个方面。

（1）满足社会需求。成人要求受教育的需求，随着社会经济的发展而日益增加，这种需求或由成人自己表示，或由政党、教会、群众团体传达。在这种需求的压力下，拉丁美洲各国均采取了各种措施来发展这一教育以满足社会的需求。

（2）提供和改善每个人受教育的机会，作为福利国家使命的一部分。人具有平等地受教育的权利，对那些由于过去种种原因未能上学或中途退学的成人，社会有责任提供最基本的基础教育以提高他们的文化素质。对有基本读写能力及实际工作经验的人，提供中等乃至高等教育的机会。

（3）解决贫困、失业、低生活水准等社会问题。拉丁美洲许多国家已将成人教育作为解决社会问题的重要战略。

（4）加强职业技术训练以应对劳动力市场和社会经济职业结构的变化。成人教育作为一种人力投资，使成人得到更好的培训，从而增加他们在劳动力市场中的就业机会。这也反映了拉丁美洲国家的一种经济发展战略。

（二）成人教育的类型与机构

1. 扫盲教育

由于拉丁美洲国家过去长期遭受殖民主义者的掠夺，后又受到新兴资本主义国家的控制，经济发展畸形，文化教育落后，文盲众多成为历史遗留下来的一个严重问题。从下面的表1中可以看到，拉丁美洲国家的高文盲率成为发展的一大障碍。

因此，尽快扫除文盲是摆在拉丁美洲各国面前的首要问题。拉丁美洲国家的扫盲有三个不同的目标：(1)有的国家扫盲对象主要是那些没有可能接受更高程度教育的人。(2)有的国家将扫盲作为接受正规学校教育的准备阶段。(3)有的国家将扫盲与社会所需的技术相联系，使人们关注社会的变化。

在扫盲过程中，有些国家取得了巨大成就，也有些国家文盲率居高不下。从扫盲的成果和现状来看，拉丁美洲国家可分三类：

第一类，在扫除文盲、降低文盲率方面取得巨大成就的国家。如拉丁美洲最早实施扫盲计划的阿根廷，文盲率持续下降，人民文化水平不断提高，成为拉丁美洲文盲率最低的国家。此外，智利、古巴、乌拉圭等国在扫盲过程中具有各自特色，均属于拉丁美洲文盲率低的国家。

表1　拉丁美洲各国文盲数和文盲率

国家	年份	文盲数（单位：个）	文盲率（%）	年份	文盲数（单位：个）	文盲率（%）	年份	文盲率（%）
阿根廷	1947	1 541 678	13.6	1960	1 281 938	8.0	1970	6.0
乌拉圭	—	—	—	1963	179 500	9.7	1970	10.2
哥斯达黎加	1950	94 492	20.6	1963	109 460	15.6	1970	11.0
智利	1952	748 950	10.2	1960	731 373	16.4	1970	11.6
巴拿马	1950	132 978	30.1	1960	133 812	23.4	1970	21.7
巴拉圭	1950	255 411	34.1	1963	252 221	25.6	1970	20.0
哥伦比亚	1951	2 429 333	37.7	1964	2 526 590	27.1	1970	22.0
厄瓜多尔	1950	816 354	44.3	1962	799 535	32.5	1970	28.0
委内瑞拉	1950	1 433 852	49.0	1961	1 499 250	36.7	1970	23.5
墨西哥	1950	9 272 484	44.1	1960	10 573 163	37.8	1970	23.8
多米尼加	1950	677 295	57.1	1960	569 450	35.5	1970	32.8
巴西	1950	15 332 644	50.7	1960	15 868 792	39.5	1970	33.0
秘鲁	—	—	—	1961	2 185 646	38.9	1970	32.0
尼加拉瓜	1950	369 376	61.9	1963	398 804	50.2	1970	42.0
萨尔瓦多	1950	673 017	61.6	1961	706 837	51.0	1970	42.0
洪都拉斯	1950	631 999	64.8	1961	642 022	52.7	1970	43.0
玻利维亚	—	—	—	—	—	—	1970	60.2
危地马拉	1950	1 138 297	70.6	1964	1 411 440	62.1	1970	55.0
海地	—	—	—	—	—	—	1970	78.0

资料来源：霍尔海·帕杜阿，《拉丁美洲的文盲》，墨西哥学院，1979年。

第二类，虽然扫盲取得了很大成果，但文盲率下降幅度不大的国家。如巴西、墨西哥、秘鲁、哥伦比亚等国。虽然这些国家花了大量人力物力，也取得了相当大的扫盲成果，然而由于人口的不断增长和新文盲的不断产生，盲率一直不能大幅度下降。

第三类,扫盲措施不力,效果甚差的国家,如海地及中美洲诸国。

纵观拉丁美洲各国持续进行的扫盲过程,可以看到拉丁美洲国家扫盲教育具有以下一些特点。

(1) 制定了正确的扫盲策略

拉丁美洲许多国家在考虑如何有效地扫除文盲、降低文盲率方面,采取了两条战线同时出击的方针,即优先发展初等教育,提高入学率来杜绝文盲,同时大力发展成人教育设施,迅速扫除文盲。

古巴在1959年革命胜利后,教育发展的重点是尽可能为更多的人提供基础教育,采取的措施主要有两条:迅速、大量地提供免费的公共教育机会,特别是小学阶段;进行成人扫盲并建立全国范围的成人教育设施。1961年,古巴进行的扫盲运动取得了举世瞩目的巨大成就。

墨西哥在20世纪70年代扫盲的着眼点在以下两个方面:一是大力发展初等教育,尤其是农村地区的,并制定了《为全体儿童的小学教育计划》,尽可能地使6至14岁儿童都有机会上小学并完成小学的课程;另一是扩大和发展成人教育机构,完善成人教育制度,力图使以前无法上学或半途退学而未完成初等学业的成年人能够受到初等教育以至更高的教育。

(2) 开展大规模的群众性扫盲运动

拉丁美洲国家进行的扫盲教育几乎都是通过大规模的、轰轰烈烈的扫盲运动来实施的。扫盲运动涉及的人数、影响是其他教育活动不能相比的。

巴西于1970年建立了巴西扫盲运动基金会,简称"莫布拉尔"。莫布拉尔为在全国开展扫盲运动提供了大量资金、教材和技术指导。到20世纪80年代,巴西共有10万多个扫盲运动小组,在全国近4 000个城镇开展扫盲教育。1970至1980年,通过扫盲运动,15岁以上人口中的文盲率由33%降为25%。

古巴1961年开展的全国扫盲运动规模之大,从下列数字可见一斑。

- 当时古巴有文盲929 207人,且大多数居住在农村地区。
- 由学生、教师、政府工作人员志愿组织起来的扫盲教员达28万人。
- 在扫盲中有707 212人摘掉文盲帽子。
- 全国文盲率从1953年的23.6%,下降到1961年的3.9%。

墨西哥各州都设有扫盲促进委员会,负责制订扫盲教育计划、编写和印发扫盲教材。遍布全国的扫盲中心负责实施。1974年墨西哥全国共有16 974个扫盲中心,参加扫盲的学员达到114 570人,其中92 657人摘掉了文盲帽子。从1970年到1980年,文盲率从23.8%降至15%。

智利公共教育部于1971年发起大规模的扫盲运动,组织了大批志愿人员,计划当年扫除24万文盲。

哥伦比亚于1981年开展了声势浩大的群众性扫盲运动,该运动以西蒙·玻利瓦尔名字命名,全国设立8 000个成人训练中心,政府派出17万扫盲工作者以中小城镇为重点开展扫盲。

厄瓜多尔为促进大规模扫盲,政府规定中学生在最后一年必须参加扫盲运动,尤其是应到农村去扫盲。

此外,秘鲁、尼加拉瓜等国也进行了影响巨大的扫盲运动。

(3) 结合当地实际状况进行扫盲

在拉丁美洲许多国家的农村和山区,仍居住有不少的印第安土著居民。一些国家也十分注意要结合印第安人的特殊情况开展扫盲。

秘鲁的扫盲人员都配有基础教育手册和各项活动指南,以此了解如何按印第安人的习俗开展扫盲。扫盲材料除用西班牙语外,也用印第安人的各种文字编写,教材内容与当地印第安人的生活相联系,有图文并茂的印第安人传说、故事、劳动情况等。

智利在联合国教科文组织和美洲国家组织的赞助下,成立了由当地政府的教育负责人和大、中、小学教师组成的班子,编制适合印第安人学习的教材,并派人员开赴山区,对印第安人进行双语教育的试点,除进行扫盲外,也进行基础文化教育。

巴西在扫盲中,建立了一种叫作"文化圈"的新机构,强调集体参与的意识。扫盲内容是和当地居民共同制定的,教学中运用幻灯片、图画、小卡片等来反映当地的情况,使学习者很快掌握用文字来表达他们想说的。

总的来看,拉丁美洲国家的扫盲确实取得了很大成绩,文盲率逐年下降。1982年,智利获得了联合国教科文组织颁发的扫盲荣誉奖;尼加拉瓜的扫盲运动也得到了联合国教科文组织的赞赏并通过其刊物向各国广为传播。此外,厄瓜多尔也成为联合国教科文组织进行扫盲的一个试点国家。

然而,拉丁美洲各国的扫盲任务仍很艰巨,主要是新文盲的不断产生。在拉丁美洲许多国家中,大量人口都集中在城市,墨西哥15岁以上的成人有三分之二居住在城市。虽然城市文盲率下降很快,然而,从农村到城市的大批文盲移居者使降低文盲率、提供教育机会均等的努力更趋复杂,大量人口增长的比率正好赶上甚至超过文盲率的下降。再则,拉丁美洲国家妇女文盲从 20 世纪 60 年代到 70 年代实际上有了增长,这也预示了未来的问题。

2. 成人基础教育

如果说扫盲教育主要是针对过去没有机会上学的人,那么成人基础教育的主要对象是曾经上过学,但由于种种原因而中途辍学的那些人。这些人虽受到过一定的教育,但与社会发展对人们的要求仍相差甚远。如何使这些人重新有机会受到教育以便更有能力投入个人的劳动生活和国家的社会活动、文化活动及经济活动,这是拉丁美洲各国在发展中十分关注的一个问题。因而,在大规模扫盲运动之后,成人的基础教育遂成为拉丁美洲各国成人教育的一个重点。

拉丁美洲各国的成人基础教育与正规学校中存在的问题有极大的关系。虽然拉丁美洲国家已普遍实施了义务教育,绝大多数适龄儿童能入学,有些国家的入学率也相当高,然而,中小学升学率低、辍学率高这一拉丁美洲国家教育中的痼疾,使普及义务教育的成果徒有虚名。巴西在 1978 年度小学毕业生中约有五分之一的学生留级或辍学;巴拿马 1983 年中小学生年终考试不及格者约占三分之一。在拉丁美洲各国的农村地区,这一问题更为突出。农村小学生起码有一半没有读完小学,大多数人只读到二至四年级就退学了。这一正规学校教育产生的问题,加重了拉丁美洲各国的成人基础教育负担。因而,也可以说,成人基础教育实际上是对正规学校教育的一种弥补性教育。

在拉丁美洲许多国家,教育部主要通过制订政策和发展计划来促使成人基础教育的实施,力图使那些尚未小学毕业和中学尚未毕业即工作的人完成他们的学业,并使他们具有现代社会所需的基本文化素质。拉丁美洲一些国家在开展成人基础教育方面各有特色,也取得了很大成绩。

(1) 古巴

1961 年后,在扫盲运动的基础上,古巴进一步要求提高成人的文化教育程度。在古巴教育部、工会以及其他一些组织的努力下,通过建立全国工农成人教育体系、制订成人教育计划,使成人基础教育有很大起色。1968 年有 170 万成人达到六年级水平。据 1981 年的人口调查,古巴人均受教育年限已达 6.4 年。之后,古巴实行争取 9 年教育的计划,对成人基础教育提出更高的要求。在 1976 至 1980 年期间,国家教育体系中的毕业生包括了 76 万名成人学完了六年级的课程,12 万名成人达到初中毕业程度。

(2) 巴西

1971 年,巴西政府颁布了"补充教育"法令,规定要向学龄期间未能上学或未能结业的青年和成人提供就学机会,作为正规学校教育的补充。过去各种形式的成人教育都统一成为普通教育的一种补充教育,与各种普通学校教育相衔接,成为国家教育的一个组成部分。

巴西补充教育的目的是要不断提高职工的文化科学知识、专业技术知识和工作能力,解决在正规教育体系中无法解决的成人基础教育的问题。补充教育的内容、学习年限都根据成人工作单位的需要制定,形式多样。巴西政府还制定了补充教育的考试制度,通常在普通学校进行两种补充教育的考试:一是为年满 18 岁的青年举行小学毕业水平考试;另一是为年满 21 岁的青年举行中学毕业水平考试。考试合格者,按不同学习水平颁发学业证书;不合格者,还要进行补习。

(3) 智利

智利政府较重视成人的基础教育。1984 年,智利实施了成人基础教育计划,目的是帮助处于文化、社会、经济结构不利处境的人们获得道德、文化、职业方面的基础教育。智利强调的成人基础教育包括面较广,既有基础的文化知识,又有基础的技术以及手工艺、艺术等方面的内容。

3. 成人职业技术教育

20 世纪 60 至 70 年代以来,随着拉丁美洲一些国家经济的起飞,经济结构发生了很大变化。许多工业部门引进了先进的技术设备,淘汰了一些落后的旧工艺,因而急需大量的技术人才和熟练劳动力。拉丁美洲许多国家为了适应经济发展的需求,纷纷调整其教育结构。一方面在正规教育体系中,开辟职业技术教育,增设职业技术课程;另一方面对在职的青年人进行在职培训,因为他们已具有初等或中等教育水平,又有一定的工作经验,他们只要进行一定的培训,很快就能适应新的工作环境。

在拉丁美洲,有些国家的成人职业技术教育是自成体系的,由国家或企业分别实施;有些国家则在成人基础教育中安排一定的职业技术课程内容;也有些国家成人职业技术教育在很大程度上是在职培训。目前,在巴西、墨西哥、哥伦比亚、委内瑞拉、智利等国,已建立起较为完整的成人职业技术教育体系。成人职业技术教育办得较有规模的是巴西和哥伦比亚。

(1) 巴西

巴西成人职业技术教育主要是通过各种职业教育中心来实施的。1959年巴西颁布了《职业教育法》后,这类教育中心发展很快。工业、农业、商业、服务业等职业教育中心遍布全国,形成了一个完整的成人职业教育网。这类职业教育中心的主要任务是培训学徒工和对在职成年职工进行职业技术培训。这种职业教育形式多样,与劳动力市场需求紧密相连,与生产实际密切结合。如工业职业教育中心,既设有文化补习学校,又在补习文化知识的同时进行职业技术培训;还有其他各级职业技术学校,培养技术人员和熟练工人。此外,还举办各种短期专业培训班,集中学习,针对性强且见效快。

(2) 哥伦比亚

哥伦比亚成人职业技术教育主要是通过两种途径来实施的:

① 设立培训机构。哥伦比亚在全国设立了许多培训中心,根据社会需求,制订教育计划。培训中心通过文化补习、学徒、培训等方式对青年工人进行职业教育和基本技术训练。

② 开展全国性的培训运动。哥伦比亚在1980年通过培训中心提高人们的业务水平。1983年哥伦比亚对小企业的工作人员进行培训,要求他们能够操作电脑,掌握经济和商品信息,掌握一定的专业技能,处理本单位的技术问题,等等。

3. 成人开放教育

拉丁美洲国家的开放教育主要是以广播、电视、函授等方式,向愿意继续学习的成年人提供各种层次的教育。

在拉丁美洲国家,哥伦比亚和墨西哥两国的广播电视教育覆盖面极广,形式多样,在成人教育中发挥了较大的作用。

哥伦比亚早在20世纪50年代就通过国家广播电台对成人进行业余文化教育。从20世纪70年代起,哥伦比亚政府通过国家广播电台有计划地先后举办了初等基础知识的广播教育和中等基础知识的广播教育,听众有几十万。学员经过几年的学习,修完规定的课程,经考试合格后可以获得相应的证书,其学历可得到社会的承认。此外,哥伦比亚国家电视台还专门开辟了一个文化教育电视频道,专门进行成人基础教育和教师进修提高。

墨西哥电视台设置闭路电视对成人进行职业技术教育,内容包括工、农、商、医、服务业等方面700多个课题。每天从上午8点到晚上11点向十几万观众播出,学期结束后颁发相应的毕业证书。此外,墨西哥电视台也注重为广大农民开设农艺学、农业技术方面的课程。

在教育民主化思潮的影响下,在现代电子信息发展过程中,拉丁美洲国家的广播电视等电教媒体更广泛地应用于教育领域,促使拉丁美洲各国开放教育的进一步发展。在20世纪70年代后期,拉丁美洲许多国家为了满足不断增长的接受高等教育的需求,建立了一批开放大学。据1983年的调查,拉丁美洲国家已有19所开放院校。

在拉丁美洲,对成人进行高等教育的学校主要有以下三种类型:

(1) 独立的开放大学。这类大学招收的学生只进行远距离教学,包括定时的辅导。如委内瑞拉的开放大学,该校面向全国开展成人教育和继续教育。有中学毕业证书的人即可入学,学生大多是已婚的在职成人。哥斯达黎加也有一所远距离大学,该校为未能上大学的中学毕业生和在职成人提供接受高等教育的机会,同时也开展中等补习教育的一般文化扩展教学。

(2) 在传统的高等院校内设置远距离教学部或函授部,对成人进行继续教育。如墨西哥师范大学通过函授、广播、电视的形式,开设了许多教育专业的课程,为全国学校的教师提供深造机会,培养高质量的教师。智利也有一些高校面向全国进行函授高等教育。此外,在传统高等院校内也举办成人教育培训班。如在墨西哥国立自治大学学习的在职职工达7万人。智利天主教大学设有许多工农分校,在全国开展成人培训。

(3) 由国家通过电视台、电台建立广播电视教育中心。如阿根廷教育部所属的全国电视教育中心开办的全国技术大学,教学内容很广泛。电视台使用不同频道安排不同时间多次授课,可供从事各种不同职业的人选择学习,为广大成人提供了较好的受高等教育的机会。

四、成人教育的特点、问题和趋势

从拉丁美洲国家成人教育发展的整个过程及其现状来看,拉丁美洲国家的成人教育具有许多特点,也存在一些问题。从这些特点和问题中,也可以看到拉丁美洲国家成人教育今后发展的若干趋势。

(一) 依靠立法来保障成人教育的发展和实施

拉丁美洲国家在发展成人教育的过程中,已充分认识到成人教育立法的重要性。在许多重要的措施实行前,各国往往首先是通过立法途径,制定各种专门的法律规定,使各项措施合法化。通常,成人教育法中确定了成人教育的目的、任务、对象、机构、管理、类型、课程以及与正规学校教育的关系。有的法还专门对成人教育的经费作出规定。在法律的保障下,通过制定发展和实施计划,建立各种机构开展成人教育。以立法形式来保证和促进成人教育的发展已成为拉丁美洲国家成人教育发展的一个共同趋势。

(二) 国家在成人教育发展中发挥巨大作用

拉丁美洲各国为了实现国家实施宪法所规定的人人都有享受教育的权利以及从满足社会需求,从社会发展的战略角度考虑,对成人教育投入了很多的精力,使成人教育也成为国家的功能之一。如果没有国家的大力支持,拉丁美洲成人教育不可能发展得这么快。拉丁美洲各国政府通过建立各种类型的成人教育机构、调拨专用资金、培训成人教育教师、在教育部设立专门负责成人教育事务的机构和制订各种计划等,对成人教育的实施和发展起到了巨大作用。从发展趋势来看,拉丁美洲各国在制订全国成人教育发展规划、筹集资金等方面,仍将发挥重要作用。各地区、各行业对成人教育的关注也日益增强。然而,各地区、各行业更趋向于按本地区、本行业的需求来实施成人教育。

(三) 重视拉丁美洲地区间和国际合作

拉丁美洲各国在进行教育改革的过程中不断得到国际组织的帮助和指导,这一方面与拉丁美洲各国需要借鉴别国的经验、争取大量资金有关;另一方面也与拉丁美洲各国重视本地区和国际组织的合作这种姿态有关。在拉丁美洲成人教育的发展过程中也是如此。拉丁美洲国家经常召开地区性和国际性会议,共同商讨本地区的成人教育发展计划和成人教育中发生的问题等。这对各国的经验交流、相互了解学习、促进成人教育的发展具有很大的积极意义。在对成人教育的研究过程中,拉丁美洲国家也不断加强彼此间的合作,共同承担研究项目、制订共同的发展计划等。

(四) 发展多样化的成人教育

20世纪60年代前,拉丁美洲国家开展的成人教育主要是国家、地区、地方进行的扫盲教育、给成人提供的补充或补习性的初等教育等,以扫盲教育为特征。20世纪60年代后,拉丁美洲各国着手于多样化的成人教育,以满足各种不同的需求。有的国家将成人教育归入非正规教育以区别于正规学校教育,非正规教育包括了成人基础和职业技术教育。有的国家将成人教育分为系统成人教育和非系统成人教育,系统成人教育的修业年限、教学内容都可以和正规教育系统衔接,构成正规教育系统的一部分。非正规教育系统主要开展职业教育,由各部门进行,不属于正规教育系统的一部分。有的国家既开展成人基础教育(包括扫盲),又进行成人职业技术培训(或工作培训)。有的国家强调民众教育,意图在成人教育中唤起民众的觉醒。还有的国家开展基础教育后的继续教育和开放教育。

(五) 基础教育仍是拉丁美洲国家成人教育的一个重点

虽然拉丁美洲国家成人教育已形成制度,具有多样化的成人教育机构,然而,拉丁美洲国家成人教育的一个大头仍是成人基础教育。在拉丁美洲国家,正规学校遗留下的辍学问题,使成人教育背上了沉重的包袱。从20世纪60年代起,在多次拉丁美洲地区会议上提出了要普及初等义务教育,而到20世纪90年代,普及义务教育的目标仍未实现。因而,进行成人基础教育是一个十分持久的过程。此外,成人在接受基础教育的过程中也出现了重重问题。如成人学习往往希望切合他们的实际需求,立竿见影,而许多课程忽略了他们的需求,与实际需要相距甚远,许多成人入学不久就退学了。也有许多成人学生,期望通过基础教育可以找到一个好工作。然而,当他们面临令人沮丧的工作前景,而学习也无助于他们找到好工作,因而,也失去了学习的兴趣,并中断学习。由于这些问题的出现,拉丁美洲国家在加强成人基础教育的过程中,趋向于结合成人的实际需求,在成人基础教育中开展成人职业技能的培训。

(六) 广播电视教学是拉丁美洲国家成人教育的重要手段

拉丁美洲国家在进行大规模的扫盲和基础教育的过程中,极大地发挥了广播、电视的作用。广播电视教学具有覆盖面广、影响大、时间安排灵活等特点,已成为拉丁美洲国家成人教育的重要手段。拉丁美洲许多国家已建立了专门负责广播电视教育的机构,教育部负责编制全国统一的教材。有些国家还通过法令,规定各官方和私人电台、电视台必须安排专门频道和时间播送教学节目。通过广播电视教学,弥补了教师、校舍不足的问题,扩大了教学的范围,使更多的人有更多的机会学习,尤其是对农村和边远地区居民,提供了更大的便利。

(七) 强调通过成人教育来改变社会和成人自己

拉丁美洲国家成人教育中的另一特色或有较大影响的一种思潮是,注重通过成人教育来解决社会不平等问题,改善人们文化生活和社会经济地位以及成人的觉悟与自尊等。拉丁美洲国家制定的许多成人教育计划,往往在目标与任务的阐述中注重这一方面的内容,产生过"解放教育"运动和"民众教育"运动。至今,这一思潮在拉丁美洲国家成人教育发展以及整个教育领域都具有很大影响。

(八) 一些成人教育计划不切合实际

拉丁美洲国家制订的一些成人教育计划仍显得有些浮夸,不切合实际。有许多评论认为,拉丁美洲国家的一些成人教育计划以漂亮的词句来描述美好的愿望,往往是为了表示国家向往民主,为了要满足人们的需求,然而并没有真正考虑到国家的实际情况,没有考虑到人们的真正需求。因而,如何使更多的成人参与成人教育计划的制订、如何使国家成人教育计划与地区发展计划相适应,也是拉丁美洲国家在成人教育发展中将要着重考虑的问题。

24

拉丁美洲国家的比较教育课程*

20世纪70年代末以来,中国比较教育的研究发展迅速,成果累累。同时,这也推动了比较教育学课程的发展。至今,全国各地的高等师范院校基本上都开设了比较教育学的课程;许多综合性大学也增设了"外国教育""中外教育比较"等选修课。中国已出版了多本比较教育学的教材和一些参考书籍。据闻,亦有人准备再编一些比较教育学的教材并注重对比较教育学方法论的研究。由此可见,加强比较教育学科的建设已成为今后比较教育研究的趋势之一。

笔者曾在南美洲智利的一所大学攻读学位,在学位课程中也包括一门比较教育学的课。现根据笔者本人课堂笔记及一些资料整理出国外大学中开设比较教育学课程的目的、要求、方法与内容,以供中国比较教育学的教师与学生以及对比较教育学感兴趣的人士参考并亦可比较一下国外与中国在比较教育教学中的异同之处,以益于中国比较教育教学的提高。

另外,拉美国家的教育受美、英、法、西等国的影响颇深,尤其是高等教育。上课所用的教材、参考书、教学方式、方法等基本上都是欧美的模式;具有较高学位的教师大多数是在欧美国家取得的,如笔者所学的比较教育学科的任课教师(也是笔者的指导教师,届时任大学校长)即在欧洲取得的博士学位。因此,从拉美国家的比较教育学课

---

* 原文发表于《外国教育资料》1991年第2期和第4期。

程设置中,也可窥见欧美国家的比较教育课程的一斑。

一、比较教育学课程的教学大纲

(一) 说明

课程名称:比较教育制度

每周课时:4学时

教学对象:教育专业研究生

学　　期:一学期

(二) 课程目标

1. 总目标。在课程结束后,学生能够分析和比较一国或几国的教育制度或教育的其他方面。

2. 具体目标。在课程结束后,学生有能力做到:

(1) 描述和讲解一国或几国的教育制度。

(2) 比较一国或几国的教育制度或教育的其他方面。

(3) 指出试图从其他文化中引进教育的利与弊。

(4) 阐述教育过程的特性与原则并从理论上对此提出个人的见解。

(5) 运用比较教育的方法来分析一国或几国的教育制度或教育的其他方面。

(三) 课程内容

1. 比较教育的概念

2. 比较教育的发展阶段

3. 比较教育的方法论

(1) 因素分析法

(2) 问题法

(3) 贝雷迪的分析法

4. 分析两种教育制度中的某个问题

（四）教学方式

1. 教师课堂讲解
2. 学生阅读材料并进行讨论
3. 学生在课堂上演讲
4. 学生做研究性作业

（五）成绩评定

1. 两次书面考试（每次考分占总分的 30％）＝60％
2. 一次研究性作业（要在课堂上演讲）＝40％，总计＝100％

二、比较教育学课程内容

比较教育学是一门相对年轻的学科，这门学科现仍有许多争议之处，其中最主要的有：

1. 比较教育的名称（本课程不专门论述所使用的名称问题，对名称的争议可参见参考资料1）。
2. 比较教育是一门科学吗？（这不是本课程的内容，故不分析这一问题，建议阅读参考资料2）。
3. 学科的发展

本课程主要论述以下三个方面：

1. 比较教育的概念
2. 比较教育的发展阶段
3. 比较教育的方法论

（一）比较教育的概念

1. 比较教育的名称

该学科首先引起争议的即其本身的名称，对此，目前还没有一致的看法。应按照盎格鲁-撒克逊国家的习惯称为"比较教育（Comparative Education）"还是根据德国方式称为"比较教育科学（Vergleichende Erziehungswissenschaft）"或是依据法国和西班牙语的用法称为"比较教育学（Pedagogía Comparada）"？对名称的争议，时常到最后不了了之，毫无结果，浪费了研究人员的许多精力。因而一方面研究人员不再努力寻求达到学科名称的一致性；另一方面研究人员将更多的精力用于更重要的方面。

2. 比较教育的概念与定义

对比较教育的概念同样也有争议，因而比较教育下的定义也就存在很大差别。鉴于定义上存在的差异性，我们试图对该学科的不同定义作总括。我们选择了两种较为精辟的概括，一是杜斯盖斯（J. Tusquets）的，另一是维克斯利亚德（A. Vexliard）的。

(1) 广义的比较教育

杜斯盖斯认为，在这方面罗塞约（P. Rossello）和黑尔克（F. Hilker）较有代表性。

① 罗塞约认为，比较教育是"将比较的技术应用于研究教育问题的某些方面"。我们认为这个定义非常广，代表了对此进行各种研究的一般定义。

② 黑尔克认为，一方面，比较教育只有建立在坚实而广阔的基础上才能对比较教育下精确的定义；另一方面，要建立学科本身的特征——应凭借比较所要求的条件，即现象学、目标多元化、教育状况综合性、现象的共存性这四个条件。这些条件不应太相似而不能建立必要的比较关系，也不能完全相异而不能相比较。

黑尔克指出，不应仅根据任何一种比较法下定义。只有从这四个条件出发，才能对该学科下定义。他认为，只有以真正的比较法为基础，"我们才有可能对比较教育进行专门的研究"。

总之，黑尔克虽然没有提出比较教育的定义，他却指出了给比较教育下定义的四个必不可少的条件，这一点亦极为重要。

(2) 狭义的比较教育

在探讨狭义的比较教育方面，较有代表性的研究者试图指出该学科的主要功能并确定具体的目的。

杜斯盖斯又进一步划分出了三类：施奈德（F. Schneider）的科学性概念，埃德蒙·金（E. King）的发展性概念，贝雷迪（G. Beraday）的分析性概念。

① 施奈德的科学性概念

施奈德认为，任何科学都应有一个正式对象，形成一种体系。这种体系具有自己的、独特的计划、形式和联贯性以及具有某些特有的而不是借助于邻近科学的思想。

按照这种观点,我们不能仅根据比较的方法来给这门学科下定义。因此,从施奈德的观点来看,我们时常论及的课题属于教育心理学、教育史或教育哲学的范畴,这有碍于我们自己的学科体系的构建。

该学科的主要目的,由于各国教育思想与教育实践的不同而有差别。唯一可以作为补偿的是产生了丰富的理性知识。使用这些知识来预测改革的可能性则是附带的、补充的。该学科使用的方法可以是比较法,然而这种方法是受一系列因素指导的,其中最重要的和决定性的因素产生于人的本性和社会生活的本质。

② 埃德蒙·金的发展性概念

埃德蒙·金认为,比较教育理论家提出的理论,几乎没有一种能经得住社会学观点的严峻考验。这是因为缺乏考虑向未来发展的意识,这一点应引起注意。

比较教育在其前景、方向、范围、内容、人员、机构和方法上正在发生根本性的变革。此外,还应加入社会生活产生的变化(如汽车、飞机、电视、核成就、自动化等)。然而,金指出,没有一本比较教育学的教科书论及这些因素以及教育人员应成为发展的真正源泉。

埃德蒙·金主张:"比较教育的使命是要注重发展……比较教育应致力于从目前的具体情况,从我们所产生的问题的地方开始动态研究,并且应具有大规模变革以及总体而系统发展的这种清晰意识来开展这一研究。"

③ 贝雷迪的分析性概念

贝雷迪认为,比较教育不是一种简单的教育方法,它是教育科学的一个分支,就像教育哲学、教育史、教育社会学一样。比较教育的目的是指出各国教育制度的异同。

比较教育的研究可以先将各国依次归入各类,然后从世界范围内来分析各种教育制度的异同之处,给每个国家提供借鉴。

3. 比较什么?

有关比较教育的对象问题,也像其名称与定义一样,存在很多不同的看法。

罗塞约认为,比较的方式可以总括为以下几种:

(1) 比较的课题:可以比较教育制度、结构、教学理论、计划、方法等。

(2) 比较的范围:可以在两个地区之间进行比较,也可以在联邦州之间,在省、区及国家之间进行。

(3) 比较的特性：比较可以是描述性的或解释性的。
(4) 比较的方式：比较可以从静态或动态的角度来进行。

(二) 比较教育的发展阶段

对比较教育的发展阶段的论述也没有一致的定论。下面我们选择了诺亚和埃克斯坦(Noah y Eckstein)、维克斯利亚德、贝雷迪的三种划分法。

1. 诺亚和埃克斯坦的五阶段论

诺亚和埃克斯坦认为，比较教育的发展经历了五个时期或阶段，这些阶段没有时间上的限定。这五个阶段是：

(1) 第一阶段：旅行叙述

这一阶段主要是去国外的旅行者回来叙述国外的情况，其中包括观察到的国外的教育情况。这些旅行者叙述了其他国家的学校及习惯的概况以及外国人是如何教育孩子的等。同时，他们也将外国的学校和习惯与本国的相比，指出某些不同之处。

概括来说，这些叙述在思想或文化上带有很大偏见，有关教育情况的了解是肤浅的、片面的，缺乏系统性。

(2) 第二阶段：教育借鉴

19世纪初，随着欧洲教育制度的诞生，出现了专门考察别国教育的倾向。这些考察团一般由政治家和教育专家组成。他们对别国的教育理论、方法、财政、组织机构很感兴趣，同时也注意到教师的培养、教学法及教材。他们也注意收集能指导本国教育的一些资料。

这些考察人员带回的教育资料与信息，仍具有旅行叙述阶段的通性，主要是杂七杂八的描述性介绍，较主观，缺少分析，这是因为"专家"介绍的只是对其国家教育有用的情况，不全面(是以他们自己的观点进行介绍的)。

这个阶段，考察人员仍未顾及文化的偏见以及一些技术性问题，如各国的术语、统计方法等。

(3) 第三阶段：国际教育

这个阶段的特点是各国之间相互交流信息，尤其是有关教育方法的信息，试图通过这种交流方式来克服各国相互隔绝的障碍。

这个时期，百科全书式的著作十分流行，倾向于系统地收集和出版有关资料。同时,也要求各国交流科学人员、专家和出版物。这都有利于增进国际间的接触、理解和改进社会机构,特别是国际性的教育机构。

这个时期的活动主要着重以下四个方面:

① 研究广泛的国际问题,即民族主义、文化革命、工业化、东西方文化价值的问题。
② 搞统计研究以及其他"客观性"资料。
③ 研究有关注册人数、教师数、学校费用、教育法等资料。
④ 开展国际教育与发展活动来促进国际合作与协调。

(4) 第四阶段:因素分析

教育被认为是社会的反映,反过来,社会也受教育的影响。教育领域发生的变化会在社会上反映出来,反之亦然。因而,这一时期最关注的是通过分析影响学校与社会的历史原因和现实因素来理解学校与社会的相互作用。

这一时期,有一些研究人员试图使用他们的研究结果来确定教育改革以及未来社会结构改革的方向。但从大多数情况来看,对各国教育的研究转向研究民族性以及按民族特征而形成的学校。

(5) 第五阶段:社会科学的介入

第一次世界大战后,强调用社会科学来作解释。各国政府提高了统计的质量,增加了统计的数量,统计技术也有所改善。社会科学日益注重定量分析法,同时研究人员要求进行新的统计。

这个倾向反映在经济学、社会学和人类学研究上,同样教育学、心理学也采用了统计法。原先注重历史和心理分析的学科也掺入了经验与定量分析法。比较教育同样也避免不了这一影响。

第二次世界大战后,这个倾向依然存在,同时,社会科学中的经验主义倾向开始给予比较教育一种新的形态。现代研究依据更为广泛的资料和更为精确的社会学研究技术。以前,有人大胆提出假设,然后走遍各国去验证这一假设。后来,有人提出使用与所研究的变量有关的样本技术。现在,人们日益关注方法,可以说这一阶段的特征就是关注方法。正如贝雷迪所说:"对比较教育方法的研究,也许是比较教育的研究人员及教师最紧迫的任务。"

然而,还有两个问题引起第二次世界大战后比较教育学者的关注。

① 涉及经济学家:教育与生产率以及财产的使用之关系。

② 涉及社会学家：教育与社会、政治变革在许多方面的关系。

2. 维克斯利亚德的四阶段论

维克斯利亚德在其著作《比较教育：方法与问题》中提出了比较教育发展的四个阶段。

(1) 形成阶段(1817年以朱利安为代表)

在朱利安的书里，我们看到了构建比较教育极为重要的成分，其方法论原理至今仍有效。

(2) 调查研究阶段(1830—1914年)

以政府的名义，访问欧洲各国和美国，进行调查。相当于诺亚和埃克斯坦的第二阶段。

(3) 理论系统化阶段(1920—1940年)

最有代表性的人物是赫塞德(Hessent)、康德尔(Kandel)、施奈德(Schneider)、汉斯(Hans)。

(4) 繁荣阶段(第二次世界大战后)

这时期的研究面向未来。维克斯利亚德指出了以前关注历史而现在关注未来的这一区别。"实际上，可以看到以前比较教育的经典理论，注重在过去、在历史中寻求解释国家公共教育制度形成的原理。然而，我们认为，当今教育制度的发展事先是由未来预测的意图所决定，而不是过去的因素。"

3. 贝雷迪的三阶段论

贝雷迪将比较教育的发展划分为三个阶段。

(1) 借鉴时期

这个阶段处于18世纪至19世纪末。

(2) 预测阶段

萨德勒(Michael Sadler)开创了这一阶段。这一阶段的代表人物试图将比较教育建立成为一门真正的科学。他们认为已有条件来预测一个国家的教育未来和教育改革的成功与失败。比较教育的主要目的是揭示和比较各国教育的实质。

(3) 分析阶段

这个阶段反映了现代科学的实证方式。为了突破比较教育的框框，贝雷迪用问题和解释来替代因素，这也是社会科学在比较教育研究中的反映。

4. 结论

作为总结，我们可以说以上代表人物所说的都是同样的几个阶段，但使用的是不同的术语。因而，我们可以综合为以下三个阶段。

（1）借鉴阶段（诺亚和埃克斯坦、贝雷迪以及维克斯利亚德的调查研究阶段）。

（2）因素分析阶段（诺亚和埃克斯坦以及维克斯利亚德的理论系统化阶段）。

（3）社会科学解释阶段（诺亚和埃克斯坦、维克斯利亚德的繁荣阶段、贝雷迪的预测和分析阶段）。

有必要说明的是旅行叙述不应成为一个阶段，一方面是因为从绝大多数比较教育研究者的观点来看，朱利安是该学科的创始人；另一方面是因为从各个方面都能找到一个学科的源泉与先兆。

（三）比较教育的方法论

在比较教育方法论这一部分，我们将论述三种方法：施奈德的因素法、霍姆斯的问题法、贝雷迪的分析法。

1. 施奈德的因素法

在这方面，萨德勒、康德尔、汉斯、克拉默和布朗等都有精辟的论述。

萨德勒第一个阐述了影响教育制度的形成与构建的"决定性制约力"的概念。他认为，在一种教育制度内部有影响的"决定因素"是国家、教会、经济、家庭、少数民族、大学的影响、财政和政治。

康德尔论述的是制约力。他认为这些制约力是政治、社会和文化，以及民族性等。

汉斯以历史的观点论述了三组决定性制约力：

① 自然因素（种族、语言、地理、经济）。

② 宗教因素（天主教、圣公会、清教）。

③ 世俗思想因素（人文主义、社会主义、民族主义、民主）。

克拉默（Cramer）和布朗（Browne）认为，影响教育制度的因素是民族团结的意识、总的经济情况、基本的信念与传统，包括宗教与文化遗产、教育发展思想的水准、语言问题、政治、对国际合作和理解的态度等。

然而，引起我们关注的却是施奈德。在其著作《比较教育》中，有两章写得十分精彩，即第三章有关比较教育研究的理论与第五章有关人类教育的构成因素的概念。

（1）比较教育的研究

施奈德在《比较教育》的第三章，提出了比较教育方法论的问题。

① 施奈德首先提出了比较教育研究中的一系列基本问题，如应该或可以比较什么？是比较两国或两国以上的整个教育，还是教育中的某些大的或小的方面？

② 通过提出的一系列问题，施奈德找出了在两个或两个以上制度间进行比较的一种连接成分，称作"Tertium Comparationis"。然而，为了进行比较，还要求助于所比较的国家的历史情况。

③ 在比较中，可以看到教育现实状况是由人的特性、地理环境、历史和政治所决定的。"将这类因素归纳出来并揭示其在各国教育制度中所起的作用，即是比较教育的任务之一。"

施奈德找出了影响教育制度的十大因素：人的特性、地理环境、文化、经济、科学、社会连接、政治、宗教、历史、对外关系。

④ 施奈德认为，比较可以分为质和量两类。量的比较的基础是统计资料。尽管有许多这类研究，但也有人一开始就反对这类研究。如康德尔就提出过三条反对的意见：a. 各国的术语不一致；b. 统计模式绝不会是一样的；c. 教育统计的结果经常在变。艾登堡（Idenburg）增添了另外三点反对意见：

a. 缺少统计资料，至少是不充分的；b. 各国所选的数据及概念定义不一致；c. 由于货币的时价不同以及购买力的不同，很难对费用进行比较。

⑤ 在论述比较教育的研究方面，施奈德阐述了费尼（L. Fernig）的观点。费尼根据比较的国家数目，将比较研究分为三类：

a. 局限于一国的教育制度与另一国的比较；

b. 一国的教育制度与许多国家的比较；

c. 整个世界的教育制度的比较。

然而，施奈德不赞同第三类比较，他认为不可能进行这类总体性的比较。

⑥ 施奈德引用了安德逊的观点。安德逊认为，为了推导出不同社会中具有自己特色的教育特征，必须确定一种能够运用社会科学的辅助的方法。他提出了以下两种方法论的方向：

a. 不同的意识形态和教育实践的方式；

b. 在文化和组织上不同的社会形态。

⑦ 施奈德强调研究人员要不偏不倚（中立）。然而他承认，实际上研究人员在他汇集资料时不可能保持完全的中立。但施奈德坚持要求研究人员在对另一国进行比较教育研究时做到中立和客观，因为这是所有比较教育学科的研究人员所承认的进行研究的必要的条件。

（2）人类教育的构成因素

上面是施奈德论述的比较教育研究的各个方面，下面综述施奈德提出的教育的构成因素。

施奈德不满足对教育状况的单纯描述，他认为应要进行分析，也就是要找出构成的因素。这些因素有各种名称，如教育制度的"推动力""决定因素""有影响的因素""因由""假设"等。

施奈德在其《比较教育》一书的第五章强调了基本的因素以及简述了方法论问题。在书中，施奈德区分了两类因素：外因和内因。

① 外因

a. 民族性与教育

这个因素在各民族的教育中起到了很重要的作用。在研究民族性与教育的关系时，必须要注意以下的一些基本观点：

——由民族性所决定而形成的思想特征，可以被形成这种思想的那些人的特征所改变；

——应注意到民族性与教育是相互关联的；

——这些因素或直接或间接地影响教育领域；

——重要的是要提出民族特性的可变性与不变性涉及的问题。

施奈德认为，一种民族的特性是由历史形成的，因此必须区别原始的民族性和某个时代的民族性。在教育方面，应了解这些因素是否影响或是波及教育领域。

b. 地理环境与教育

在分析一种教育制度时，这个因素往往会被忽视。然而，自然环境也能在教育计划与教材中反映出来，尤其是在乡村学校。

一个国家是处于大陆还是岛屿，地理环境的影响也能间接地在教育领域中得到反映。地理环境因素与其他的一些因素有密切的关系，如国家的经济。

c. 经济对教育的影响

施奈德引用了斯普拉格(Spranger)的观点:每一种经济制度都有一种受其决定的教育制度。所有的经济生产方式都会被传授给新的一代,当经济生产方式更复杂时,这种传播会越来越迫切。不接受专门的教育培养,就不存在高级的职业。

如果教育取决于经济,那么经济对教育的组织和思想的形成施以影响也就不足为奇了。如果各个民族具有各自独特的经济,那么各国的教育自然会反映出这种影响。教育是由多种经济因素形成的。

——教育理论与实际受经济需求的指导。

——缺少工作(失业)会改变人们的习惯;减少了工作时间,人们有更多的业余时间投入教育。

——经济萧条的年代也是学校不景气的时候。

——在学校的基建预算和维持方面,经济起了很大的作用。

——属于经济领域的许多组织,在教育领域起了很大的决定作用。

——经济与教育的关系是相互的,不仅仅是经济影响教育,教育也对国民经济生活产生影响。

d. 文化与教育

教育思想和教育组织的发展取决于各民族的文化。施奈德引用了斯普拉格的观点,将文化分为六个方面:经济、社会、国家、艺术、科学和宗教。各个方面有各自的专门活动,但也相互作用。

文化与教育的一般规律是,文化不发达的民族,其教育思想很贫乏,通常局限于一种思想;文化运动常常也在教育领域里同时产生行动;教育方式的改变是与文化方式同时改变的;许多复兴运动希望在青年中运用过去的文化遗产。

e. 宗教与教育

宗教对教育思想与任务的影响历史悠久。总的来说,宗教在教育领域所起的作用已有几个世纪了。然而,现在有一种倾向是忽视这一因素。许多研究人员不重视这个因素,有时他们是故意忽视。

在比较教育的研究中,仍需要考虑宗教与教育理论和实践上存在的关系。这种关系可从以下几个方面来看:

——同一种宗教信仰的几个国家会产生一致的教育发展。

——官方的宗教信仰会阻碍教育的改革。
——两个民族不同的宗教对教育会有不同的解释。
——宗教或宗教运动的传入会激励教育的改革。
——一国中各种宗教的一致会产生积极的结果。
——许多宗教的派别对教育发展会产生偏见。
——宗教的改革会产生教育思想与实践的改革。
——缺乏宽容,宗教会阻碍教育发展。

f. 科学与教育

科学对教育的影响是明显的。科学的性质、数量、水平在教育计划和在专业人员培养中以及在大学课程里得到反映。

g. 教育对社会与政治的依附性

这是第二次世界大战后才开始的研究课题,没有人敢否认社会与政治对教育的影响。但有这么一种印象,即对社会因素的影响比其他因素的影响估计过高。在有些国家,当社会学和社会学家涉足教育领域,这种情况就更为严重了。在这方面,施奈德认为社会学家应让位于教育理论家,或至少社会学者应承认他是作为外行来谈这些问题的。

社会通过一些社会组织来施以影响,如家庭、国家、政治社团等。政治不仅对教育有影响,对青少年也有影响。政治对教育的影响较为复杂,因为政治既受其他因素的影响,同时也能加强或阻碍其他因素的影响。因而,各政党都要利用教育,传播其学说和世界观。这可以对教育产生积极的影响,也可以产生消极的影响。

h. 其他国家的影响

其他国家对教育的影响是大家都承认的。其他国家的书籍、杂志、报纸、广播、电视、国防组织都会对教育产生重大影响。

以下这些是这方面研究的成果:

——国际文化的交织不可能使一个民族的教育抵御住其他国家的影响。
——避免其他国家的影响是不可取的,孤立只会阻碍本国的教育发展。
——从比较研究来看,其他国家的影响常常被拒绝。
——有时,对某个民族的教育会产生一种反感,但又很容易地接受其他影响。
——有许多例证表明,一国的教育思想和教育实践是不断受到不同民族的影响而形成的。

——其他国家教育的影响是以三种不同的方式进行的：一种是机械影响，只是单纯的引进，而不关注所引进的东西是否适应民族特性、民族文化和心理；另一种是在审视了那些有价值的并可以为人所接受的影响后才接受的影响；还有一种被称作"生产性引进"，这种影响的产生主要在于其他国家的教育理论与实践可以激励、创造或启发解决类似问题而不照搬其他国家的制度。

② 内因

除了上述外因以外，教育制度本身也产生和存在一些起重要作用的内在因素。尽管人类（其他生物也一样，如植物和动物）和学校受到外因的影响，但是他们的发展更主要的产生于自己的内部。这种发展通过各自构建和生长的内在规律自动地推动其发展。因此，研究人员必须要考虑哪些内因有助于构建具有民族特色的教育制度。

施奈德认为，承认内因的存在并不新奇，因为在教育史上可以找到推动教育理论和实践发展的三种观点：文化主义的、个性主义的、唯心主义的。

施奈德十分重视"内在的因由"，并指出了内因对教育所产生的作用以及研究内因的一些方法。在研究精神内容方面，其中包括教育的问题和事宜，施奈德认为可以用不同的观点、以不同的方法来进行研究。一般来说，研究常采用一种观点和一种方法，而忽视了可能比之更好的观点和方法。但是，我们也能够获取一些新的知识以便于我们采用另一些观点和方法。这种变化，可以产生新的成果或者对所获得的成果作出新的解释。这些新成果或新的解释，在外因和内因中都可以找到其渊源。

这种观点也适用于教育研究中运用演绎和归纳法、分析和综合法。如有时用归纳法来取代演绎法或用综合法取代分析法，这可以归因于外因的作用（如战争、胜利或失败、革命、科学或技术发展、其他国家的影响等）。然而，很难想象，从一般到特殊（演绎）的教学、教育研究和实践这些领域会走从特殊到一般（归纳）这一相反的路。至于分析法和综合法，同样也会发生这种情况。

内在的因果关系也常常在被称为"代沟"的问题之中发生作用。生活是分阶段发展的，如某一组织在发展过程中，必须要达到各个阶段，然后加深、扩大和实践这一阶段，这样才能开始新的目标。教育领域也逃避不了这一发展规律。一方面，历史向我们证明，在丰富的教育思想引进、实践一个阶段后，紧随着是一个确保自己的教育传统和民族的教育思想的阶段。另一方面，历史也证明了在一代伟大的教育学家之后，接着出现的一代不如他们的前辈。但是,为了利用、检验、实践和超越他们前辈的成果,新的一代就进行改革。虽然有时这个第二代被人轻视,但重要的是要了解第二代所起的作用。第二代的作用不在于提出理论、目标、方法,而是理解、掌握、应用、实践以及传播前辈留下的思想与创造。

施奈德提到的另一内因是教育理论与实践之间的相互关系。施奈德认为,理论与实践两者间的影响是相互的。一方面可以看到理论如何形成了教学方法,给教学方法作出规定并建立目标;另一方面,也可看到理论怎样为实践所丰富。在施奈德看来,比较教育领域中进行的研究也已表明这种理论与实践的相互关系。

从这里也可看到另外的一些内因,如在思想上、在教育领域中发生进展的同时,也会出现一些问题,会打开新的局面并提出要解决的新的问题。这已成为经验法则。通过问题—解决两项式进行的研究是在进行不断的创新。

用施奈德自己的话(有关确定教育任务的话)来结束这一节:"这种复杂的分析提出了一个极为重要的问题:教育家在其思想与其任务中受构成一个制度的外因和内因的影响达到什么程度?他们自由行动的界线是什么?"

2. 霍姆斯的问题法

(1)问题法

在比较教育研究中,问题法是一种常用的方法。虽然许多研究人员使用了这种方法(如劳沃斯、贝雷迪、金、霍姆斯等),但贝雷迪和霍姆斯(尤其是后者,在其著作《教育中的问题:比较方法》,伦敦,1965)较系统地阐述了这一方法。这里主要简要地论述霍姆斯所阐述的这一方法,因为后面谈到贝雷迪时,也会论述到这一方法。

有些研究人员(如维克斯利亚德、卡赞米亚、安吉尔·D. 马奎斯等)赞同把这一方法看作总体研究的准备。卡赞米亚认为,比较教育领域中的传统研究是进行宏观的或历史的研究,这些研究注重构成制度的因素、制约力和因由;而使用问题法进行的研究是微观的、分析性的、建立在经验技术之上的。

然而,霍姆斯认为问题法本身就是一个完整的方法。这种方法就是选择一些有关教育问题的课题来进行分析,以便推断出在不同的教育制度中这些问题所呈现的不同形式。

(2)研究课题

可以进行研究的问题,列举如下:

- 科学训练
- 教师培训
- 外语教学法
- 教育民主化的措施
- 中等教育的普及
- 普通教育与职业教育的冲突
- 个人自由与社会责任

所选的题目应是现实问题,尤其是本国遇到的问题。

霍姆斯认为,第二次世界大战后,主要的研究课题可以归为以下三类:

① 愿望爆炸;

② 人口爆炸;

③ 识知爆炸。

霍姆斯也分析了与教育有关的政治、经济和管理等问题。同时也选了一些较为重要的问题进行研究,其中有些问题在教育领域、改革、未来规划中提了出来。

(3) 问题法的目的

霍姆斯认为,对教育改革或教育规划来说,他的方法是一种有效的工具。

维克斯利亚德认为,霍姆斯的方法是通过"操作主义"而受启于杜威的,尤其是在怎样思考方面,加上波珀的批判性二元论中的分析过程而形成的。

批判性二元论提出了概念性的框架,可以运用于:

① 资料的确定与分类;

② 系统地提供描述性研究;

③ 确定和"合理地提出"问题的根源;

④ 评价教育改革可能产生的后果。

3. 贝雷迪的分析法

在比较教育研究中,贝雷迪的研究标志着一个新的起点。然而很难将贝雷迪的方法归类。有些人将其划为分析法,有些人将其划为问题法,也有些人将其看作纯方法论,等等。在此,仍将其划为分析法。

(1) 系统的比较分类

比较教育的研究可以分为两种类型:

① 区域或领域研究,涉及一个国家或一个地区、一个地方等。

② 真正的比较研究,同时研究一些国家或一些地区。

贝雷迪的方法将这两种研究再分为两大部分,其中每个部分各有两个阶段。区域或领域研究中的两个阶段一是描述阶段,也称"教育地理",在这一阶段主要是收集教育资料。二是解释阶段,在这一阶段运用其他社会科学的方法(如历史、哲学、经济、社会学等)对所获得的资料作出说明,进行社会分析。真正的比较教育研究中的两个阶段一是并列阶段,也就是对收集到的各国的资料进行初步对比阶段,这个阶段的目的是建立进行比较的标准,使比较更为有效,在这个基础上应对假说进行验证。贝雷迪正是在这一阶段提出了假说。二是真正的比较阶段,在这一阶段,应系统分析超越国界的教育制度。

(2) 区域或领域研究

这类研究可以了解一个文化区域中的一种教育制度。这个文化区域可以是一个民族或一个大陆。一般来说,这类比较教育研究主要从事一个国家的教育研究。

这类研究需要收集大量的资料,以后的真正的比较研究也需要收集大量资料。

对一国的研究是一项重要的工作。研究人员应了解有关教育制度的总貌。为了做到这一点,可以进行各种活动:用严格的方法收集和选择资料、做直接观察记录等。

贝雷迪论述了收集资料的三个方面:

a. 懂得所研究的那个区域使用的语言。

b. 要生活在那个区域或地区较长一段时间,以便了解和熟悉那个区域。

c. 要避免由于文化模式和个人的关系所产生的误解。

在这方面,埃德蒙·金的观点与贝雷迪相反。金认为,现今在不了解的情况下,也有可能获得有关一个区域的相当完整的知识。此外,也不一定要懂得当地语言,因为对这类研究感兴趣的学生与教师可以找到翻译出的有关那个国家的资料,也可以通过口头翻译人员与外国的学生和教师交谈。

① 描述阶段

比较教育人员要具有适当的准备才能对教育制度和教育实践进行描述。研究外国学校有两种途径:查阅书面资料和访问学校。然而,所有的研究都应从阅读资料开始。

比较教育的文献可以分为:第一来源、第二来源和辅助来源。历史学上将目击者提供的材料作为第一来源,以区别第二来源。然而,这种区分不适用于比较教育。

在比较教育中,称作第一来源的是指未经过系统分析的叙述。属于这类的资料有:教育部的正式文件、合法社团会议的详细记录、发表市民意见的小册子或其他类似的材料。此外,直接与题目有关的资料如报纸、杂志、小册子以及描述校舍、设备、教具等的资料,也可属于第一来源这一类。

第二来源包括书、总结、文章、文选以及不断发表的、以分析为目的的各种研究报告等。

辅助来源是指不是直接论述教育的,但具有一般信息的(如一般性的文化书籍、戏剧、社会学研究等)出版或发表的书籍及文章。

通过这些资料,再加上一个访问计划,那就更完善了。访问的方式有很多。较古老和传统的方式是不作计划地随意访问;也可以按计划访问整个地区,或访问各个城市的一所学校,或一所市区学校和一所乡村学校;较常进行的是访问各类学校,如一所幼儿园、一所小学、一所中学、一所职业学校和一所成人教育中心。

访问各地的对象应是同类的,即应注意不要访问这个地区的一所小学,再访问另一地区的一所中学;也不应访问这个地区的公立大学,再访问另一地区的私立大学。

在选择了访问的方式后,要确定每次访问的时间和研究方式。最后要确定对收集到的资料进行组织的方式。有一种倾向是按照得到的资料,列出要点进行分类;也可制作区域或地区的地图,在图上标出学校数、学龄人口组的比例、教师人数等;也可用表及其他方式表示。

② 解释阶段

对学生来说,描述或叙述一国或多国的教育状况,作为一种信息来源,是很有用的。但这不是比较教育的目的。比较教育也包括对资料的说明,这些资料也应像其他社会科学的资料一样经受检验。

社会科学的所有部类都有助于扩大比较教育的视野。如不考虑社会实施的哲学原理,就不能解释教育计划;如不了解所发生的历史时期,也就不能对教育改革作出评价。

在比较分析过程中,应考虑教育对公众舆论形成的影响、对教育投资的作用,以及在确定教育计划时对国家、父母权利的影响。

心理学也是比较教育所需考虑的另一科学。文学、人口学、宗教往往也会被比较教育者忽视。

总之,比较教育的第二阶段是对所有收集到的教育资料进行真正的具有社会意义的检查。研究人员应考虑教育资料的社会意义,如应把在校生看作学生和人口的一个年龄组(统计学);看作一种次文化,即孩子现时的团体(社会学);看作生产因素(经济学)。

贝雷迪的第二阶段中强调的不是"怎样",而是"为什么"。在这一点上,施奈德的方法(内在因素)、霍姆斯的方法(构建者)和贝雷迪的方法(用其他社会科学来解释)都试图使用其他社会科学来解释一国或几国的教育制度。比较教育已处于社会科学的十字路口上。心理学、哲学、人类学、统计学、历史学、社会学、经济学等都介于解释教育制度比较研究中的这个"为什么"。

(3) 比较研究

区域或领域研究与真正的比较研究之间有着重大的区别。对一国教育的研究,如纯粹是描述性的或解释性分析的,属于区域或领域研究。如对几个不同国家的教育进行研究,只限于描述和解释不同国家的教育情况,同样也属于区域研究,而不是真正的比较研究。

贝雷迪方法中的另外两个阶段属于比较研究。

① 并列阶段

真正的比较研究起始于并列阶段。列举各国教育事实,其目的是检查义务教育规定的实施或民族主义的体现等,只有超越给基本原理下定义的界限,对资料进行比较,才能算是比较研究。然后,按照所选用的观点来检查资料并提出进行比较分析的理由假说。

② 真正的比较阶段

比较研究的第二阶段(贝雷迪方法中的第四个阶段)对所分析的国家同时进行研究,目的是验证并列阶段提出的假说的有效性。

贝雷迪认为,比较是将以前收集到的资料进行整理的一个过程。比较教育研究中最困难的时候是在描述、解释和并列阶段为一方面,比较研究为另一方面之间建立联系。

(4) 局部研究与整体研究

按照比较教育研究内涵的大小,可以将比较研究分为局部研究和整体研究。

① 局部研究

贝雷迪认为,任何一个研究比较教育的人员,如没有经过长期的训练,都不应试图进行整体的比较研究。从这一点上可以看到,除整体研究外,还存在局部研究。

局部研究可训练研究人员在小范围里进行比较研究。对某个方面的分析是一种学习,是整体分析的一种准备,但也是前面的描述阶段的终端。局部研究包括选择题目和对象并考虑其在教育制度中的持续性与易变性。局部研究的目的是分析几个国家教育制度的一些问题或某些方面。如可以研究一些国家的教育发展事宜、自然科学的教学、外语学习法等。

通过局部研究,可以了解到其他国家在相同的条件下或在完全不同的条件下是怎样解决问题的。在局部研究中,贝雷迪认为首先要寻找出所研究的问题的两个相反的极。一旦确定了两个终端,就可以将所研究的国家放入相适的位置,再与其他国家相比。最后,将重要的教育问题进行分类。从这方面来看,比较教育能向教育规划人员提供一系列选择方案,使他们能够在其中选择最适当的方案。下面举例来说明这一模式。

A、B、C、D、E 分别代表所选的国家。

——首先确定 A 和 E 是两个相反的极。

——然后根据两个极来确定 C(所研究的国家)的位置。

——最后进行分类 A、B、C、D、E。

这样,除了 C 国制度决定改革所产生的压力外,主要问题仅仅是要确定 B 和 D 两国采用的解决方法是否会产生新的问题。

此外,比较研究也表明了提出的建议实质上包含着诸如哲学、道德等基本问题。

在局部研究中,可以论述以下一些题目:教会与国家的关系、筛选的教育、普及教育、教师状况、教师培训、青少年犯罪、学校领导、种族问题、妇女教育等。

② 整体研究

从世界范围来考虑教育对社会的总的影响是比较教育要达到的顶点。与其他所有的社会科学一样,比较教育的最后阶段是要找出"规律"或建立"类型"。整体分析考察形成教育制度的一般的内在因素;将问题放在国际范围内进行论述;确定学校与人们之间的复杂的相互关系。整体分析是随着目标的加宽而逐渐进行的。

根据贝雷迪的一些著作以及许多文章和例子,可以看到贝雷迪还未专门论述过比较教育的整体分析。贝雷迪提出的一个例子是教育经费问题。贝雷迪认为:"教育经费已成为越来越关注的一个问题。"如研究世界上所有国家的这个问题,那还是停留在局部研究上,因为这是在世界范围内仅论述一个问题。贝雷迪试图结合其他方面来扩大这个问题,但仍然处于局部研究的框架内。

整体研究的最终目的是提出问题并在比较的基础上作出回答。然而,贝雷迪在这方面走得太远,他试图要全面理解与这一问题有关的教育与社会各方面的相互关系。贝雷迪的这些观点目前仍有争议。

■ 参考资料

[1] Bereday, G. El Método Comparativo en Pedagogía, Editorial Herder, Barcelona, 1986.

[2] Cramer, J. y Browne, G. Educación Contemporánea, UTEHA, México, 1967.

[3] Debesse, M. y Mialaret, G. pedagogía Comparada, Oikos—Tau, S. A. Ediciones, Barcelona, 1074.

[4] Marquez, A. D. Educatión Comparada, Teoría y Metodología, Editorial El Ateneo, Buenos Aires, 1972.

[5] Moehlman, A. Sistemas de Educación Comparados, Ediciones Troquel, Buenos Aires, 1968.

[6] Noah, H. J. y Eckstein, M. A. La Ciencia de la Educación Comparada, Editorial Paidós, Buenos Aires, 1970.

[7] Schneider, F. La Pedagogía Comparada, Editorial Herder, Barcelona, 1966.

[8] Schneider, F. La Pedagogía de los Pueblos, Editorial Herder, Barcelona, 1964.

[9] Urquhart, J. La Educación Comparada, UTA, Chile, 1986.

[10] Vexliard, A. Pedagogía Comparada, Métodosy Problemas, Editorial Kapelusz, Buenos Aires, 1970.

[11] Scheider F. La pedagogía de los Pueblos, Editorial Herder, Barcelona, 1964.

[12] Urguhart J. La edueación comparada, Apuntes de clases. Departamento de Educación, Universidad de Tarapacá, Chile, 1986.

[13] Vexliard A. Pedagogía Coparada: Metodosy Problemas, Editorial Kapelusz, Buenos Aires, 1970.

25

拉丁美洲国家的教育管理专业课程*

教育管理作为一门专业学科的历史并不长。美国率先在高等院校中开设教育管理专业课程也只是在20世纪前半期。拉丁美洲国家在六七十年代陆续开设了这一课程。20世纪70年代末、80年代初,教育管理专业在中国逐步得到发展,许多学校纷纷开设了教育管理课程。然而,教育管理这一学科所研究的范围有哪些,开设的课程内容包括些什么以及专业的招生要求和培养目标等方面,中国与外国的情况有些不同。为能更好地了解国外的情况,现将拉美国家的教育管理专业课程的情况综述如下,谨供教育管理专业的同行们参考与比较。

一、培养目标与招生要求

在拉丁美洲的许多国家,教育管理专业课程通常是为具有一定实践经验的、攻读研究生学位的人员设置的。教育管理专业的培养目标较为明确,有的国家是培养在教育制度或组织中进行研究、分析和有效实施行政管理的高度熟练的专业人员,也有的国家是培养教育领域中的中高级行政管理人员以及教育管理的教学和研究人员。

---

* 原文发表于《外国教育资料》1992年第3期。

在拉丁美洲许多国家,大学教育专业本科生的学制一般为四至五年。毕业后一般不授予学位(除某些专业规定可获学位外),毕业生只能得到某专业的毕业文凭或某专业的教师证书,如小学教育、特殊教育、西班牙语教学法、英语教学法、数学教学法、物理教学法等。本科生毕业后,通常可担任中小学各科的任课教师;如要在学术上进一步深造或谋求更高的职位,还得读一年或一年半的课程,方可取得硕士学位(licenciado)。

鉴于上述情况,拉美国家教育管理专业招收研究生一般要求具有硕士学位,或在教育领域中起码工作三年以上。由于特定的培养目标,在拉美国家的高校中,教育管理专业课程一般为研究生攻读学位而开设。当然,也有许多课程是为在职的教育管理人员进修而开设的。

从拉美国家的教育管理专业培养目标和招生条件来看,两者较为适宜。因为教育管理专业要培养中高级的教育行政管理人员、教育管理研究人员,所以招收的学员必须具有一定的专业学术水准以及一定年限的实践工作经验。总的来说,在拉美国家,很少在本科生一级开设教育管理专业,因为本科生毕业即担任具有领导职责的管理工作,一方面年龄太小,另一方面没有工作经验,显然不切合实际需要。

二、课程设置

拉美各国教育管理专业课程的设置相差不大,有的国家开设的课多几门或少几门;有的国家开设的课,名称有所不同。下面选择拉美国家中教育比较发达的智利教育管理专业课程设置作详尽介绍以窥一斑。

智利教育管理专业课程可分为三类:

1. 主修科目;
2. 副修科目;
3. 选修科目。

主修科目和副修科目都属必修科目。

主修科目包括以下十门课:

1. 教育管理(一);
2. 教育管理(二);

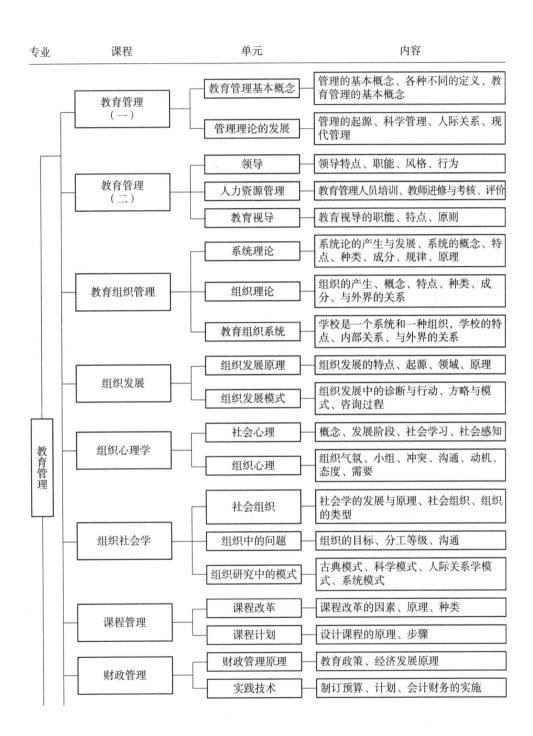

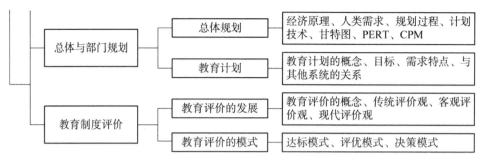

图 1 教育管理专业课程主要内容

3. 教育组织管理；

4. 组织发展；

5. 组织心理学；

6. 组织社会学；

7. 课程管理；

8. 财政管理；

9. 总体与部门规划；

10. 教育制度评价。

副修科目包括以下四门课：

1. 教育哲学；

2. 比较教育；

3. 课程理论；

4. 教育研究的技术与方法。

选修科目有以下三门课：

1. 教育指导；

2. 课程设计；

3. 计算机应用。

三、课程内容

智利的教育管理专业课程内容有以下几个显著特点：

1. 偏重于学习教育管理的一般性原理,而并不强调各类学校具体怎样进行管理。也就是说,对教育管理的基本原理和规律进行理论性的阐述,而不是为解决各种具体的管理问题开处方。

2. 偏重于将一般管理理论、组织理论、系统理论应用于教育。

3. 强调学校是一种社会组织,是社会系统中的一个系统。比较着重论述教育组织与外界的关系。

4. 受美国的影响较大。使用的教材许多是直接从美国教育管理教材翻译过来的。

为了更好地了解教育管理专业课程的基本内容,现将主修科目的一些主要内容制成图表,呈现出教育管理专业课程的一种基本框架,便于一目了然(见图1)。

四、教学方式

通常辅修科目及选修科目的课,基本上是由教师在课堂上讲授,而主修科目的课,则采用多种方式来进行教学,主要有以下几种。

1. 教师讲解。教师发给学生讲课提纲或一部分教材,教师主讲,学生听讲并提出一些问题,教师解答问题。

2. 学生阅读。教师开出一系列参考书目,要求学生阅读以加深理解教师讲课内容和扩大知识面。

3. 学生讲解。教师指定若干本书,让学生自己选定各自感兴趣的一本,然后阅读,写出读书笔记,最后在课堂上每个学生轮流讲解各自阅读的那本书的主要内容。

4. 专题讨论。教师选择一些讨论题,启发学生,要求每人都发表看法,最后教师作总结。

5. 实地调查。教师布置调查的内容,联系调查的学校。学生分头调查,然后学生汇总调查的情况,经讨论后,写出总的调查报告。

26

中国和拉美教育交流与合作 60 年:进展、问题及策略*

  由于历史与地缘政治等多方面因素,拉美是中国建交最晚的一个区域,但也是 21 世纪以来中国对外关系发展最迅速的区域。拉美作为发展中国家和新兴市场国家的集中区域,是中国推动世界多极化的重要力量和共建人类命运共同体的重要伙伴,因此拉美已经成为中国亟待并且重点突破的"南南合作"伙伴。中拉合作一直秉承着经贸先行、全面发展的合作原则,教育交流与合作作为中拉友好往来不可或缺的一部分,是中拉关系发展的基础以及延伸。尤其是 2008 年中国政府颁布了对拉美的第一部政策文件《中国对拉丁美洲和加勒比政策文件》,自此中拉教育合作被提升到了重要的战略位置。1960 年为中拉教育关系的重要"突破"年,该年古巴与中国建交,是新中国成立后第一个建交的拉美国家。经历 60 年的发展,中拉教育交流与合作取得了很大进展,但是需要注意的是,无论是合作规模还是合作深度,中拉教育交流与合作的发展明显滞后于中拉政治经济关系的发展,教育合作没有达到其应有的规模,这说明中拉教育仍存在很大的合作空间。自 1960 年以来,中拉的教育交流与合作已经取得了哪些成绩?仍存在哪些不足?如何进一步推进中拉教育交流与合作的健康快速发展?本文从中国视角出发,试图厘清这些问题,为中拉教育未来的交流与合作奠定基础,以及

---

* 作者:胡昳昀,北京师范大学国际与比较教育研究院;赵灵双,北京大学教育学院,教育部国际合作与交流司

提供实践参考。

一、中拉教育交流与合作的进展与成效

中国与拉美教育交流与合作作为中拉关系发展的一部分,其发展路径与中拉关系史有一定的契合度。因此,中拉教育交流与合作大致可划分为三个阶段,即第一阶段1949年至1969年合作艰难突破期、第二阶段1970年至1999年合作高速开拓期以及第三阶段2000年至今合作跨越发展期。纵观这60年的教育交流与合作历程,中拉已经在高层制度建立、人员交流、语言推广以及科研合作等领域取得了一些进展。

(一) 顶层设计引领方向,搭建合作制度框架

新中国成立之初,中国实行"一边倒"的外交政策,拉美国家加入以美国为主导的西方阵营。[1]东西方对抗抑制了中拉关系的发展,中拉教育交流与合作经历了极其艰难的十年。1960年古巴率先打破壁垒,成为第一个与中国建交的拉美国家。借此机会,中国总结了十年来中拉合作经验,颁布了《外交部关于拉丁美洲形势和开展对拉丁美洲工作的意见》。该意见提出了未来一段时期中国对拉美的民间交往活动政策,其中包括扩大文化交流策略,"指定国内某些大学同拉美各国有名的大学建立联系,相互交换留学生;加快语言人才队伍培养的问题"[2]。同时,为了进一步加深对拉美的认知,北京大学、复旦大学、北京师范大学、南开大学开设了拉美史研究课程,中国社会科学院设立拉美专门研究机构拉美研究所。虽然这一时期中拉教育交流与合作规模小,合作形式单一,却拉开了中拉教育交流与合作的序幕。

20世纪70年代起,随着中美关系的缓和,中国加入联合国,中国与拉美外交合作进入高速发展期,1970年至1999年间中国先后与智利、秘鲁、墨西哥、巴西、哥伦比亚等17个拉美国家建立外交关系,建交国数量超过了拉美国家总数的一半,中拉双方也开始积极探索教育交流与合作的可能性。这一时期,中国提出了以国家利益为导向的"三个世界"外交理论,同时拉美各国发出呼吁"必须用一个声音对付工业大国"[3],并认同第三世界国家的立场。共同的国家定位拉近了中拉间的距离,中拉政府间签署了一系列教育合作协定:如1985年中国和巴西签署了《中华人民共和国政府和巴西联邦共和国政府文化教育合作协定》,1988年中国与乌拉圭签署了《中华人民共和国和乌

拉圭东岸共和国政府文化教育合作协定》,1991年中国与秘鲁政府签订了《中华人民共和国政府与秘鲁共和国政府关于互相承认高等学校的学位和学历证书的协定》,1995年中国与古巴签订了《中华人民共和国教育部与古巴共和国高等教育部、教育部交流协定》等。同时,中拉逐渐重视教育科学领域的合作,中国分别同阿根廷、智利、哥伦比亚、巴西、厄瓜多尔、秘鲁、圭亚那等十多个国家签署了《科学技术合作协定》,在农业、医学、环境、航空航天等领域开展合作。

进入21世纪,中国又陆续与哥斯达黎加、巴拿马等6个中美洲和加勒比国家建交,截至2020年,中国已与24个拉美国家建立了外交关系。这一时期,中国政府提出要从战略高度重视拉美,中国与拉美各国开始积极探索教育领域合作的新内容与新形式,尝试向多主体、多层次的方向发展,中拉教育交流与合作进入了跨越式发展时期。2008年中国政府颁布了对拉美的第一部政策文件《中国对拉丁美洲和加勒比政策文件》,这也是中国继欧盟和非洲之后颁布的第三份区域性政策文件,其中第四部分"全方面合作"中提到加强双方教育科研领域合作,推动学历学位互认协议的签订,增加对拉政府奖学金名额。[4]2015年,中国颁布了第一个对拉美中长期规划《中国与拉美和加勒比国家合作规划(2015—2019)》,该文件对中拉教育合作做出了具体的规划。[5]2016年中拉双方签署了最新的《中国对拉美和加勒比政策文件(全文)》,在第一部对拉政策合作内容基础上,特别强调了要加强中拉教育领域交流、流动性研究项目以及教育部门和教育机构间合作,加强人力资源开发、能力建设和各领域合作,积极开展职业教育交流合作,并继续增加向拉美和加勒比国家提供政府奖学金名额。[6]2018年中国颁布了第二部对拉美规划《中国与拉共体成员国优先领域合作共同行动计划(2019—2021)》,在该阶段中国继续增加对拉美政府奖学金数量,加强中拉大学和智库在学术、研究和发展领域的交流与合作,着重加强中拉思想文化的研究。[7]此外,2015年中国与拉丁美洲和加勒比国家共同体论坛(以下简称"中拉论坛")建立,中拉论坛的建立标志着中拉教育交流与合作进入整体合作和双边合作并行互促的新阶段,为中拉教育的制度性合作奠定了基础。中拉间一系列战略文件的签署,不仅反映出当今世界新兴市场国家和发展中国家群体性崛起的时代浪潮,[8]也是南南教育合作的新机遇。

(二) 促进教育交流,互派留学生规模持续增长

学生流动是中拉教育交流与合作最为重要的组成部分,中拉不断加大互派留学生

的奖学金力度,公派留学生数量不断增加,同时随着中拉对彼此认知的不断深入,自费留学生的数量也大幅增加。

20世纪60年代初,中国派出了第一批150名学生赴古巴学习西班牙语,自此拉开了中拉学生交流的大幕。但后因中苏关系破裂,中古教育合作终止。20世纪80年代教育合作恢复,但是学生交换数量极少。2004年中国与古巴签订了《教育交流协定》,古巴为中国学生每年提供20个奖学金名额,中国向古巴提供30个奖学金名额。2006年,双方分别将奖学金数量增加到100个。[9]除古巴外,拉美其他国家陆续与中国签订互派留学生的政府间协议。如墨西哥,1972年与中国建交后每年向中国提供20个政府奖学金名额,这一政策延续至20世纪末。中国许多前驻拉美外交官、拉美研究人员、高校西班牙语教师都曾获得过该奖学金到墨西哥留学。2005年,中国和墨西哥分别提高奖学金数量,中国每年向墨西哥提供32个奖学金,墨西哥每年向中国提供30个奖学金。2013年6月习近平主席出访墨西哥期间,双方签订了《中华人民共和国和墨西哥合众国联合声明》,未来三年中方向墨西哥提供至少300个政府奖学金。[10]2012年,中国和巴西在教育合作对话会上达成共识,在未来三年内巴西政府通过"科学无国界计划(Ciência sem Fronteiras)"向中国派遣5 000名留学生,攻读自然、工程、医学等领域。[11]同时,中国政府也在不断加大对拉美整个区域的奖学金力度,在对拉美的两份文件《中国与拉美和加勒比国家合作规划(2015—2019)》和《中国与拉共体成员国优先领域合作共同行动计划(2019—2021)》中提出,中国在2015至2019年间以及2019至2021年间分别向拉美提供6 000个政府奖学金名额。

截至2018年,中国已经向31个拉美国家提供了政府奖学金,来华留学的拉美学生数量增长迅速,从2002年的588人增加至2018年的10 241人,增加近18倍。[12]其中,获得中国政府奖学金的人数也从2002年的163人增加至2018年的2 076人(见图1)。[13]截至2020年,中国已经分别与秘鲁、古巴以及墨西哥签订了《中华人民共和国与秘鲁共和国政府关于互相承认高等学校的学位和学历证书协定》《中华人民共和国和古巴共和国政府关于高等教育学历、文凭、证书的互认协议》以及《中华人民共和国政府和墨西哥合众国关于学生继续学习而互相承认学历、文凭、学位的协议》,为进一步推动中拉学生流动提供了制度保障。

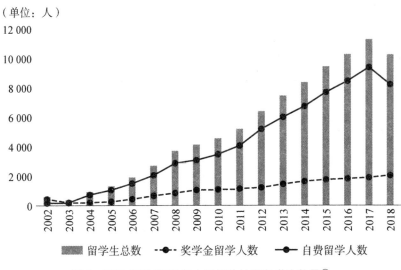

图 1　2002 年至 2018 年中国接收拉美留学生数量①

(三) 推广语言教学，人文交流不断加强

语言作为文化资源的一部分，是文化的载体和文化存在的标志。语言教育成为了宣传本国文化，使他国人民对本国文化产生亲近感的重要手段，也是中拉人员合作的必备技能，因此中拉自然将语言教育视为中拉教育交流与合作的基础。中国对拉美汉语推广以及孔子学院建设增长迅速。2002 年中国向哥伦比亚派遣首位汉语教师；2006 年在墨西哥建立首家拉美孔子学院；截至 2020 年，中国已在 24 个拉美国家设立了 43 所孔子学院和 7 个孔子课堂，注册学员累计达 5 万人。[14] 2004 年，智利成为第一个与中国签订教育合作谅解备忘录的国家，自备忘录签订以来，中国陆续向智利派遣汉语教师和志愿者。2009 年，汉语被纳入智利中等教育阶段选修课体系，智利成为首个将汉语教育列入国家教育体系的拉美国家。[15] 在智利，汉语也已经成为继英语之后的第二外语。巴西是孔子学院发展最迅速、受益人群最广的拉美国家，目前巴西拥有 11 家孔子学院和 3 个孔子课堂，累计培养学员达 2 万人，占拉美孔子学院/课堂学员总数的 40%。[16] 秘鲁是最有中华文化传播基础的拉美国家，在秘鲁华人占秘鲁总人口的

---

① 贺双荣.中国与拉丁美洲和加勒比国家关系史[M].北京:中国社会科学院出版社.2016:378 以及教育部国际合作与交流司.2018 来华留学生简明统计[R]北京.2018:288.（根据上述资料自行绘制）

3%—4%,秘鲁里卡多·帕尔马大学(Universidad Ricardo Palma)孔子学院开设了南美第一个中西语言翻译专业,并在国际贸易系和翻译系开设了汉语选修课。

在中文"走出去"的同时,中国也在不断探索将西班牙语和葡萄牙语"引进来"。中国已与拉美一些国家开展了西班牙语和葡萄牙语的推广活动。巴西先后向开设葡萄牙语专业的中国大学和研究机构,如北京大学巴西研究中心、中国传媒大学等派遣葡萄牙语老师。巴西教育部与中国教育部合作,共同授权在中国传媒大学开设巴西葡萄牙语水平测试试点。在西班牙语语言推广过程中,除了西班牙政府主导拉美各国参与的塞万提斯学院外,为了满足中国对西班牙语人才的需求,中国开设西班牙语的高等教育机构不断增加。截至2019年,中国开设西班牙语专业院校96所,其中本科院校74所,是1999年的8倍;在校生人数在2万人左右,是1999年的四十余倍。[17]中国教育部还在修订的《普通高中课程方案和语文等学科课程标准(2017年版)》中将西班牙语列为高中第一外语课程,中国第一次将西班牙语纳入中学课程体系。[18]

(四)逐步建立科研合作机制,合作水平不断提升

科技合作日益受到中拉的重视。21世纪以来,中拉间的科技合作从一般性的交流、互访向全方位、宽领域、多元化合作转变,并且合作机制日益完善。20世纪90年代以前,中拉科技合作较为单一。古巴是第一个与中国签订技术合作协定的拉美国家,也是20世纪60年代唯一与中国开展科技合作的拉美国家,合作领域主要集中在石化、冶炼、甘蔗及烟草种植、土壤等研究领域。20世纪70年代至90年代,中国陆续与智利、阿根廷、委内瑞拉、哥伦比亚、巴西、秘鲁和玻利维亚等国签署了政府间科技合作协定,但是实际合作不多。1999年可谓是中拉科技合作关系的转折年。这一年,中国和巴西联合研制的第一颗地球资源卫星发射成功,卫星发射的成功增加了中国与拉美在技术领域继续拓宽科研合作的信心,也加深了拉美对中国科研实力的了解。自此,中拉科技合作从中低技术逐渐向高新技术领域合作转型。截至2019年,中国和巴西共联合研制发射了7颗地球资源卫星,该项目被誉为"南南科技合作"的典范。[19]中国和巴西除了继续加强卫星领域的合作,还将农业科学、农业能源、可再生能源、生物技术和纳米技术确定为优先合作领域。除巴西外,中国还根据拉美各国科技特色,与拉美其他国家开展了互补性科技合作。由于拉美各国科技特色各异,因此中国在与拉美开展科技合作时,领域也不尽相同。如中国与墨西哥的科技合作主要聚焦在农业、

渔业、矿业、石油化工、邮电通信、水产养殖、中医、农村发展、社会发展和自然科学等领域;与阿根廷的合作主要聚焦在天文、农业等领域;与智利的合作主要在地震、天文、南极考察等领域;与委内瑞拉的合作主要集中在卫星领域;与古巴的合作为生物技术等领域。截至2020年,中国已经在巴西建立了科技处,在墨西哥、古巴、智利和哥斯达黎加建立了科技组。中国与巴西、墨西哥、哥伦比亚等13个拉美国家签署了政府间科技合作协定,与巴西、墨西哥、智利等9个国家建立了科技混委会机制。2015年中拉科技创新论坛成立,该论坛为中拉论坛框架下的重要专业领域分论坛之一,为中拉科技交流与合作提供了重要的交流平台。

基于多年的合作,中拉在学术科研论文发表方面也呈现出明显增长趋势,从2006年至2016年间,中拉合作发表在SCI和SSCI期刊上的论文数量从258篇增至1 692篇,巴西是中国论文合作的主要国家。中国科学院是中国与拉美科研合作的主要力量,以中国科学院为例,2007至2016年间,中国科学院与拉美合作论文占中拉论文合作总量的1/3,主要合作国家为巴西、哥伦比亚、智利、阿根廷和墨西哥。[20]

二、中拉教育交流与合作存在的问题

经过60年的合作发展,中拉教育交流与合作取得了阶段性成果,但存在着学生流动规模较小、科研合作有待深化、人力资源和技术培训项目有限、中国对拉美研究不足等问题,阻碍了中拉教育交流与合作的进一步发展。

(一)学生流动规模较小

尽管中拉对青年到对方国家或区域学习给予了支持,中拉留学人员的规模也有所增加,但从整体来看中拉人员流动规模较小。以2018年为例,拉美国家和地区来华留学生人数为10 241人,仅为来华留学生总数的2.08%。[21]其次,中拉留学人员的层次偏低,高层次科研人员流动与合作较少。2018年在中国高校就读的拉美留学生,进修生数量占留学生总人数的60%,专科生为0.2%,本科生为21.8%,硕士和博士研究生为18%。[22]从国别分布分析,与中国人员流动较为密切的国家为墨西哥、巴西、哥伦比亚、委内瑞拉等国。以2018年为例,墨西哥(1540人)、巴西(1463人)和哥伦比亚(879人)来华留学人数位列拉美前三,三国留学生人数之和占拉美来华留学生总数的

37%。中国与这三个国家的经贸关系以及人文交往最为密切,墨西哥、巴西和哥伦比亚位居中国在拉美的前五大贸易伙伴之列;且中国在这三个国家开设孔子学院的数量也最多,在巴西开设了 11 家孔子学院、墨西哥为 5 家、哥伦比亚为 3 家。但是,中国同中美洲国家以及加勒比国家的教育交流与合作匮乏,如中美洲的尼加拉瓜、洪都拉斯、萨尔瓦多以及加勒比区域的海地、特立尼达和多巴哥等,这些国家来华留学生均不足百人。

此外,虽然中国已与拉美 19 个国家签订了近 60 项政府间、教育部间教育合作协议、执行计划,①但是截至 2020 年,中国仅在墨西哥成立了教育组负责教育交流事务,而在其他国家的教育交流事务仍被纳入文化处进行综合管理。从每年中国赴拉美留学生人数统计工作可见一斑,因为缺少专门负责教育工作的专业人员,中国驻拉美国家的留学生数据收集工作始终存在滞后性以及不完整性,因此很难获得准确的中国赴拉美留学生人数、层次、就读专业、院校等基础信息。此外,中国与拉美各国高校间共签署了多少份合作协议、合作领域有哪些、进展如何,也不得而知。信息的缺失不利于中拉教育合作的务实对接和协议的有效履行,这些都说明了中拉教育合作尚未得到有效落实,也未得到中拉间的充分重视。

(二) 科研合作有待深化

首先,研究人员流动有限。每年高层次来华留学生比例较低,以 2018 年为例,来华攻读硕士以上学历的拉美留学生比例仅为 18%。在中国与拉美学者的流动方面,虽然中国以及拉美主要国家如巴西、墨西哥都实施了引智计划,斥资邀请外国专家到本国从事科研活动,但是从目前情况看,无论是在中国工作的拉美学者,还是在拉美工作的中国学者,数量都很少。中国科学院的外籍院士名单中,仅有巴西数学家雅各布·帕里斯(Jacob Palis)一人在列。其次,合作领域较为集中。中拉仍关注较为成熟的合作领域,如卫星通信、天文、农业、医药、核能合作等,而对较为有前景的、尚需孵化的技术,中拉鲜有涉及。再次,合作国家主要集中在巴西、墨西哥、阿根廷和智利,经济体量排名拉美前四的国家。根据世界银行的数据,哥斯达黎加和巴拿马的高科技出口额仅次于墨西哥和巴西,位列拉美第三和第四位。[23] 中国与教育水平、科技水平名列

---

① 中国教育部国际司美大处内部资料。

拉美前列的哥斯达黎加和巴拿马合作较少。第四,目前中拉的科研交流合作主要依托政府间的合作项目,尤其是中国政府推动的科研项目,如2015年《科技部关于征集2016年度中国-拉共体政府间联合研发实验室项目的建议通知》、2017年《2017年中拉青年科学家交流计划》等。高校间以及校企间的合作项目较少。

(三) 人力资源和技术培训项目有限

自2006年起,中国开始扩大对拉美人力资源和技术培训,以促进拉美自主能力的提升。培训项目主要涉及农业、矿业、贸易、管理等领域,开设了农业技术、贸易与投资、经济体制改革、外交官文化等二十余门培训课程。由国家行政学院负责的"拉美国家公务员公共行政管理研修班"已经成为了中拉培训的名牌项目,帮助拉美公务员了解我国国情以及公共行政管理制度。2015年,中国启动了高层次青年交流项目"未来之桥"项目启动;2015年至2024年间中国每年邀请1000名拉美青年领导人来华,参加研修、培训、参观考察等活动,加深未来拉美青年领袖对中国政治、经济、国情、文化等更加深入的了解。目前,中国对拉美人力资源培训的重点仍聚焦在政府层面,对当地熟练技术工人的培训少有关注。随着越来越多的中国企业在拉美进行投资,进行基础设施建设、建立工厂和工业园区等,劳动力人才紧缺成为了中国企业在当地发展的障碍。根据当地政府的规章制度以及从中资企业长期发展需求出发,很多企业都十分重视本地化经营模式。如华为在墨西哥的分公司,有1400多名员工,本地员工占比在90%以上。如何在当地找到具备合格素质的员工,成为华为在墨西哥乃至整个拉美发展时遇到的难题之一。2017年,经合组织出版了《拉丁美洲经济展望(2017):青年、技能和创业》报告,该报告指出就拉美现行的教育体系来看,拉美技术和职业教育缺少对年轻人贸易的、技术的、专业的和管理的技能培养。可用人才技能池与经济和企业的需求之间存在巨大的差距,大约有50%的公司找不到具备他们所需技能的劳动力,相比之下经合组织国家这一比例为36%。[24]中拉间高水平的职业教育合作将助力中资企业的发展以及对拉美熟练技术人才的培养,因此,职业教育合作应当成为现阶段中拉教育合作的核心内容。

(四) 对拉美研究不足

当前,中国对拉美研究的广度和深度与中拉关系发展不匹配,中拉教育合作难以做到精准对接。首先是拉美研究的储备军力量不足。从人才培养规模看,虽然中国已经在努力开展西班牙语和葡萄牙语人才培养,但是数量仍然有限。中国高等教育机构开设西班牙语、葡萄牙语专业的学位点少。2019年中国有96所高等教育机构开设了西班牙语专业,毕业生约为3000至3500人;而开设葡萄牙语专业的院校仅为26所,每年毕业生人数约为400至450人。同年,英语专业有1007个学位授予点,毕业生人数超过10万人;俄语、日语、德语、法语等学位点也超过了西班牙语,分别为154所、507所、110所、140所,毕业生人数分别为5000至6000人、2.2万至2.4万人、3500至4000人、4500至5000人。[26]从人才培养结构来看,中国高校西班牙语、葡萄牙语专业仍以教授语言知识为主,缺乏对西班牙语、葡萄牙语复合型人才的培养。没有掌握西班牙语或葡萄牙语的人才很难开展对拉美区域的研究,甚至不能作为合格的拉美研究者,因其缺少国情知识储备又难以达到合作的高要求。

其次是拉美研究机构发展有限。截至2020年,中国专门从事拉美研究的机构为56个,这些机构"虚多实少",只有30%为实体机构,[26]也就是说仅有三成的机构在人、财、物等资源配置上可以得到保障,为从事拉美研究提供了较好的资源。大学又是中国拉美研究的主力军,50家研究机构隶属于大学,但是从人员配置来看,每所大学拉美研究机构全职研究人员不足3人,其中有13家机构没有全职人员,人员的不足很难保障拉美研究工作持之以恒地开展。相对于拉美三大传统研究领域,政治、经济和国际关系,文化社会领域的研究逐渐被拉美研究者所重视,成为了新的关注领域。[27]但是,对于教育的研究仍有待进一步开发。总体来说,中国科研机构、智库对拉美重视程度不足,国别问题专家少,研究深度不足,很难做到"因国荐策"。

三、中拉教育交流与合作策略

随着中拉政治、经济关系的发展,中国与拉美国家在教育领域的合作也日趋紧密,但是同中拉的经济合作相比,教育合作没有达到应有的规模。[28]随着中国国际地位的提升,教育合作对"携手共进的命运共同体"的大国使命,有着不可估量的作用。因此,中国如何进一步推动中拉教育领域的互利合作,将中拉高水平政治、经济贸易关系优势转化为人文领域的务实合作,是值得我们思考的问题。

(一) 继续夯实顶层设计,丰富交流与合作的参与主体

国际制度是跨越国际边界运行的一系列持续而相互关联的规则,[29]这些国际规则有助于国际合作持续且稳定地运转,教育合作也不例外。以发展较为成熟的中国和非洲教育合作为例,通过中非合作论坛建立起的教育合作制度保障了中非教育合作的稳定性、一致性以及可持续性,中非教育交流卓有成效地按计划开展,[30]并且对促进非洲国家教育的发展和改革、提高中国在非洲的影响力发挥了积极作用。因此,在中国与拉美教育交流和合作中,也应当充分利用中拉论坛、"一带一路"倡议平台及各类双、多边战略对话机制为教育合作制度的构建提供对接平台。目前,中拉论坛是中拉区域间最大的合作平台,囊括了与中国建交和未建交的拉美33个国家。该平台自2015年成立以来各项机制运行顺畅,现已成为中拉共同关心的国际和区域间问题保持磋商的重要渠道之一,为落实区域间共识和合作规划提供了有力的制度保障。中拉还应当建立中拉教育部长、中拉大学校长论坛等定期会晤机制,高层次促进中拉教育交流与合作。

在此基础上,中拉教育交流与合作的参与主体有待丰富。目前,中拉教育合作主体多为政府,如教育部、外交部、商务部、汉办等,主体较为单一,限制了中拉教育交流与合作规模增长的速度,而如高等教育机构、企业等民间力量未得到充分利用,与拉美大学联盟、南方共同体市场教育组织等国际组织的合作尚待开发。因此,在保障自上至下引导教育交流的前提下,中国还应该充分吸纳民间智慧和力量,加强自下至上的合作模式。

(二) 统筹规划在拉美区域的教育交流与合作布局,锚定支点国家

中国习惯于将拉美作为一个整体来对待。诚然,拉美各国有很多相似性,比如都是发展中国家、都有被殖民的经历、语言环境相似、民族构成趋同等,但是我们必须意识到,拉美情况十分复杂,教育同样如此。拉美33个国家高等教育的发展水平和制度方面的异质性大于同质性,协调难度较大。联合国教科文组织2013年的报告数据显示,拉美地区高等教育生均投入占人均国内生产总值的平均值为29.57%,除古巴(65%)国情的特殊因素外,比例最高的两个国家是牙买加50%和尼加拉瓜50%,最低的国家是秘鲁,不足10%。[31]拉美地区25至29岁之间人口中获得高等教育学历的平

均比例为 10.28%,在阿根廷这一比例最高,达到 23%;而最低的为危地马拉,不足 2.5%。[32] 在教育制度层面,就课程设置而言,由于拉美各大学保持着大学自治的传统,同一专业的课时和内容设置在不同学校和国家不尽相同,同一专业在同一国家不同大学间名称也具有叫法不一的特点。[33] 这种课程设置的制度和口径,对中国与拉美区域间的整体合作提出了挑战。因此,在中拉高等教育合作过程中,中国需要借助中拉论坛对话机制,注重多边合作与双边合作的相互配合以及共同推进。首先,我国应该重视开展与拉美子区域的高等教育合作。拉美比较重要的几个子区域组织如南方共同体市场、中美洲一体化体系、安第斯集团等均在不同程度上进行了高等教育一体化改革,基本上建立了区域内组织成员国之间的学分、学位互认制度,具有较好的一体化合作基础。因此,我国应该主动加强与这些子区域组织的交流与合作工作,加快与拉美教育发展的战略对接,推动与子区域组织的高等教育议程合作,积累经验、增信释疑。其次,我国应该着重开展与拉美关键国家的高等教育合作。目前,我国已经与 6 个拉美国家建立全面战略伙伴关系,其中不乏如巴西、阿根廷、墨西哥、智利这些高等教育相对发达且在拉美区域和子区域事务中拥有影响力和号召力的国家。我国和拉美高等教育合作尚处于起步阶段,我国需要侧重加强与我国有合作基础并在拉美有影响力的国家开展高等教育合作,这样可以避免与众多拉美小国家打交道而导致教育资源过于分散的不利因素产生。充分利用大国的区域效应,以点带面,形成对周边国家的辐射与影响,进而促进我国与周边国家教育资源的对接。

(三) 完善合作保障制度,建立质量监管机制

我国需要进一步加大赴拉美留学以及吸引拉美来华留学的政策力度,如增加奖学金、建立学分互认制度、签证制度等,以扩大留学人数。虽然,我国对拉美奖学金数量已经有所增加,承诺在 2015 至 2019 年四年间向拉美提供 6000 个奖学金名额,2019 至 2021 年三年继续提供 6000 个奖学金名额,但是与对非洲 2019 年至 2021 年间的 5 万个政府奖学金名额[34]相比,我国向拉美学生提供的奖学金数量仍然有限。中国需要继续加大对拉美奖学金力度,并向研究生以上层次倾斜,促进高层次人才的交流。与此同时,中拉需要进一步加强学分、学历互认制度的建立。目前,我国已与秘鲁、古巴和墨西哥签署了学历与学位互认协议,厘清了学历结构对等问题,有助于我国与这三个国家在协议框架下开展校际间的合作交流项目。我国需要进一步推动与拉美的合

作,与更多的国家签订学历与学位互认协议,为人员交流扫清障碍。

在扩大教育交流的同时,我国更需要探索与拉美教育合作质量保障的发展路径。首先就是完善中拉合作的管理制度,增设我国在拉美国家的教育服务和管理机构,如建立下设在各国使馆的教育处/组,完善如中拉人员流动信息、中拉高等教育机构合作的基本情况等。目前,这方面信息缺失,在无法掌握人员流动、学校合作等基本信息的情况下,很难提及高质量的教育合作。同时,教育处/组为我国到拉美留学生提供出国留学、留学回国、招聘就业、文化适应、安全意识等管理与服务工作,为拉美学生拓宽来华留学的信息渠道、提供语言文化培训等工作,为中拉教育交流助力。其次,对现有中拉高校间的合作项目,我国还需要对如何完善项目的执行机制、评价机制、竞争机制和辐射机制等方面进行剖析,实现"量"的外延式和"质"的内涵式并行发展,进而培养出更多高质量的国际人才。

(四) 推动中拉在职业教育与培训领域合作,为中拉可持续合作提供智力支持

中国企业在拉美发展遇到了人才瓶颈问题,熟练技术工人的短缺已经成为中国企业在拉美发展的主要障碍之一。为了解决人才缺失问题,已有中资企业小规模尝试性开展人才培训项目。如华为在拉美成立了两个重要人才培养项目,分别是"ICT 学院"和"未来种子项目"。"ICT 学院"是华为与当地大学或者职业技术学院合作为当地培养信息技术人才,"未来种子项目"是在拉美高校遴选优秀通信工程专业学生到华为总部进行培训。随着中拉论坛、中拉基础设施建设专项贷款、中拉合作基金、中拉产能合作专项基金、中拉1+3+6合作新框架等一系列良性的政策支持,将会有越来越多的中国企业走进拉美,而人才危机将愈发严重,企业自救型的人才培养模式不是长久之计。对应用型人才的迫切需求,为中国与拉美在职业教育领域开展合作提供了重要机遇。中国职业院校需要发挥自身优势,借力"走出去"中资企业的优质资源,结合拉美当地经济社会发展需求,与当地高校、职业院校、企业开展教育培训合作,尤其是在汽车制造、信息通信技术、工程机械、交通运输、商贸物流等中拉重点合作领域。针对中资企业在拉美基础设施建设项目与生产线落户的情况,鼓励中国职业院校赴拉美开展合作办学,或建立"鲁班工坊",实施规模化人才培养模式。针对像信息技术、物流人才这类高端应用型人才的培养,职业院校可以招收拉美职业教育留学生来华学习,毕业后定向返回中资企业参与项目实施。职业教育的合作不仅有助于解决中资企业本土化人才培养的问题,将"项目投资"与"技术输出"相结合,为中拉的经贸合作提供智力支撑。而且,职业培训实现了从"授之以鱼"向"授之以渔"的转变,可以帮助拉美青年人提升竞争力,帮助失业人员重新回到工作岗位,降低拉美"三无青年"的数量,进而减少拉美社会不公平现象,促进社会包容性发展。同时,人才素质的提升还有助于拉美产业结构的优化转型,带动新兴产业体系的成长,使拉美更好地融入财富转移的过程。加速中拉在职业教育与培训领域的合作,符合中国共商、共建、共享、共赢原则。

(五)深化中拉在科研创新领域的合作,继续打造"南南合作"典范

科技合作是中拉务实合作的重要领域,但两国间的科研合作时间并不长。随着中拉高校科研职能水平的提升,以及中拉间科技合作的日趋活跃,中拉间的科研合作存在着很大的提升空间。拉美国家的科技创新体系较依赖"国家创新体系",国家投入大量资金扶持本国的科技创新,而且拉美国家创新资源相对较为集中,从国别来看,墨西哥、巴西、阿根廷、智利、哥斯达黎加、巴拿马在科技创新领域较为突出;从行业分析来看,主要集中在国有的能源、通信、交通、航天领域、农业、矿业和林业等。[35]因此,中国除继续夯实与拉美既有领域的科研合作外,还应结合自身需求与拉美突出领域,积极探讨扩大中拉在信息产业、民用航空、民用核能、新能源等高技术领域合作的可能性。合作国家中,中国除了深化与墨西哥、巴西、阿根廷、智利等传统拉美国家的科研合作,也应该重视与科研实力较强的中美洲哥斯达黎加以及巴拿马两国的合作。在人才引智方面,加大力度吸引拉美杰出青年科学家来华开展短期科研工作。中拉双方应积极寻求开发更加多元的合作模式,如共建联合实验室、研发中心或高新科技园区,促进联合研发,打造更多的"南南合作"典范。

(六)加强拉美研究人才的培养,加深对拉美的认知

中国对拉美的研究不断"升温",但是必须承认中国的拉美研究速度赶不上迅速发展的中拉关系。而且随着中拉关系的不断深入,中国对拉美的研究需求也将更大,要求也会更高,引领性也会更强。因此,中国需要加强拉美研究人才的培养,从高校的学科建设、师资队伍和人才储备等方面全面推进人才培养的速度与规模。在学科建设方面,应该依托各高校传统优势学科进行规划,如南开大学的历史系、复旦大学的政治学

系等,开展拉美历史研究、拉美政治研究等。拉美研究离不开西班牙语和葡萄牙语的语言依托,各高校应该尝试打造"外语+专业"的复合型学科发展模式,考虑到中拉关系的现实需求,着重要加强政治、法律、国际关系等复合型人才的培养,此举有利于拉美研究的可持续发展。在师资队伍建设方面,目前从事拉美研究的教师和研究人员大多具有文学、法学、经济学的学科背景,[36]各高校和研究机构应该在整体规划和布局下择优考虑具有国际关系、法律学、教育、社会学等专业背景从事拉美研究的教师,优化拉美研究内容的结构;同时引进海外知名拉美学者,提高师资队伍的国际化研究水平。在人才储备方面,各高校要致力于培养西班牙语和葡萄牙语外语功底扎实、专业知识过硬、实践能力丰富的跨学科人才,为我国的拉美研究不断充实研究力量,提升研究质量。中国研究者应该对拉美开展更加深入、细致的实证研究,亲赴拉美进行实证考察,将停留在文献上对拉美的模糊认知转变为确切体验。同时,中国还应该充分利用拉美智库人才"旋转门"机制,邀请具有拉美知识储备的国际组织工作人员、拉美国家专业人士、归国留学人员、拉美华侨等加入智库,尤其是要吸引具有全球视野、熟悉拉美国情、了解外交工作的驻拉美前外交官向智库转流,为拉美研究助力。

■ 参考资料

[1] 贺双荣.中国与拉丁美洲和加勒比国家关系史[M].北京:中国社会科学院出版社.2016:导言 7.

[2] 孙洪波.中国对拉美民间外交:缘起、事件及影响[J].拉丁美洲研究.2014(3):14-19+79.

[3] 肖楠,等.当代拉丁美洲政治思潮[M].北京:东方出版社.1988:28.

[4][5] 中华人民共和国外交部.中国对拉丁美洲和加勒比政策(全文)[R].2008:5-6.

[6] 中华人民共和国外交部.中国对拉美和加勒比政策文件[R].2016:6.

[7] 中华人民共和国外交部.中国与拉共体成员国优先领域合作共同行动计划(2019-2021)[R].2018:5.

[8] 新华社.王毅谈习近平出访拉美:把握新机遇开启新里程[EB/OL]. http://www.xinhuanet.com/world/2014-07/25/c_1111806453.htm,2019-07-04.

[9] Adrian H. Hearn. China's Social Engagement Programs in Latin America [J]. Journal of Iberian and Latin Research. 2013(2):239-250.

[10] 新华网.中华人民共和国和墨西哥合众国联合声明(全文)[EB/OL](2013-06-05)[2020-03-07]http://www.xinhuanet.com/world/2013-06/05/c_116042630_3.htm,2019-07-23.

[11] Guiado Estudante. Ciência sem Fronteiras abre 5 mil vagas na China para estudantes brasileiros [EB/OL] (2012-06-22) [2020-01-09]. https://guiadoestudante.abril.com.br/

universidades/ciencia-sem-fronteiras-abre-5-mil-vagas-na-china-para-estudantes-brasileiros/.

[12] [13] [21] [22] 教育部国际合作与交流司.2018来华留学生简明统计[R]北京.2018:8,147, 148,288-289.

[14] 汉办.孔子学院/课堂[EB/OL](2020-03-04)[2020-03-04].http://www.hanban.org/confuciousinstitutes/node_10961.htm.

[15] Ministerio de Educación Programa Inglés Abre Puertas[EB/OL](2020-03-04)[202-03-04]. https://ingles.mineduc.cl/ensenanza-chino-mandarin/.

[16] 汉办.荣光十载,汉语之花盛放巴西——记巴西圣保罗州立大学孔子学院十周年庆典[EB/OL] (2020-03-04)[2020-03-04].http://www.hanban.edu.cn/article/2018-10/04/content_747826.htm.

[17] 中国社会科学网.西班牙语人才报告:中拉合作为西语人才提供发展平台[EB/OL](2017-01-09)[2020-03-05].http://www.cssn.cn/hqxx/201701/t20170119_3390147.shtml.

[18] 中华人民共和国教育部.教育部关于印发《普通高中课程方案和语文等学科课程标准(2017年版)》的通知[EB/OL](2017-12-29)[2020-02-24].http://www.moe.gov.cn/srcsite/A26/s8001/201801/t20180115_324647.html.

[19] Henrique Altemani de Oliveira. China-Brasil: Perspectivas de Cooperación Sur-Sur [J]. Nueva Sociedad. 2006(203): 138-147.

[20] 童婷,孙辉.拓展新时期拉美科技合作——以中国科学院对拉美地区科技合作为例[J].中国科学院院刊.2018(9):972-978.

[23] The World Bank. High-technology Export (Current USMYM)-Latin America & Caribbean [EB/OL](2020-03-06)[2020-03-06]. https://data.worldbank.org/indicator/TX.VAL.TECH.CD?locations=ZJ&most_recent_value_desc=true&view=chart.

[24] 经济合作与发展组织发展中心,联合国拉丁美洲和加勒比经济委员会,CAF-拉丁美洲开发银行主编.唐俊等译.拉丁美洲经济展望(2017):青年、技能和创业[M].北京:社会科学文献出版社. 2017:002.

[25] 阳光高考.专业知识库[EB/OL](2020-01-15)[2020-01-15].https://gaokao.chsi.com.cn/zyk/zybk/specialityDetail.action?specialityId=73383483.

[26] [27] [36] 郭存海.中国拉美研究70年:机构发展与转型挑战[J].拉丁美洲研究.2019(41):1-24,154.

[28] 麦高.中国和拉美之间仍有很多旧框框[EB/OL].(2013-01-17)[2020-03-07].http://www.chinatoday.com.cn/ctchinese/chinaworld/article/2013-01/17/content_512961.htm.

[29] Robert Keohane. International Institutions and State Power: Essays in International Relations Theory [M]. Boulder: Westview Press. 1989:5.

[30] 田小红,程媛媛.印度对非高等教育合作的路径、特点及对中非高等教育合作的启示[J].比较教育研究.2020(1):105-112.

[31] [32] UNESCO. Situación Educativa de América Latina y el Caribe: Hacia la Educación de Calidad para Todos al 2015 [R]. Paris. 2013:43,137.

[33] 胡昳昀,刘宝存.拉美高等教育一体化建设:目标、路径及困境——联合国教科文组织参与区域治理的视角[J].比较教育研究.2018(4):69-76.
[34] 外交部.中非合作论坛——北京行动计划(2019—2021年)[R].北京:2018:7.
[35] 史沛然.拉丁美洲的科技创新:21世纪以来的特点和趋势[J].拉丁美洲研究.2016(38):120-135+157-158.